AF231542

DROIT ROMAIN

DE L'INALIÉNABILITÉ DE LA DOT
EN DROIT ROMAIN

DROIT FRANÇAIS

DE L'INALIÉNABILITÉ DES IMMEUBLES DOTAUX
SOUS LE RÉGIME DOTAL

THÈSE POUR LE DOCTORAT

PAR

Jacques Charles BÉTOLAUD
Avocat à la Cour d'appel
Lauréat de la Faculté de Droit

PARIS

LIBRAIRIE NOUVELLE DE DROIT ET DE JURISPRUDENCE

ARTHUR ROUSSEAU, ÉDITEUR

14, rue Soufflot et rue Toullier, 13

1891

THÈSE

POUR

LE DOCTORAT

MEIS ET AMICIS

DROIT ROMAIN

DE L'INALIÉNABILITÉ DE LA DOT

EN DROIT ROMAIN

DROIT FRANÇAIS

DE L'INALIÉNABILITÉ DES IMMEUBLES DOTAUX

SOUS LE RÉGIME DOTAL

THÈSE POUR LE DOCTORAT

L'ACTE PUBLIC SUR LES MATIÈRES CI-APRÈS

Sera soutenu le vendredi 19 juin 1891, à 1 heure

PAR

Jacques-Charles BÉTOLAUD

Avocat à la Cour d'appel
Lauréat de la Faculté de Droit

Président :   M. LYON-CAEN,

Suffrageants { MM. LEVEILLÉ, *professeur*
       LÉON MICHEL } *agrégés.*
       LE POITTEVIN }

PARIS

LIBRAIRIE NOUVELLE DE DROIT ET DE JURISPRUDENCE

ARTHUR ROUSSEAU, ÉDITEUR

14, rue Soufflot et rue Toullier, 13

1891

DE L'INALIÉNABILITÉ DE LA DOT

EN DROIT ROMAIN

INTRODUCTION

La dot est « l'ensemble des biens qui sont donnés
au mari en vue de lui permettre de soutenir les charges du mariage ». — Un homme et une femme unis-
sent leurs existences ; de leur union naîtront des
enfants : de là des dépenses nécessaires tant pour
les besoins ordinaires de la vie que pour l'éducation
des enfants. Qui sera chargé de ces dépenses ? Le
mari seul. Chef de la famille, et même, dans les premiers siècles du droit romain, arbitre souverain de
la destinée de sa femme et de ses enfants, c'est à
lui que revient la direction du patrimoine puisqu'il
a celle des personnes ; — et comme il a seul l'autorité, seul aussi il a la charge des dépenses. — Cependant, il n'est pas équitable que cette charge pèse
sur lui sans compensation, et que la famille de la
femme ait pu ainsi se libérer entièrement du soin
de son entretien et de l'entretien des enfants à naî-

tre, aux dépens de la famille du mari. Le mariage étant une union de l'homme et de la femme, *viri et mulieris conjunctio*, il serait injuste que les conséquences de cette union retombent toutes entières sur une des parties. En un mot, si le mari seul va avoir à diriger et même à faire les dépenses, du moins faut-il que chacun des époux y contribue : de là l'idée de la dot, constituée au mari par la femme, ou par un tiers du chef de la femme.

Mais si la justice exige que chacun des époux contribue aux frais de la vie commune, elle exige également que, l'union une fois rompue, chacun reprenne sa mise, et que la séparation des personnes entraîne la dissolution du patrimoine commun. — Telle n'a pourtant pas été l'idée de la Rome primitive, qui admettait que le mari, devenu propriétaire des biens dotaux, l'était à jamais. La dot était surtout constituée en vue des enfants, et comme ils ne succédaient qu'au père, le père conservait la dot. Quel inconvénient, d'ailleurs, pouvait présenter ce système ? Le divorce n'était point pratiqué ; et si le mari prédécédait, la femme, généralement *in manu mariti*, obtenait à défaut de la reprise de son apport, une part d'enfant dans le patrimoine de son mari ; — si, au contraire, la femme n'était pas *in manu*, il était d'usage que le mari, dans son testament, laissât à sa veuve un legs qui la mît à l'abri du besoin (1).

1. Dig. l. 37, t. 5, loi 1.

Cependant le divorce pénétra dans les mœurs romaines, et avec lui apparurent les inconvénients d'un système qui conservait au mari, malgré la rupture de l'union, les biens qui ne lui avaient été transférés qu'en vue de cette union, — et donnait ainsi au mari intérêt à divorcer souvent, puisque chaque divorce constituait un profit. — C'est alors, c'est-à-dire à partir du milieu du VIᵉ siècle de Rome, que les parents de la femme prirent l'habitude de stipuler pour elle, au moment du mariage, qu'en cas de divorce, les biens apportés de son chef au mari lui seraient restitués : tels furent les premiers cas où la dot devint restituable. Bientôt même cette stipulation cessa d'être nécessaire, et le seul fait du divorce engendra l'obligation de restituer : ce fut pour sanctionner cette obligation qu'on introduisit l'action *rei uxoriæ*, action qu'on étendit bientôt au cas de dissolution du mariage par prédécès du mari. — Ainsi naquit, au VIᵉ siècle, l'obligation de restituer la dot, comme corollaire de la pratique du divorce, de même qu'on va voir naître, au VIIIᵉ siècle, l'inaliénabilité dotale, comme corollaire de l'obligation de restituer.

Jusqu'à l'empire, en effet, la garantie accordée à la femme fut assez illusoire. Sans doute, en cas de divorce, le mari était tenu contractuellement ou quasi-contractuellement de restituer la dot, mais il fallait, pour cela, qu'il fût solvable. Or le divorce implique désaccord dans les idées, et le désaccord vient souvent de troubles dans la fortune : la femme, par conséquent, risquait de se voir privée de la valeur dotale à laquelle elle avait droit, ou tout au moins de ne point la recouvrer intégralement.

Ce fut pour éviter cet inconvénient que, dès le début de l'empire, la loi Julia établit l'inaliénabilité de la dot, ou plutôt des immeubles dotaux. L'inaliénabilité naquit ainsi comme garantie de l'obligation de restituer ; et elle devint plus rigoureuse à mesure que cette obligation devint plus absolue. Jusqu'à Justinien, l'obligation de restituer n'était sanctiónnée que par une action de bonne foi, l'action *rei uxoriæ* ; et l'action *ex stipulatu,* action de droit strict, n'était donnée contre le mari que si la restitution de la dot avait été expressément stipulée : en revanche, l'inaliénabilité, jusqu'à Justinien, ne frappa les immeubles dotaux que sauf le consentement de la femme. — A partir de Justinien, la stipulation de restitution fut sous-entendue dans tous les cas ; et désormais, également, le consentement même de la femme fut impuissant à permettre l'aliénation. — Aussi c'est de cette époque seulement que date la véritable inaliénabilité, telle qu'on l'entend aujourd'hui. Privilège, jusque là, pour la femme, l'inaliénabilité devient un privilège pour les enfants qui déjà, depuis le règne de Marc-Aurèle, avaient, en vertu du *sénatus-consulte Orphitien,* des droits sérieux à la succession de leur mère, et qui, treize ans après cette réforme de Justinien, devenaient, en vertu de la Novelle 118, ses héritiers directs.

L'histoire de la dot en droit romain se divise donc en trois périodes bien distinctes : jusqu'à la loi Julia, garanties plus ou moins sérieuses de restitution, à partir du moment où la dot devint restituable, mais sans la mesure préventive de l'inaliénabilité ; — puis, de la loi Julia jusqu'à Justinien, inaliénabilité imposée au mari, sous la réserve d'une autorisation de sa femme ; — enfin, dans la législation de Justinien, inaliénabilité imposée à la femme elle-même.

CHAPITRE PREMIER

DE LA DOT AVANT AUGUSTE ET LA LOI JULIA.

Au début de cette première période, on ne trouve dans le ménage qu'un seul patrimoine: celui du mari. C'est qu'en effet, la *manus* accompagnait alors le mariage. Sans doute, à aucune époque, on ne peut tenir pour certain qu'elle en résulta comme conséquence immédiate et nécessaire ; il fallut toujours, pour la produire, une solennité spéciale ou un fait distinct du mariage. Mais les mœurs rendaient ces solennités obligatoires, et on peut dire que le mariage ne se concevait pas sans *manus*. Or, dans le régime de la *manus*, la fortune de la femme s'absorbait dans celle du mari, sous la puissance duquel l'épouse était placée comme un véritable enfant, *loco filiæ* (1).

La femme *in manu* ne pouvait donc avoir de biens personnels: si elle était *sui juris* avant de tomber sous la *manus*, tous ses biens devenaient la propriété du mari. « La dot de la femme appartenait sans ré-

1. Gaïus, Comm. I, § 111 et 114. Ulpien, *Règles*, tit. XXII, § 14.

serve au mari, qui exerçait sur les biens dotaux non seulement les droits d'un administrateur, mais ceux d'un propriétaire. Tout ce que la femme pouvait acquérir durant son mariage tombait dans les mains du mari. Elle ne reprenait même pas sa dot en devenant veuve » (1). — En effet, sous ce régime, le mariage se trouvait-il dissous par la mort de la femme, le mari retenait tous ses biens et n'avait rien à restituer aux agnats de celle-ci ; — le mariage se trouvait-il, au contraire, dissous par la mort du mari, la femme ne reprenait pas les biens qu'elle avait apportés. Seulement, investie des droits de la fille de famille, comme elle en avait les obligations, elle prenait, par droit de succession, une part d'enfant dans le patrimoine du mari (2).

Mais ces biens, que la *conventio in manum* faisait acquérir au mari, du chef de la femme, formaient-ils une dot, au sens propre du mot ? Divers textes leur appliquent déjà la qualification de dot :

« *Quum mulier viro in manum convenit, omnia, quæ mulieris fuerunt, viri fiunt dotis nomine* » (3).

« *Omnia in dotem.... dari posse, argumento esse in manum conventionem* » (4).

Cette idée fut exacte tant que l'obligation de res

1. Fustel de Coulanges, la *Cité antique*, liv. II, chap. 8.
2. Gaïus, Comm. III, § 3.
3. Cicéron, *Topiques*, ch. IV.
4. Paul, *Fragments du Vatican*, § 115.

tituer la dot ne fut pas imposée au mari ; car, les
mariages libres s'étant déjà introduits, où il était
d'usage que la femme apportât au mari une dot
proprement dite, on pouvait soutenir qu'en somme
les biens acquis au mari par la *conventio in manum*
lui procuraient les mêmes avantages que la dot
apportée par la femme qui n'était pas *in manu*,
puisque celle-ci, comme ceux-là, devenait la propriété définitive du mari. Sans doute ce n'était pas
une dot proprement dite, car la dot est un don, un
apport volontaire de la femme, tandis qu'ici l'acquisition, pour le mari, n'était qu'une conséquence
forcée de la *manus*. Mais c'était au moins un équivalent de la dot.

Au contraire, le jour où l'action en restitution de
la dot fut introduite, put-on encore considérer comme
dotaux les biens acquis au mari par l'effet de la
manus? Ces biens devinrent-ils restituables, une
fois la *manus* dissoute, comme l'était devenue
la dot, dans le mariage libre ? C'est là un point
controversé ; mais, suivant l'opinion générale, le
mari n'était pas obligé de restituer les biens qu'il
avait reçus par l'effet de la *conventio in manum*, car
« nul ne peut être débiteur d'une personne qu'il a
sous sa puissance » (1). Tout au plus, si les biens
avaient été constitués en dot à la femme par un tiers,

____

1. Accarias, *Précis de droit romain*, n° 311, note.

celui-ci aurait-il pu imposer au mari l'obligation de les restituer, soit par une stipulation, soit par un contrat de fiducie. M. Gide (1) objecte que, la dot romaine étant un don définitif, en raison de la maxime : « *dotis causa perpetua est,* » l'action *rei uxoriæ* elle-même n'en fit point un simple prêt pour le mari, mais que l'obligation de restitution qui en résultait constituait un secours personnel accordé à la veuve ou à l'épouse divorcée, secours qui ne prenait naissance par conséquent qu'au jour du divorce ou du veuvage. Qu'importe donc, dit-il, qu'il y eût ou non *manus,* puisque justement au moment où l'action *rei uxoriæ* prenait naissance, la *manus* avait déjà pris fin? On peut, à notre avis, repondre que cette maxime : « *dotis causa perpetua est,* » sur laquelle il fonde son raisonnement, cessa précisément d'avoir sa véritable portée pratique, pour ne plus être qu'une formule traditionnelle, le jour où l'action *rei uxoriæ* eut soumis le mari à une obligation éventuelle de restitution ; que, de ce jour là, la dot au contraire perdit son caractère de don définitif pour n'être plus, au moins éventuellement, qu'un prêt, et que le mari, désormais, devint débiteur de la dot en en devenant propriétaire. Sans doute l'action *rei uxoriæ* ne prenait naissance qu'au moment où la *manus* avait déjà pris fin ; mais ce qui est à considérer ici ce n'est

1. Gide, *Du caractère de la dot en droit romain,* p. 24.

point l'action : c'est la créance qu'elle garantit, et la créance que garantissait l'action *rei uxoriæ* naissait de la constitution même des biens à restituer, et se perpétuait pendant tout le cours du mariage. Or comme il est absolument impossible qu'une femme *in manu* soit créancière de son mari, il semble qu'on peut dire avec juste raison que la *manus* était incompatible avec l'existence d'une dot et d'une action dotale.

La dot au sens propre du mot, c'est-à dire le bien que le mari ne reçoit qu'en vue de lui permettre de subvenir aux dépenses du ménage, et avec obligation de le restituer à sa dissolution, n'apparaît donc qu'au déclin du mariage *cum manu*, et avec l'action *rei uxoriæ* née, vers le milieu du VIe siècle de Rome, de la fréquence des divorces.

En effet, à mesure que le divorce pénétrait dans les mœurs romaines, la *manus* en sortait. Aux premiers siècles, quand florissait le mariage *cum manu*, le divorce, en fait, n'était pas pratiqué à Rome. Aulu-Gelle rapporte que le premier, celui de Spurius Carvilius Ruga, n'eut lieu qu'en 520 de Rome (1). Mais, aussitôt, on sentit les inconvénients du régime de la *manus*, dont la dissolution, même par le divorce, n'obligeait pas le mari à restituer à la femme les biens acquis de son chef. C'était donner aux

____

1. Aulu-Gelle, *Nuits attiques*, liv. IV, chap. 3.

maris un intérêt manifeste à répudier leur femme, et faire du divorce un calcul.

Déjà, d'ailleurs, avant cette époque, le mariage *cum manu* avait cessé d'être le seul mariage pratiqué à Rome. A côté de la *materfamilias*, mariée suivant les anciennes et solennelles formalités, il y avait la *matrona* qui ne perdait point ses droits dans la famille de son père, mais n'en acquérait aucun dans la famille de son mari. Sous ce régime, les époux étaient donc complètement séparés d'intérêts : la femme était tellement étrangère à son mari que les deux époux avaient le droit de passer entre eux tous les contrats : prêt, vente, louage, société (1). C'est dans cette situation que le régime dotal devait prendre naissance: du moment, en effet, que les biens de la femme restaient en dehors de la puissance du mari, il fallait, tout au moins, qu'elle contribuât aux charges du ménage qu'elle venait augmenter ; elle apportait, à cet effet, une partie de ses biens ; et c'est ainsi que la dot proprement dite apparut avec le mariage libre.

Cependant, le mariage *cum manu* touchait à son déclin, et les anciennes formalités de la *confarreatio* ou de la *coemptio* étaient de moins en moins usitées. C'est le sort de tout ce qui est exagéré de tomber peu à peu en désuétude, et à mesure que la législa-

1. Dig., liv. 24, t. 1, lois 5 § 5 ; 31, § 4 et 52.

tion perdait sa primitive rudesse et l'organisation de la famille son unité, la *manus* sortait des mœurs. A la fin du VIe siècle, elle n'était déjà plus qu'un souvenir, et le régime de la dot succéda au régime de la *manus*.

Ce n'est pas à dire que, dans le mariage libre la dot fût une condition nécessaire du mariage (1). Mais, dans l'usage, elle l'accompagnait toujours (2), et servait même à distinguer l'épouse de la concubine (3).

Peut-être la dot romaine venait-elle, par imitation, du droit attique : le mot *dos,* qui servait à la désigner, pourrait le faire croire. Mais, en tout cas, il existait une différence essentielle : la dot athénienne n'appartenait pas au mari, qui était tenu de la restituer à la femme, à la dissolution du mariage, et d'en garantir la restitution. Au contraire la dot romaine, était la propriété du mari, qui n'avait pas à la rendre à sa femme ou à ses héritiers, quelle que fût la cause de dissolution du mariage (4), pas plus qu'il n'avait à restituer les biens de la femme, sous le régime de la *manus* ; — c'est en ce sens qu'on disait : *dotis causa perpetua est* » (5). — C'est Paul

1. Laboulaye, *Condition des femmes*, p. 38 et 39. — Troplong, préf. du *Contrat de mariage*, p. 44.
2. Plaute, *Trinummus*, act. III, sc. 1, v. 11.
3. — — sc. 2, v. 63.
4. Aulu-Gelle, *Nuits attiques*, liv. IV, chap. III. — Et Denys d'Halicarnasse, *Antiquités Romaines*, liv. II, chap. 25.
5. Paul, Dig., liv. 23, t. 3, loi 1.

qui, vers le commencement du IIIe siècle de notre ère, rapporte cette maxime, et il faut remarquer que, de son temps, elle n'était plus qu'une formule traditionnelle et constituait un véritable anachronisme. — Mais dans notre première période, au contraire, la dot avait bien une destination perpétuelle, et pour un double motif :

1. — D'abord le mariage libre et le système de la dot s'étant introduits, comme il a été dit, avant même que la pratique du divorce n'existât à Rome, les cas où la femme avait besoin de sa dot pour se remarier n'étaient pas, au début, aussi nombreux. Et d'ailleurs la législation des premiers siècles tenait en grande défaveur les seconds mariages.

2. — Et, en second lieu, cette règle était de l'intérêt des enfants eux-mêmes qui, d'après les principes du droit civil, n'avaient le droit de succéder *ab intestat* qu'à leur père et non à leur mère, puisqu'ils ne faisait pas partie de la même famille civile que celle-ci. Anciennement, en effet, la famille étant composée non des personnes du même sang, mais des personnes qui avaient le même nom et les mêmes dieux, l'enfant appartenait exclusivement à la famille de son père, et n'était pour la mère qu'un étranger. — Et comme la mère ne pouvait ni tester ni faire des donations à son enfant, puisque celui-ci ne pouvait avoir de biens personnels, elle n'avait qu'un moyen de lui faire parvenir ses biens, c'était

de les constituer en dot. C'est là la grande raison
pour laquelle la destination de la dot, à l'origine
des mariages libres, fut perpétuelle et non point
limitée à la durée du mariage : elle n'aurait pu être
restituée à la femme ou à ses héritiers sans être,
par là même, perdue pour les enfants.

Cette règle de la propriété définitive acquise au
mari sur la dot présentait, à vrai dire, un danger :
c'était l'absence de garantie contre les abus de pouvoirs du mari qui, maître absolu de la dot, pouvait
la dissiper et en dépouiller à jamais sa femme et ses
enfants. — Remarquons toutefois que ce n'était là
qu'une conséquence naturelle de l'autorité domestique, telle qu'on la concevait alors : le chef de famille, ayant un pouvoir absolu sur les personnes,
devait avoir des droits absolus sur les biens. Contre
les abus de ce pouvoir, il n'y avait qu'une sanction,
mais qui, alors, avait bien son importance : la note
infamante du censeur.

Mais, ici encore, la pratique du divorce, vers le
milieu du VI⁰ siècle, fit sentir les inconvénients
d'une pareille règle qui, désormais, risquait de faire
naître des spéculations honteuses, et elle fut le si-
gnal d'une réaction contre l'ancien principe que la
dot devenait la propriété incommutable du mari. —
Il faut maintenant étudier l'histoire de cette réaction.

La première atteinte que reçut cette propriété du
mari, fut le droit de retour introduit *solatii causâ,*

en faveur du père qui avait constitué la dot à sa fille
pour accomplir ses devoirs de père, et qui lui survivait (1) : la dot prenait alors le nom de dot profec-
tice (2). — Le mari, toutefois, s'il y avait des enfants,
retenait pour eux une partie de la dot.

Une restriction plus grave encore fut l'action en
restitution de la dot, accordée à la femme et successivement étendue. — L'origine directe de cette action fut dans la pratique des divorces. Lorsque ceux-
ci se multiplièrent, les femmes qui, privées de leur
dot, risquaient de ne pouvoir se remarier, prirent
l'habitude de stipuler de leurs maris qu'ils restitue-
raient la dot en cas de divorce. Cette stipulation s'appelait *cautio rei uxoriæ*. Il en naissait une action où
le juge faisait office du censeur et se réglait d'après
l'équité (3). Bientôt cette stipulation elle-même cessa
d'être nécessaire et le préteur y suppléa en décidant
que le seul fait du divorce engendrerait, pour le
mari, l'obligation de restituer la dot : il sanctionna
cette obligation pour l'action *rei uxoriæ* (4).

Un peu plus tard, mais encore bien avant la fin de
la République, la même obligation et la même action furent étendues au cas où le mariage se dissolvait par la mort du mari. En effet la veuve avait in-

1. Dig, liv. 23, t. 3, loi 6.
2. Ulpien, *Règles*, tit. 6, § 6.
3. Aulu-Gelle, liv. X, chap. 22.
4. Code, liv. 5, t. 13, loi unique.

térêt, autant que la femme divorcée, à retrouver sa dot, pour se remarier plus facilement. Or le temps n'était plus où l'on considérait comme un suprême honneur pour une femme de rester fidèle à la mémoire de son premier mari ; loin de voir les se conds mariages avec défaveur, on commençait au contraire, dans le désir de multiplier la population, à les favoriser. *Reipublicœ interest*, disait Paul, *dotes mulierum salvas esse, propter quas nubere possint* » (1). — Voilà pourquoi il fut décidé que la restitution de la dot serait due à la femme, et l'action *rei uxoriœ* mise à son service, en cas de prédécès du mari comme en cas de divorce.

Mais là s'arrêta ce mouvement de réaction. — Dans tout le cours de notre première période, et même de la seconde, d'Auguste à Justinien, la dot, devenue restituable, à la femme en cas de divorce ou de prédécès du mari, resta au contraire, en principe, au mari, si le mariage se dissolvait par la mort de la femme. — Seulement, désormais, le mari, même en ce cas, ne gardait plus la dot en vertu d'une règle de droit, mais par application de la volonté présumée du constituant : en cas de prédécès de la femme, on présumait que le constituant de même qu'il préférait la femme au mari, avait eu l'intention de préférer le mari à tout autre personne et à lui même. —

____

1. Paul Dig, liv. 23, t. 3, loi 2.

Or, puisqu'il ne s'agissait plus que d'une présomption de volonté, elle devait forcément tomber devant toute preuve contraire. Ainsi, si le constituant stipulait expressément que la dot lui serait restituée au cas de prédécès de la femme, le mari ne pouvait plus la garder: la dot s'appelait alors *dos receptitia* (1) ; sa restitution était assurée non plus par l'action *rei uxoriæ*, mais par l'action *ex stipulatu*, action de droit strict. — De même, indépendamment de toute stipulation, nous avons déjà vu que la dot devait retourner au constituant, quoique ce fût la femme qui prédécédât, s'il s'agissait d'une *dos profectitia*, c'est-à-dire si ce constituant était le père même de la femme, qui l'avait dotée pour accomplir son devoir de père, — car alors la présomption ci-dessus ne pouvait plus s'appliquer. — Hors ces cas, la dot, appelé alors *dos adventitia*, demeurait au mari si la femme prédécédait.

Ce fut seulement Justinien qui acheva l'évolution : il décida que les biens dotaux, autrefois propriété incommutable du mari, seraient désormais restituables à la femme ou à ses héritiers dans tous les cas, et quelle que fût la cause de dissolution du mariage : une stipulation de restitution fut toujours sous-entendue au profit de la femme ou de ses héritiers, et le mari ne retint jamais plus la dot qu'en vertu d'une

1. Ulpien, *Règles*, tit. VI § 6.

convention expresse (1). Cette mesure, d'ailleurs, n'avait plus, pour les enfants, les inconvénients redoutés jadis, puisque la législation des préteurs, le sénatus-consulte Orphitien et enfin Justinien lui-même leur avaient donné des droits dans la succession de leur mère comme dans celle de leur père : il était donc tout naturel que, l'utilité de la dot ayant été restreinte à la durée du mariage, sa destination eût cessé d'être perpétuelle.

Il était nécessaire d'insister sur les règles de la restitution de la dot, et sur les cas précis où elle pouvait être exigée du mari, durant notre première période, — car on peut dire que c'est dans ces règles que se trouve l'origine de la célèbre loi Julia, puisque l'inaliénabilité n'est qu'un corollaire de l'obligation de restitution dont elle forme la garantie et la sauvegarde. En effet, vers la fin de la République, nous venons de voir que la dot était devenue toujours restituable dans les cas de divorce ou de prédécès du mari, et parfois même, exceptionnellement, dans le cas de prédécès de la femme. Mais ce n'était là que la première partie d'une réforme que les mœurs rendaient nécessaire. Il ne suffisait pas d'établir le principe de la restitution ; il fallait garantir cette restitution, et voilà comment Auguste fut amené à décider l'inaliénabilité de la dot. — Voyons donc

1. Code, liv. V, t. 13, loi unique, pr.

quelle était, avant lui, c'est-à-dire pendant la première période, la situation des biens dotaux entre les mains du mari, éventuellement tenu, désormais, de les restituer.

Comme aucun texte ne les avait encore déclarés inaliénables, leur seule qualité de biens dotaux ne pouvait suffire à les mettre hors du commerce : leur condition se réglait donc d'après les principes généraux du droit commun. — Or, quant aux biens composant la dot, le mari était à la fois propriétaire et débiteur. Il pouvait donc, comme propriétaire, aliéner valablement les biens dotaux, meubles et immeubles, à l'égard des tiers : la meilleure preuve qu'il le pouvait, c'est que la loi Julia lui défendit l'aliénation du fonds dotal, défense qui eût été inutile, s'il n'avait pas eu, jusque là, la faculté d'aliéner. — Mais le mari était aussi, nous l'avons vu, débiteur éventuel, vis-à-vis de la femme, de l'obligation de lui restituer sa dot. La restitution devait même, du moins s'il s'agissait de biens non estimés, avoir lieu identiquement et en nature ; mais comme la femme n'était que créancière, elle avait à son service non une action réelle, mais seulement une action personnelle : le mari était tenu envers elle d'une obligation de faire, c'est-à-dire de lui restituer sa dot en lui rétrocédant la propriété. Si donc le mari, abusant de son titre de propriétaire, aliénait la chose dotale, meuble ou immeuble, la femme

n'avait pas la revendication contre le tiers acquéreur, puisque la revendication n'appartient qu'au
propriétaire. — A l'égard de ce tiers, l'aliénation
produisait donc tous ses effets. Mais ce n'est pas à
dire que le mari pût se défendre contre la femme
elle-même, en lui objectant qu'il avait usé de son
droit de propriétaire en aliénant la chose dotale ;
car il n'en était pas moins éventuellement tenu de
restituer la dot à la femme. Aussi l'aliénation inopportune ou faite à des conditions désavantageuses
engageait sa responsabilité à l'égard de la femme.

En résumé le mari, avant la loi Julia, avait le
pouvoir d'aliéner les biens dotaux en ce sens que
cette aliénation, que la femme y eût consenti ou
non, produisait tous ses effets pour les tiers, et que
la femme ne pouvait pas les évincer. — Mais d'autre part le mari, comptable de la dot envers la
femme, par lui-même au cas de divorce, ou par
ses héritiers au cas de son prédécès, demeurait
responsable vis-à-vis d'elle des biens dotaux eux-
mêmes ou de leur valeur intégrale. — Seulement il
ne s'agissait là que d'une obligation personnelle,
qui risquait, en cas d'insolvabilité du mari, de
rendre illusoire l'action de la femme. Pour donner
plus de garantie à celle-ci, on lui accorda un *privilegium inter personales actiones*, portant sur tous les
biens du mari (1). Mais cette protection était insuf-

1. Dig., l., 23, t. 3, loi 74.

fisante, puisque le privilège n'était opposable qu'aux créanciers chirographaires, et que le mari pouvait, en dissipant tous ses biens, rendre le *privilegium* inutile. — Avant la loi Julia, on trouve donc bien une obligation de restitution de la dot; — mais la conservation de cette dot n'était nullement assurée.

CHAPITRE II

INALIÉNABILITÉ DE LA DOT DEPUIS LA LOI JULIA
JUSQU'A JUSTINIEN.

SECTION I. — Principaux textes d'où résulte
la prohibition d'aliéner.

Nous avons vu que, pendant la première période,
la dot était devenue restituable, mais que le devoir
de conservation qui s'imposait par là même au mari
n'était encore nullement garanti. Auguste voulut
remédier à cette situation, et on peut dire que c'est
lui qui, le premier, a réellement organisé le régime
dotal. Ce fut la loi Julia *de adulteriis* et *de fundo dotali,* plébiscite qu'Auguste (1) fit voter dans les comices par tribus en l'an 737 de Rome (2), (16 ans
av. J.-C.), qui édicta la prohibition d'aliéner.

Auguste fit ainsi voter dans les comices par tribus
un certain nombre de lois qui portent toutes le nom
de *lex Julia.* De ces diverses lois, celle qui s'occupait
de l'aliénation du fonds dotal est très certainement

1. Ulpien, Dig., l. 48, t. 5, loi 1 ; Paul, *Sentences,* liv. II, tit. 21, § 2.
2. Demangeat, *De la condition du fonds dotal en droit romain,* p. 57

la loi Julia *de adulteriis*. Nous avons à cet égard le témoignage formel du jurisconsulte Paul : « *Lege Juliâ de adulteriis cavetur ne dotale prædium maritus invitâ uxore alienet* (1) ».

Cette loi se rattache à un système de législation ayant pour but de porter un remède à la dépopulation de l'empire en réprimant la dissolution des mœurs, et en favorisant les mariages et la procréation des enfants légitimes. Elle fut donc rendue dans un intérêt politique et social, et non dans l'intérêt immédiat de la femme, la conservation de la dot n'étant que le moyen d'encourager, de faciliter le mariage. La même tendance se retrouve dans la loi Julia *de maritandis ordinibus*, qui fut votée également par les comices en 757 de Rome (4 ans après J.-C.). Celle-ci obligea, sous peine de contrainte légale, les pères et ascendants paternels à doter leurs filles ou petites-filles (2). De son côté, la loi Julia *de adulteriis* s'occupa, tout en poursuivant la fidélité dans le mariage par la répression de l'adultère, d'assurer la conservation de cette dot en défendant au mari d'aliéner le fonds dotal sans le consentement de sa femme.

Le motif de cette grave mesure doit donc être recherché dans la politique générale d'Auguste qui tendait à relever les mœurs, à remettre le mariage

1. Paul, *Sentences*, liv. II, tit. 21 B, § 2.
2. Dig., l. 23, t. 2, loi 19.

en honneur, à raviver les sources de la population et à restaurer les finances de l'Etat, épuisées par les guerres civiles. On comprend ainsi fort bien l'innovation de la loi Julia *De adulteriis* qui se lie aux lois Julia et Pappia Poppœa, et fut le produit d'un même système. Mais, ce qui pourrait sembler plus étonnant, c'est qu'une même loi ait traité ainsi deux matières si différentes : l'adultère et l'inaliénabilité du fonds dotal.

Hugo explique cette anomalie apparente parce que, dit-il, cette inaliénabilité est une garantie qu'en cas d'adultère de la femme, l'*accusatio adulterii* sera effectivement exercée par le mari. Car si le fonds dotal avait pu être aliéné et que le mari eût dissipé le prix de l'aliénation, il eût hésité à intenter l'accusation d'adultère, puisqu'il devait la faire précéder d'un divorce (1) qui l'eût forcé à restituer une dot déjà dissipée. Voilà pourquoi Auguste, qui voulait à tout prix corriger les effets de l'adultère, aurait, pour garantir le libre exercice de l'*accusatio adulterii*, forcé le mari de garder, bon gré mal gré, le fonds dotal intact entre ses mains.

Cette explication ne semble pas concorder avec les termes mêmes de la loi, car si elle avait ainsi rattaché la prohibition d'aliéner à une question d'ordre public, on ne comprendrait guère qu'elle l'eût levée au cas où la femme consentirait à l'aliénation.

1. Papinien, Dig., l. 48, t. 5, loi 11, § 10.

M. Demangeat (1) fournit une explication beaucoup plus-simple et plus naturelle. Au lieu de rattacher ces deux objets de la loi Julia *de adulteriis* par un lien de cause à effet, il les présente comme deux applications de l'idée dominante de la loi : le désir d'encourager le mariage. C'est ce désir qui lui fit à la fois poursuivre avec sévérité les infracteurs de la foi conjugale, et associer les deux époux à l'administration domestique en empêchant le mari de disposer du fonds dotal sans l'assentiment de sa femme.

Telle est, dans son histoire et ses motifs, cette loi Julia qui créa l'inaliénabilité. Reste à savoir quelle était exactement son étendue. Car, dans notre deuxième période, il ne fut pas seulement défendu au mari d'aliéner le fonds dotal sans le consentement de sa femme ; il lui fut également défendu de l'hypothéquer même avec ce consentement. C'est certainement la loi Julia qui créa la première prohibition (2) : est-ce aussi cette loi qui créa la seconde ? Nous n'avons plus le texte de la loi, et, s'il fallait en croire les Institutes de Justinien (3), de même que le Code (4), il faudrait décider que oui, car ces textes lui attribuent trois dispositions :

1. Demangeat, *De la condition du fonds dotal en droit romain,* p. 61.
2. Paul, *Sentences* liv. II, t. 21, B. § 2. Gaïus, *Comm.* II, § 63.
3. Inst., liv. II, t. 8, pr.
4. Code, liv. V, t. 13, loi unique, § 15.

Défense d'aliéner sans le consentement de sa femme ;

Défense d'hypothéquer même avec ce consentement ;

Inapplicabilité de ces deux dispositions dans les provinces.

Et, au Digeste, au titre : *de fundo dotali,* on trouve même un texte de Gaïus (1) d'après lequel la loi Julia mettait sur la même ligne l'*alienatio* et l'*obligatio prœdii dotalis,* c'est-à-dire défendait également et l'aliénation et l'affectation par voie de gage ou d'hypothèque.

Les trois propositions que nous venons d'énoncer expriment bien, à la vérité, la doctrine en vigueur à la fin de notre seconde période, c'est-à-dire à l'avènement de Justinien, mais il est peu probable qu'elles forment un compte-rendu exact de la loi Julia. Sans doute les Institutes paraissent bien formelles ; mais c'est précisément la certitude avec laquelle elles s'expriment qui permet de les récuser. En effet elles disent sans aucune espèce de restriction que la loi Julia ne s'appliquait point dans les provinces, mais seulement aux immeubles italiques : « *quum ex lex in soli tantummodo rebus locum habebat quœ Italicœ fuerant* ». Or Gaïus, qui vivait bien plus près de la loi Julia que Justinien, puisqu'il n'est postérieur

1. Gaïus, Dig., l. 23, t. 3, loi 4.

à Auguste que de 150 ans environ, déclare (1) que
de son temps on discutait encore s'il fallait appliquer
cette loi aux fonds provinciaux, preuve manifeste qu'à
cet égard elle ne contenait aucune décision expresse.
De là on peut conclure que Justinien parle de la loi
Julia sans l'avoir lue, et que, s'étant trompé dans
cette affirmation il a pu encore se tromper, quand
il affirme aux Institutes et au Code que c'était la loi
Julia elle-même qui défendait d'hypothéquer. Reste
le texte de Gaïus qui forme la loi 4 au titre : *de fundo
dotali* : mais nous allons voir que, dans ce texte, le
mot : *obligare* a probablement été interpolé.

Si, en effet, il n'est pas permis d'affirmer avec
certitude, comme le font les Institutes, que c'est la
loi Julia qui édicta la prohibition d'hypothéquer le
fonds dotal, je crois, au contraire, que trois motifs
permettent d'affirmer que ce n'est pas la loi Julia.

1. — D'abord nous n'avons que deux textes de l'é-
poque classique qui relatent la disposition de la loi
Julia, indépendamment du texte de Gaïus du titre :
de fundo dotali, que, précisément, nous contestons.
Ce sont le § 63 du Commentaire II, du même Gaïus,
et le § 2 du titre 21, B, livre II, des *Sentences* de
Paul. Or ces deux textes ne parlent pas du tout de la
défense d'hypothéquer : ils se bornent à exprimer
qu'elle défendait au mari « d'aliéner » le fonds dotal, *invitâ uxore*.

1. Institutes de Gaïus, *Comm.* II, § 63.

2. — Au temps d'Auguste, l'hypothèque n'était certainement pas usitée en Italie, mais seulement dans les provinces. Comment donc une loi que la jurisprudence finit par déclarer absolument inapplicable aux provinces, eût-elle statué sur une institution qui, de son temps, était exclusivement provinciale ? Il est même probable qu'à l'époque de la loi Julia on n'en était même encore, en Italie, qu'à l'aliénation fiduciaire, comme moyen d'affecter un bien à une créance, et qu'on n'arriva au *pignus* proprement dit qu'au temps de Gaïus (1). La loi Julia devait donc se borner à défendre au mari l'aliénation du fonds dotal,. puisque l'aliénation était précisément le seul moyen qui fût à la disposition des particuliers pour affecter un bien au paiement de leurs dettes.

3. — Contre ces arguments, on ne pourrait objecter que ce texte de Gaïus qui forme la loi 4 au titre *de fundo datoli,* et date bien, lui, de l'époque classique, et aux termes duquel la loi Julia défendait au mari « *aut obligare, aut alienare fundum dotalem.* » — Mais ce texte est suspect ; car, d'après le témoignage même de Justinien, le mari ne pouvait hypothéquer le fonds dotal même du consentement de sa femme, tandis que la loi Julia lui permettait certainement de l'aliéner si sa femme y consentait. Il y a donc là

1. Gaïus, *Comm.* II, § 59 et 60, et 220, *in fine.*

3

une distinction bien nette entre l'*obligatio* et l'*alienatio*. Comment donc ce texte les présente-t-il comme
défendues de la même manière au mari ? De cette
erreur évidente, et aussi de ce fait que, dans son *Commentaire*, Gaïus ne parle de la prohibition d'aliéner,
n'est-il pas permis de conclure que le texte primitif
de la loi 4, au *Dig.*, l., 23, t. 5, portait : « *ne id marito liceat alienare invitâ muliere* », — et que ce sont
les commissaires de Justinien qui, pour mettre ce
texte d'accord avec les Institutes et le Code, auront
supprimé : « *invitâ muliere* », puis ajouté : « *aut obligare* » ?

Quoi qu'il en soit, il est certain qu'à l'époque
classique, le consentement de la femme, suffisant
pour valider l'aliénation de l'immeuble dotal par le
mari, ne validait pas, au contraire, la constitution
d'hypothèque sur cet immeuble. Or si cette défense
d'hypothèquer, même du consentement de la femme,
ne dérive pas de la loi Julia, à quel texte faut-il la
rattacher ? Les uns la rattachent aux édits d'Auguste
lui-même, qui défendirent aux femmes mariées de
s'obliger pour leurs maris, — les autres au sénatus-
consulte Velléien (1) qui, sous le règne de Claude,
leur défendit plus généralement, mariées ou non, de
s'obliger pour un tiers quelconque. Ces deux opinions

1. Demangeat, *De la condition du fonds dotal en droit romain*, p.
215.

se fondent sur cette idée que le consentement de la
femme à l'obligation du fonds dotal pouvait être
considéré comme une *intercessio* indirecte, puisque
la femme exposerait, par là, une partie de sa fortune pour venir au secours du mari.

Il était intéressant de constater que la prohibition, quant à l'hypothèque, vient de ces édits ou
sénatus-consulte, et non de la loi Julia, parce que,
ceci étant admis, si le mari hypothèque le fonds dotal non pour sa propre dette ou pour celle d'un
tiers, mais bien pour celle de la femme elle-même,
celle-ci peut alors concourir à l'acte et le rendre valable, car en cela elle n'intervient pas pour autrui :
elle fait sa propre affaire. — Au cas, au contraire,
où on admettrait que son incapacité relative à l'hypothèque dérivait de la loi Julia, cette restriction
même devrait être rejetée.

L'étude de cette controverse sur les dispositions
exactes de la loi Julia nous a permis, subsidiaire-
ment, de nous rendre compte du ressort de son application. En réalité elle ne disait rien à ce sujet, et
Gaïus nous apprend que, de son temps, c'était encore une question discutée que celle de savoir si on
l'appliquerait ou non aux provinces : « *quod quidem
jus utrum ad Italica tantum prædia, an etiam ad provincialia pertineat, dubitatur* (1). » La jurisprudence,

1. Gaïus, *Comm.* II, § 63.

cela ressort des Instituhes, finit par trancher cette
controverse dans un sens négatif. Partant de l'idée
que les particuliers ne peuvent pas être vraiment
propriétaires des fonds provinciaux, et, par conséquent, ne peuvent les aliéner, elle en conclut que la
loi Julia, qui parlait d'aliéner, supposait un fonds
Italique. — On arriva ainsi, à la fin de notre seconde période, à décider que le mari qui recevait en
dot un fonds provincial, pouvait librement en disposer, c'est-à-dire faire passer à un tiers l'espèce de
jouissance dont il était investi. Ce fut seulement
Justinien qui mit sur la même ligne les fonds provinciaux et Italiques.

SECTION II. — A quels biens s'applique l'inaliénabilité ?

Les règles relatives à cette question peuvent se
résumer dans les quatre propositions suivantes :

1° La loi Julia, et, par conséquent, la règle de
l'inaliénabilité, s'applique aux immeubles apportés
en dot.

2° A moins qu'il n'y ait eu estimation valant vente.

3° Au contraire, elle ne s'applique pas aux meubles dotaux.

4° Et elle ne s'applique qu'aux immeubles italiques, mais point aux fonds provinciaux.

§ 1. — *La loi Julia et l'inaliénabilité s'appliquent aux immeubles apportés en dot.*

La loi Julia avait défendu l'aliénation du « *prœdium dotale* (1).* » Par là, sa disposition embrassait tout ce qui est immeuble apporté en dot (2). Que le fonds fût situé à la ville ou à la campagne, destiné à l'habitation ou à l'agriculture, il était frappé d'inaliénabilité entre les mains du mari : « *dotale prœdium accipere debemus tam urbanum quam rusticum : ad omne enim œdificum lex Julia pertinebit* (3). » — Donc, tandis que l'Oratio Severi ne protégea contre les aliénations intempestives que les immeubles ruraux ou suburbains des mineurs de 25 ans, la loi Julia, au contraire, avait protégé même les immeubles urbains dotaux.

Ce mot *prœdium*, c'est Ulpien qui le dit dans la suite de la loi précitée, s'appliquait également au cas où on n'avait constitué en dot qu'une part indivise dans un immeuble : « *prœdii appellatione etiam pars continetur* » (4). L'inaliénabilité s'appliquait donc également, en vertu de la loi Julia, à cette part indivise. Nous verrons, dans la section IV, les effet

1. Ulpien, Dig., l. 23, t. 5, loi 13, pr.; — Gaïus, *Comm.* II, § 63.
2, Demangeat, *De la Condition du fonds dotal en droit romain*, p. 310.
3. Ulpien, Dig., l. 23, t. 5, loi 13, pr.
4. Ulpien, *Dig.*, l. 23, t. 5, loi 13, § 1.

de cette inaliénabilité pour le mari, en cas d'indivision.

D'autre part, pour qu'il s'agît d'un *prædium dotale*, il n'était pas nécessaire qu'un droit de propriété eût été transféré au mari ; un simple droit de superficie ou d'emphytéose à lui constitué à titre de dot était également inaliénable entre ses mains. C'est là une extension naturelle qu'exige la largeur du mot : *prædium* (1).

Mais fallait-il, pour que la loi Julia s'appliquât, et que le *prædium dotale* fût inaliénable, que le mari eût acquis, *dotis causâ*, le *dominium ex jure Quiritium* de l'immeuble, en sorte que si le constituant lui avait simplement fait tradition, *dotis causâ*, d'un fonds italique, de façon à le faire passer *in bonis mariti*, celui-ci aurait pu, à son gré, le faire passer *in bonis* d'un tiers, sans tenir aucun compte de la loi Julia? Cette solution est inadmissible. On l'appuie, il est vrai, sur le paragraphe second de notre texte d'Ulpien, aux termes duquel : « *dotale prædium sic accipimus, cum dominium marito quæsitum est, ut tunc demum alienatio prohibeatur* » (2). Mais, en réalité, ce passage ne fait autre chose qu'exprimer cette idée logique que, pour que la prohibition d'aliéner s'applique, il faut nécessairement supposer que le mari

1. Demangeat, *De la condition du fonds dotal en droit romain*, p. 266, note 1.

2. Ulpien, *Dig.*, 1.23, t. 5, loi 13, § 2.

a acquis, sur l'immeuble, des droits qui lui permet-
traient, suivant les règles ordinaires, de l'aliéner,
que, sans cela, il n'y aurait point besoin de la loi
Julia pour l'empêcher d'aliéner ce qui ne lui appartient pas ; au contraire, il n'a nullement pour but de
déterminer quelle doit être exactement la nature de
ces droits. — Deux raisons positives permettent,
d'ailleurs, d'affirmer que l'inaliénabilité s'applique,
par cela seul que le fonds italique, livré au mari *ex
causâ dotis*, est *in bonis ejus*.

1. D'abord l'expression : *dominium*, employée sans
les mots : *ex jure Quiritium*, convient tout aussi bien
au cas où il s'agit seulement de la propriété boni-
taire (1).

2. Puis le même Ulpien, dans la loi 5 au Dig., au
titre *De soluto matrimonio* (2), parlant d'une restitution de fruits du fonds dotal à effectuer par le mari,
dit que le délai doit être compté : du moment où le
fonds est devenu dotal, c'est-à-dire où la possession
a été livrée, « *quo primum dotale prædium constitutum
est, id est traditâ possessione* ». Ainsi donc, il y a eu,
par hypothèse, simple tradition d'un fonds italique,
et le mari, par conséquent, n'a au début ce fonds
que *in bonis*, et pourtant, de l'aveu même d'Ulpien,
le fonds a déjà revêtu le caractère de dotalité, preuve
bien certaine qu'Ulpien, dans loi 13, § 2 du liv. 23,

1. Gaius, *Comm.*, II, § 40.
2. Ulpien, *Dig.*, l. 24, t. 3, loi 5.

t. 5, n'a pas voulu dire qu'il ne considérait le fonds comme « *dotale* » que lorsque le mari en a le *dominium ex jure Quiritium*.

Ainsi donc l'inaliénabilité s'appliquait au fonds italique dont il avait simplement été fait tradition, *dotis causâ*, au mari. Mais ce n'est pas à dire qu'un fonds ne devînt jamais dotal qu'autant qu'il avait été livré au mari. Au contraire, le fonds mancipé ou cédé *in jure*, mais non encore livré au mari, était, lui aussi, dotal et inaliénable en vertu de la loi Julia ; c'est ce qui ressort d'un texte de Tryphoninus qui forme la loi 16, à notre titre *De fundo dotali : « Si fundum, quem Titius bonâ fide possidebat,....... mulier ut suum marito dedit in dotem......* » (1). Ainsi, dans le cas prévu par ce texte, le fonds est devenu dotal et inaliénable, sans avoir été livré par la femme au mari, puisqu'il y a eu *datio in dotem* d'un fonds possédé par un tiers. Et cela se comprend très bien tant que la *mancipatio* et la *cessio in jure* ne furent pas tombées en désuétude, c'est-à-dire pendant tout le cours de notre seconde période, jusqu'à Justinien ; car alors la femme pouvait parfaitement, par une *mancipatio* ou une *in jure cessio*, transférer la propriété d'un fonds qu'elle ne possédait pas.

Supposons enfin que le mari n'ait même pas *in bonis* le fonds italique qu'on a constitué en dot, mais

____

1. Tryphoninus, *Dig.*, 1. 23, t. 5, loi 16.

en soit seulement possesseur de bonne foi, parce
que le constituant, femme ou étranger, que le mari
croyait propriétaire de ce fonds, ne l'était pas en
réalité. On ne peut plus dire que le mari a là un
prædium dotale : va-t-il donc échapper à la prohibition de la loi Julia, et pouvoir, même sans le consentement de sa femme, aliéner au profit d'un tiers
cette possession qu'il a reçue, de manière à mettre
ce tiers, s'il est de bonne foi, *in causa usucapiendi* ?
M. Demangeat ne le pense pas (1). Même en ce cas,
il applique l'inaliénabilité, en ce sens que le mari
ne pourra pas transférer à un tiers la possession de
ce fonds que, de bonne foi, il a reçu en dot. Et il se
fonde, pour cela, sur un texte du titre : *De rebus
eorum qui sub tutelâ sunt* (2), où Ulpien parlant de
l'*oratio Severi*, qui défendait les aliénations intempestives des immeubles ruraux ou suburbains appartenant aux mineurs de 25 ans, décide qu'il faut
étendre cette *oratio* au cas où le mineur avait, non
la propriété, mais simplement la possession de bonne
foi du fonds. — Donc, dit M. Demangeat, il n'y a
aucune raison pour que la loi Julia, dont le texte
supposait également que le mari était devenu propriétaire du fonds reçu en dot, ne comportât pas la
même interprétation extensive.

1. Demangeat, *De la condition du fonds dotal en droit romain*, p.
324, 325.
2. Ulpien, *Dig.*, 1. 27, t. 9, loi 5, § 2.

Nous savons maintenant ce qu'il faut entendre par *prædium dotale* et la conclusion des observations précédentes, c'est que la loi Julia, et par conséquent l'inaliénabilité, ne s'appliquaient, en principe, qu'au *prædium dotale*. Si, par conséquent, la dot comprenait un *nomen*, une créance garantie par une hypothèque sur un immeuble, cette hypothèque n'étant pas un *prædium dotale*, la loi Julia ne s'y appliquait point ; et le mari, qui pouvait disposer de la créance, pouvait certainement disposer aussi de son accessoire : l'hypothèque. Il pouvait donc, sans tomber sous l'interdiction de la loi Julia, soit vendre le droit d'hypothèque au cours du mariage, soit, si la créance dotale n'était pas intégralement payée à l'échéance, vendre l'immeuble hypothéqué pour se payer sur le prix, sans avoir besoin du consentement de sa femme.

Toutefois, il serait trop absolu de dire que la loi Julia ne s'appliquait absolument qu'à l'immeuble même qui avait été apporté en dot. Paul nous dit, au titre *De fundo dotali* (1), que le fonds légué à un esclave dotal tombe sous l'empire de la loi Julia, comme étant dotal ; ce fonds, quoiqu'il n'ait pas été apporté en dot, devient donc inaliénable entre les mains du mari, sauf le consentement de la femme, à la différence de l'esclave lui-même. — Ce que dit

1. Paul, *Dig.*, l. 23, t. 5, loi 3, pr.

Paul du legs, il faudrait le dire également de la donation faite à l'esclave, car ce n'est là qu'une application particulière d'un principe général, suivant lequel ce que le mari acquiert « à l'occasion de la chose apportée en dot », est dotal et restituable à la femme (1), à part, bien entendu, ce qui peut être considéré comme fruits destinés à faire face aux charges du mariage. La dot se trouve donc augmentée de toutes les acquisitions que le mari fait à l'occasion des choses dotales et qui ne constituent pas des fruits ; et par conséquent, si ces acquisitions sont immobilières, elles seront inaliénables comme le *prædium dotale* lui-même. Cependant, cette règle générale reçoit elle-même exception au cas où l'acquisition faite par le mari au moyen des choses dotales provient *ex re suâ* : alors le mari en garde définitivement le bénéfice, et il ne peut plus être question d'inaliénabilité. De même si le fonds légué à l'esclave dotal l'avait été *intuitu ipsius mariti*, il n'entrerait point *in dotem*, mais resterait propre au mari et échapperait, par conséquent, à l'inaliénabilité.

1. Demangeat, *De la condition du fonds dotal en droit romain*, p. 190.

§ 2. — *L'inaliénabilité n'existe point lorsqu'il y a eu, pour l'immeuble apporté en dot, estimation valant vente.*

En droit romain, lorsqu'une chose, mobilière ou immobilière, était apportée en dot au mari avec estimation, — cette estimation, de droit commun et en l'absence de toute clause particulière, valait vente au mari : celui-ci était considéré comme ayant acheté la chose pour le montant de l'estimation (1). Dès lors, ce n'était plus la chose même qui était véritablement dotale, — mais la somme à laquelle on l'avait estimée. La dette dont était désormais tenu le mari, *dotis causâ*, était une dette de somme d'argent : *emptoris loco est* (2).

Puisque l'estimation valait ainsi vente, il en résultait que le pouvoir du mari sur le *prœdium œstimatum* n'était plus limité par la prohibition de la loi Julia, et que le mari pouvait disposer de cet immeuble absolument comme de ceux qu'il avait recueillis pour des causes étraugères à son mariage (3) ; car la loi Julia ne parlait que du *prœdium dotale*, et sa disposition, étant exorbitante du droit commun, ne devait pas être étendue.

1. Ulpien, Dig, 1. 23, t. 3, loi 10, § 5, *in fine*.
2. Africain, *Dig.*, 1. 20, t. 4. loi 9, § 3.
3. Code, 1. 3, t. 33, loi 6.

Mais il se pouvait que l'estimation ne fût pas pure
et simple, et que, tout en estimant la chose apportée
en dot, on ajoutât une convention spéciale portant
que la chose même devrait être restituée à la femme.
En pareil cas, l'estimation n'avait plus aucun effet
à notre point de vue : la chose restait dotale et, par
conséquent, inaliénable s'il s'agissait d'un immeuble. Elle n'avait plus que deux effets, entièrement
étrangers à l'inaliénabilité.

1. — D'abord elle intervenait *taxationis causâ* :
désormais le mari, en cas de perte totale, par sa
faute, de la chose estimée, devait rendre le montant
de cette estimation, et, en cas de perte partielle,
une fraction de l'estimation correspondante à la
part qu'il ne pouvait restituer en nature.

2. — Par suite de cette estimation, le mari qui,
en droit commun, n'était tenu, quant aux choses
dotales, que de la *culpa levis in concreto* (1), devenait
responsable de la *culpa levis in abstracto* (2). On le
considérait comme ayant pris, par là, l'engagement
d'apporter à la garde ou à l'administration des choses estimées, les soins d'un bon père de famille.

Il faut remarquer, d'ailleurs, que lorsque l'estimation, au lieu d'être pure et simple, avait seulement été faite *taxationis causâ*, tout ce que perdait

1. Paul, Dig., l. 23, t. 3, loi 17, pr. — Gaïus, Dig., l. 13, t. 6, loi
18, pr.
2. Ulpien, Dig., l. 17, t. 2, loi 52, § 3.

le mari, quant à l'immeuble estimé, c'était le pouvoir de l'aliéner *invitâ uxorce*. En un mot, il rentrait dans le droit commun de la loi Julia, et si l'aliénation avait lieu du consentement de la femme, elle était valable.

Enfin, et c'est une hypothèse prévue par Africain au titre *De fundo dotali* (1), il était possible que, le fonds dotal ayant été transféré au mari avec estimation, on convînt que la femme, lors de la dissolution du mariage, aurait néanmoins le droit de choisir entre le fonds et l'estimation. En pareil cas le mari ne pouvait, en aliénant seul le fonds, priver la femme du droit d'option qu'elle s'était réservé. Si donc, lors de la dissolution, la femme optait pour le fonds, la loi Julia se trouvait applicable et si le mari avait aliéné seul l'immeuble, la femme pouvait évincer le tiers acquéreur. Si au contraire, dans la même espèce, l'immeuble avait été aliéné du consentement de la femme, d'une part le tiers acquéreur était à l'abri, et d'autre part la femme, ayant opté pour le fonds, ne pouvait plus, par l'action *rei uxoriœ*, réclamer à son mari que le prix d'aliénation, et non l'estimation, car ce prix devait être considéré comme subrogé à l'immeuble aliéné.

1. Africain, Dig., 1. 23 t. 5, loi 11.

§ 3. — *La loi Julia ni, par conséquent, l'inaliénabilité ne s'appliquent aux meubles dotaux.*

Le droit de disposition du mari, comme propriétaire, n'était nullement restreint en ce qui concernait les meubles dotaux. Tous les textes relatifs à la limitation que la loi Julia avait apportée aux pouvoirs de disposition du mari se réfèrent uniquement aux immeubles dotaux : ils emploient les expressions de *prœdium dotale* (1), *fundus dotalis* (2), et, ce qui est plus caractéristique encore, les Institutes disent : « *ex lex in soli tantummodo rebus locum habebat...*», et cette expression *res soli* est très certainement exclusive des choses mobilières. On peut donc dire avec certitude que la loi Julia n'étendit pas sa prohibition aux meubles dotaux. Et ce fut probablement avec intention, en raison de la facilité avec laquelle les meubles se détériorent ou périssent. En les aliénant sagement, le mari, bien loin de compromettre les intérêts de sa femme, lui épargne le risque des cas fortuits.

Puisque la loi Julia ne s'appliquait point aux meubles dotaux, ceux-ci restèrent, entre les mains du mari, soumis aux principes de droit commun qui, durant toute la première période, avaient régi la si-

1. Gaïus, *Comm*. II, § 63.
2. Dig., l. 23, t. 5.

tuation de la dot en général. C'est-à-dire que d'une part, le mari, propriétaire, pouvait valablement les aliéner ; mais que, d'autre part, comme il était, au moins éventuellement, débiteur envers la femme de leur restitution, l'aliénation inopportune ou faite à des conditions désavantageuses engageait sa responbilité envers la femme.

D'abord nous disons que, la loi Julia ne s'appliquant point aux meubles dotaux, le mari pouvait, en tant que propriétaire, les aliéner à son gré. Nous avons, à cet égard, des témoignages formels : les esclaves, par exemple, comptaient parmi les meubles les plus précieux ; — et certes il était plus dangereux encore de permettre au mari de les affranchir, que de lui permettre de les aliéner à titre onéreux ou de les hypothéquer, puisque l'affranchissement était une libéralité sans contre-partie. Et cependant Papinien décide que le mari peut, sans avoir besoin du consentement de sa femme, affranchir un esclave dotal, pourvu toutefois qu'il soit solvable (1), (car s'il est insolvable, l'affranchissement sera nul, la dot étant considérée comme exigible par le seul fait de cette insolvabilité). Cette décision implique, à plus forte raison, pour le mari, le droit d'aliéner les autres meubles dotaux. Notamment il pouvait disposer des *nomina* ou droits de créance sur des

_____

1. Papinien, Dig., l. 40, t. 1, loi 21.

tiers compris dans la dot : plusieurs textes suppo-
sent qu'il a le droit de les éteindre par novation ou
acceptilation, même sans le consentement de sa
femme (1). Toutefois, ici, il faut apporter une réserve ; ce pouvoir du mari sur les *nomina* n'était
complet que s'il s'agissait de droits de créance purement mobiliers ; — si, au contraire, la créance
avait pour objet un immeuble, faire *acceptilatio* d'une
pareille créance, ou la transformer en un droit mobilier, c'eût été véritablement *prœdium alienare*, dans
le sens de la loi Julia : en ce cas le mari ne pouvait
donc procéder à ces actes sur la créance, qu'avec
le consentement de sa femme.

Sous cette légère réserve, le mari pouvait, nous
venons de le voir, aliéner librement les meubles dotaux, tout comme pendant la première période. Seulement, l'aliénation inopportune ou faite à des conditions désavantageuses engageait sa responsabilité
envers la femme, — en ce sens que celle-ci, du moins
si le tiers constituant n'avait pas stipulé pour lui-
même la restitution de la dot au moment de la constitution, avait par rapport aux biens dotaux un droit
de créance : or la loi Julia assurant la conservation
des immeubles entre les mains du mari, leur restitution se faisait tout naturellement en nature, et
il en était de même des meubles dotaux non alié-

____

1. Ulpien, Dig., l. 23, t. 3, loi 36 ; — Javolénus, Dig., l. 24, t.
3. loi 66, § 6.

nés ; — mais quant aux meubles que le mari avait aliénés, il devait en rendre la valeur à leur défaut, et par là, il était amené à supporter la différence s'il les avait vendus au-dessous de cette valeur. Cette créance était garantie par un *privilegium inter personales actiones* (1), de plus, si, durant notre deuxième période, elle n'était point encore garantie par une hypothèque légale, elle pouvait être appuyée par des garanties conventionnelles : le mari, du moins jusqu'au IVe siècle, put, pour la garantie de cette créance de la femme, hypothéquer ses propres biens ou fournir des cautions. — Nous verrons à la section VI, à propos des sanctions de l'inaliénabilité, si la femme pouvait valablement disposer de sa créance dotale, ou renoncer aux sûretés qui y étaient attachées.

§ 4. — *L'inaliénabilité n'existe que pour les immeubles italiques apportés en dot. — et non pour les immeubles provinciaux.*

Il ne faudrait pas croire que les fonds provinciaux ne fussent pas susceptibles de propriété privée ; mais l'espèce de droit particulier qu'ils comportaient, sorte de concession de l'Etat, n'était assurément pas le *dominium* proprement dit. Eh bien la loi Julia, qui

1. Hermogénien, Dig., l. 23, t. 3, loi 74 ; — Code, l. 8, t. 18, loi 12, pr.

s'appliquait au *prædium dotale,* s'appliquait-elle à cette propriété particulière, lorsqu'elle avait été constituée en dot ? Nous avons vu que la loi elle-même ne disait rien à cet égard ; et, au temps de Gaïus, vers le milieu du second siècle, la question était controversée : « *quod quidem jus utrum ad Italica tantum prædia an etiam ad provincialia pertineat, dubitatur* (1). » Il ressort des Institutes (2) que la jurisprudence finit par décider que non, et que le mari qui avait reçu en dot un fonds provincial pourrait librement l'aliéner. Quand nous parlons, d'ailleurs, d'un fonds provincial, nous supposons un fonds auquel n'a pas été accordé le *jus Italicum* ; autrement, il serait certainement soumis à la loi Julia. — Cette jurisprudence était bizarre, puisqu'au contraire pour les fonds italiques, nous avons vu que le mari qui, *dotis causâ,* en avait la simple possession de bonne foi, ne pouvait pas la transmettre. — Voici comment M. Demangeat (3) explique cette anomalie. La loi Julia, en défendant au mari d'aliéner le fonds dotal, part de l'idée que ce fonds appartient au mari ; — mais la jurisprudence arriva à l'appliquer même au cas où le mari était seulement en possession de bonne foi d'un fonds italique, parce que étant

1. Gaïus, *Comm.,* II, §63.
2. Inst., l. 2, t. 8, pr.
3. Demangeat, *De la condition du fonds dotal en droit romain,* p. 326.

in causâ usucapiendi, ayant une possession destinée au bout d'un temps assez court à se convertir en un véritable *dominium*, il pouvait facilement être immédiatement considéré comme véritable propriétaire. Au contraire, sur un fonds provincial, le mari n'acquérait jamais qu'une sorte d'usufruit, une possession point susceptible de se convertir en *dominium* proprement dit : la jurisprudence décida donc qu'on ne pouvait étendre la loi Julia à un droit d'une qualité si inférieure, — et que la règle de l'inaliénabilité ne s'appliquerait pas au fonds provincial, en sorte que le mari qui tenait, *dotis causâ*, un pareil fonds, pouvait, sans le consentement de sa femme, aliéner la possession dont ce fonds était susceptible. — Justinien fit cesser cette anomalie, en étendant la défense aux immeubles provinciaux, qu'il rendit d'ailleurs susceptibles de la propriété ordinaire (1).

SECTION III — Durée de l'inaliénabilité.

§ 1. — *Quand commence l'inaliénabilité ?*

« *Dotale prædium sic accipimus cum dominium marito quæsitum est, ut tunc demum alienatio prohibeatur;* » nous considérons, dit Ulpien (2), le fonds comme do-

---

1. Justinien, Code, l. VII, t. 25, loi unique.
2. Ulpien, *Dig.*, l. 23, t. 5, loi 13, § 2.

tal au moment où la propriété est acquise au mari, de telle sorte qu'alors seulement commence l'inalié- nabilité. — Ce texte, dont nous avons vu à la section précédente qu'on s'est servi à tort pour soutenir que la loi Julia s'applique seulement lorsque le mari a acquis, *dotis causâ*, le *dominium ex jure Quiritium*, si- gnifie donc que l'inaliénabilité ne commence qu'au moment où le mari est devenu propriétaire de l'im- meuble, en sorte qu'en droit commun il pourrait l'aliéner. Toutefois il ne faudrait pas pousser trop loin l'assimilation des expressions : *maritus* et *prœ- dium dotale*, et croire que l'inaliénabilité des immeu- bles dotaux supposait nécessairement une union ac- complie. Sans doute, en général, il n'y a de dot que là où il y a mariage : « *non enim dos sine matrimonio esse potest* » (1) ; et, par conséquent, il ne peut y avoir un fonds dotal que là où il y a un mari. Mais les ju- risconsultes ne s'arrêtèrent pas à la lettre de cette disposition, et, partant de ce principe que la défense de la loi Julia avait pour but d'assurer la conserva- tion de la dot, pour les cas éventuels où elle devrait être restituée à la femme, ils l'étendirent avec rai- son à des personnes auxquelles n'appartenait pas le nom de *maritus*. En conséquence, ils décidèrent que l'inaliénabilité commencerait et finirait avec le dan- ger qu'elle avait pour but de prévenir. En résumé, au lieu d'être limitée à l'exacte durée du mariage :

1. Ulpien, *Dig.*, l. 23, t. 3, loi 3.

L'inaliénabilité avait pour point de départ le jour même de la constitution de la dot.

Et elle avait pour point d'arrêt le jour de sa restitution.

Voilà pourquoi, au titre *De fundo dotali*, Gaius (1) dit : « *Lex Julia, quæ de dotali prædio prospexit, ne id marito liceat obligare aut alienare, plenius interpretanda est, ut etiam de sponso idem juris sit quod de marito.* » Les fiançailles ayant eu lieu, et les biens qui doivent être apportés en dot étant dès à présent déterminés, rien ne s'oppose à ce qu'on en transfère immédiatement la propriété au fiancé. Voilà donc le fiancé propriétaire, *dotis causâ*, de certains immeubles par exemple, avant qu'il n'y ait mariage. Gaius décide que l'inaliénabilité frappera ces immeubles entre les mains du fiancé, bien qu'ils ne soient pas dotaux à proprement parler, puisqu'il n'y a pas encore mariage. Et déjà avant Gaius, Julien, ce sont les empereurs Léon et Anthemius (2) qui, à la fin du Ve siècle, l'attestent, avait donné la même décision: il pensait que le consentement de la fiancée était nécessaire pour la validité de l'aliénation du fonds destiné à devenir dotal, tout comme le consentement de la femme, une fois le mariage contracté.

1. Gaius, *Dig.*, l. 23, t. 5, loi 4.
2. Léon et Anthemius, Code, liv. 6, t. 61, loi 5.

§ 2. — *Quand cesse l'inaliénabilité?*

Si l'inaliénabilité pouvait s'appliquer avant le mariage, au fiancé, nous venons de voir qu'elle pouvait également s'appliquer après sa dissolution, jusqu'au jour de la restitution de la dot. A la vérité, c'était au mari que la loi Julia défendait d'aliéner le fonds dotal *invitâ muliere*. Mais les jurisconsultes, toujours d'après leur interprétation extensive de cette loi, admirent que, même une fois le mariage dissous, toutes les fois que le fonds dotal devrait être restitué à la femme, celui qui serait tenu de cette restitution resterait sous la prohibition de la loi Julia, et ne pourrait, sans le consentement de sa femme, aliéner le fonds. Papinien dit en ce sens : « *Etiam dirempto matrimonio, dotale prædium esse intelligitur* » (1). Par application de cette idée :

Le mariage étant dissous par la mort du mari, le fonds, qui passait à l'héritier ou au *bonorum possessor*, ne pouvait pas être aliéné par lui, sans le consentement de la veuve, pas plus que par le mari lui-même, et demeurait sous l'empire de la loi Julia jusqu'à sa restitution effective (2).

Le mariage étant dissous par la réduction du mari en esclavage, le maître, qui acquérait tous ses biens

1. Papinien, *Dig.*, l. 23, t. 5, loi 12, pr.
2. Paul, *Dig.*, l. 23, t. 5, loi 1, § 1.

comme un héritier, ne pouvait pourtant aliéner le fonds dotal sans le consentement de la femme (1), car, succédant au mari son esclave *in universum jus*, il succédait aussi à ses obligations, et était, par conséquent, tenu de restituer ce fonds à la femme.

De même, dans le cas de confiscation des biens du mari, soit à la suite de certaines condamnations pénales, soit en vertu de dispositions caducaires, ce n'était plus le mari qui était propriétaire du *prœdium dotale*. Et cependant le fisc, tenu, *loco heredis*, du paiement des dettes et, par conséquent, de la restitution de la dot, n'avait pas non plus le pouvoir d'aliéner le fonds dotal (2).

Enfin, si le mariage se rompait par un divorce, le mari, demeuré propriétaire du fonds dotal, mais tenu de le restituer à la femme, ne pouvait l'aliéner sans son consentement.

Mais, nous l'avons vu, l'inaliénabilité ne survivait à la dissolution du mariage qu'autant que son but subsistait lui-même, c'est-à-dire autant seulement que le fond dotal devait être restitué. Si donc le mariage se dissolvait par la mort de la femme, comme, en principe, jusqu'à Justinien, la dot resta au mari en ce cas, celui-ci devenait propriétaire définitif du fonds dotal, et l'inaliénabilité cessait dès l'instant de la dissolution du mariage.

1. Ulpien, *Dig.*, l. 23, t. 5, loi 2, pr.
2. Ulpien, *Dig.*, l. 23. t. 5, l. 2, § 1.

SECTION IV. — Portée de l'inaliénabilité.

§ 1. — *Quels sont les actes juridiques auxquels l'inaliénabilité met obstacle ?*

« *Lex Julia, quæ de dotali prædio prospexit, ne id
marito liceat... alienare* », dit Gaius (1) au titre *De
fundo dotali*. — Donc, avant tout, la loi Julia défendait l'aliénation directe de l'immeuble dotal, le transfert de la propriété soit à titre onéreux soit à titre
gratuit, soit entre vifs soit à cause de mort. —
Mais Gaius (2) nous apprend aussi que ces diverses aliénations des immeubles dotaux étaient
permises au mari lorsque la femme y consentait.
Avec ce consentement, le mari put même faire
donation des immeubles dotaux durant tout le
cours de notre seconde période. Il était donc très important pour le mari que la femme consentît à la
vente qu'il voulait faire d'un immeuble dotal, et il
y avait même intérêt lorsqu'il s'agissait de la vente
de meubles dotaux que cependant, nous l'avons vu,
il pouvait très valablement aliéner seul : si en effet la femme avait donné son consentement, c'était
le prix qui était désormais dotal, et par conséquent,
à la dissolution du mariage, le mari, débiteur d'une
somme d'argent, jouissait de délais pour la resti-

1. Gaius, Dig., 1. 23, t. 5, loi 4.
2. Gaius, Comm. II, § 63.

tuer, — tandis que si la femme ne consentait pas
à la vente, le mari restait débiteur envers elle du
meuble lui-même, en tant que corps certain, et soumis, par conséquent, à la restitution immédiate de
sa valeur après la dissolution du mariage (1).

Ce consentement de la femme à l'aliénation du
fonds dotal par son mari n'était soumis à aucune
règle de forme ni de temps : il pouvait se manifester d'une manière quelconque, même tacite, et il
pouvait même être donné après coup, sous forme de
ratification de l'aliénation faite par le mari seul (2).
Nous possédons un curieux exemple de ratification
tacite de la femme, dans la loi 13, § 4, au titre *De
fundo dotali*. Le mari, qui ne pouvait ni vendre ni
donner le fonds dotal, ne pouvait pas non plus, bien
entendu, le léguer, ni *per vindicationem*, car c'eût
été un mode d'aliénation tombant par conséquent
sous le texte même de la loi *Julia*, ni *per domnatio-
nem*, car un pareil legs constituait tout au moins un
legs de créance, et le mari ne pouvait pas léguer une créance ayant le fonds dotal pour objet.
Cependant Ulpien, dans le texte précité (3), déclare
valable le legs du fonds dotal fait par le mari,
à condition que la femme instituée héritière par

1. Demangeat, *De la condition du fonds dotal en droit romain*,
p. 208 et 209.
2. Scœvola, Dig., l. 24, t. 3, loi 50.
3. Ulpien, Dig., l. 23, t. 5, loi 13, § 4.

son mari, ait fait adition de son hérédité. — A
vrai dire, cette condition ne suffit pas encore pour
valider le legs du fonds dotal par le mari; il en
faut une seconde : il faut que le légataire prouve que
ce qui restera à la femme héritière, une fois tous
les legs payés, est au moins égal à la valeur du fonds
dotal, — et s'il doit rester seulement une somme
inférieure à cette valeur, la femme pourra faire subir au légataire une réduction proportionnelle, de
manière à conserver toujours au minimum l'équivalent du fonds. — Mais, ces deux conditions remplies,
le legs est validé, nous dit Ulpien, et la femme héritière du mari, ne peut se dispenser de l'exécuter.
— Eh bien c'est là tout simplement un cas de ratification tacite : la femme, en faisant adition de l'hérédité de son mari, a renoncé au droit qu'elle avait
d'attaquer le legs contraire à la loi Julia. Seulement
on présume qu'elle n'a fait cette renonciation que
dans la pensée qu'en définitive elle n'en souffri-
rait pas, et voilà pourquoi elle n'est tenu d'exécuter intégralement le legs du fonds dotal qu'autant qu'elle se trouve indemnisée par les valeurs
qu'elle recueille comme héritière. En résumé, quand
le mari a légué le fonds dotal, tout comme quand
il l'a vendu, l'aliénation, nulle dans le principe, se
trouve validée par cela seul que la femme a manifesté clairement sa volonté de la tenir pour bonne :
or il faut remarquer que cette manifestation de vo-

lonté pourrait résulter aussi bien de ce qu'elle accepte un legs du mari, que de ce qu'elle accepte l'hérédité laissée par lui.

D'après le texte de Gaïus au titre *De fundo dotali*, que nous avons déjà cité (1), la loi Julia ne défendait pas seulement au mari *l'alienatio prœdii dotalis*, mais aussi son *obligatio*, c'est-à-dire son affectation par voie de gage où d'hypothèque. Nous avons vu à la section I que ce texte n'est point exact; que les mots « *autobligare* » y ont été interpolés, et que la défense d'hypothéquer le fonds dotal fut édictée, non par la loi Julia, mais par les édits ultérieurs d'Auguste, ou plutôt encore par le sénatus-consulte Velléien; — nous avons vu en même temps quel intérêt présente cette constatation: elle conduit à dire que si le mari hypothéquait le fonds dotal pour une dette de la femme elle-même, celle-ci pouvait, en ratifiant l'acte, valider l'hypothèque. — Ce qu'il importe de remarquer maintenant, c'est que, hors ce cas exceptionnel, la défense faite au mari, dès le milieu du 1ᵉʳ siècle, *d'obligare prœdium dotalem,* était plus rigoureuse que la défense *d'alienare* de la loi Julia. — Tandis que la loi Julia ne défendait au mari l'aliénation du fonds dotal qu'autant que la femme n'y consentait pas, il lui était défendu, au contraire, d'engager ou d'hypothéquer le fonds

1. Gaïus, Dig., l. 23, t. 5, loi 4.

dotal même du consentement de la femme (1). Cujas explique et justifie ainsi cette différence: *Facilius mulier consentit obligationi fundi dotalis quam alienationi; — nam obligatio non mutat dominium rei, et nimiam facilitatem lex refrenare voluit.*

La loi Julia, qui défendait au mari l'*alienatio prædii dotalis*, lui défendait même l'aliénation résultant du partage. Car en droit romain, le partage avait un effet non point déclaratif comme en droit français, mais attributif : il constituait une véritable aliénation, chaque co-propriétaire transférant une partie de ce qui lui appartenait, pour acquérir une partie de ce qui appartenait à l'autre (2). Celui qui demandait le partage, en exerçant l'action *communi dividundo*, manifestait donc bien la volonté d'aliéner tout ou partie de ce qui lui appartenait dans la chose commune. En conséquence le mari qui avait reçu en dot, sans estimation, une part indivise dans un fonds, ne pouvait, en vertu de la loi Julia, provoquer sans le consentement de sa femme, le partage contre le co-propriétaire (3). Au contraire le partage pouvait parfaitement être provoqué par ce co-propriétaire contre le mari seul; car, le partage ne pouvant pas être refusé par celui contre qui il

---

1. Code, l. 5, t. 13, loi unique, § 15. — Inst., l. 2, t. 8, pr.
2. Labéon, Dig., l. 33, t. 2, loi 31.
3. Gordien, Code, l. 5, t. 23, loi 2.

était demandé, il y avait là une de ces *alienationes necessariæ* qui échappaient, nous le verrons, à la loi Julia.

Enfin, la prohibition de cette loi atteignait non seulement les aliénations proprement dites, mais encore tout acte de disposition qui, sans transférer le droit de propriété lui-même, en diminuait l'étendue. Nous avons déjà vu la défense faite au mari d'hypothéquer le fonds dotal, défense qui fut introduite postérieurement. Eh bien, de même, le mari ne pouvait sans le consentement de sa femme, créer des servitudes sur le fonds dotal : telle est la décision de Julien, qu'Ulpien rapporte au titre *De fundo dotali* (1). En effet, les servitudes sont, en quelque sorte, des qualités des fonds, qui diminuent la valeur du fonds servant : c'est donc véritablement aliéner pour partie la propriété du fonds, que de le grever de servitudes passives. Et cette décision doit être étendue à tous les droits réels enlevant pour une part, quelle qu'elle soit, les avantages de la propriété, qu'il s'agisse de droits réels civils ou seulement prétoriens, tels que le droit d'emphytéose ou de superficie. Quant aux servitudes, peu importe également qu'il s'agisse d'une servitude prédiale ou personnelle : le mari ne pouvait pas plus grever le fonds dotal d'un droit d'usufruit, qu'y créer un droit de passage.

1. Ulpien, Dig., l. 23, t. 5, loi 5.

A propos des servitudes, il faut remarquer que la
.oi Julia défendait au mari de laisser éteindre, par le
simple non-usage, les servitudes actives appartenant
au fonds dotal, aussi bien qu'elle lui défendait de
le charger de servitudes passives. Le texte qui vient
d'être cité le décide formellement : « *Julianus...
scripsit neque servitutes fundo debitas posse maritum
amittere* ». Peu importait, à cet égard, que la servitude existât déjà au profit du fonds dotal, quand ce
fonds avait été apporté en dot au mari, ou qu'elle
eût été acquise seulement depuis que le mari était
devenu propriétaire du fonds. Dans les deux cas, le
mari ne pouvait l'éteindre, du moins sans le consentement de sa femme, car, dans les deux cas,
c'était diminuer le *præadium dotale*, c'est-à-dire l'a-
liéner pour partie. Même en supposant que la servitude eût été acquise *ex re mariti*, avec l'argent du
mari, celui-ci, cependant, continuait à ne pouvoir
servitutem amittere. Sans doute, nous l'avons vu au
premier paragraphe de la section II, la chose acquise à l'occasion du fonds dotal, mais *ex re mariti*,
n'est pas dotale en principe : le mari en garde définitivement le bénéfice, et il ne peut plus être question d'inaliénabilité. Mais la servitude, elle, étant
une qualité du fonds, ne peut avoir une autre nature que lui. Elle est donc forcément dotale, ici, et,
tombant par conséquent sous le coup de la loi Julia,
elle ne peut être abandonnée par le mari. La seule

conséquence de ce fait que l'acquisition de la servitude provient *ex re mariti*, c'est que celui-ci, lors de
la restitution du fonds dotal ainsi accru à ses dépens, pourra se faire indemniser de ses déboursés.

Que faut-il comprendre exactement sous ces mots
de Julien : *amittere sérvitutes ?* Ils signifient que le
mari ne peut ni faire périr ni laisser périr les servitudes actives appartenant au fonds dotal. Nous
pouvons faire, de cette règle, quatre applications :

1. D'abord si le mari et le propriétaire asservi
s'entendent pour éteindre la servitude, et que celui-
ci, au moyen d'une action négatoire intentée contre
le mari, s'en fasse faire un *cessio in jure*, l'opération
sera nulle et la servitude restera intacte.

2. Si le mari reste deux ans sans exercer un droit
de passage, par exemple, établi au profit du fonds
dotal, quoique le temps normal d'extinction d'une
servitude rurale par le non-usage soit accompli, cependant la servitude en question ne sera pas éteinte,
en raison de son inaliénabilité. *Eum enim alienare
dicitur, qui non utendo amisit servitutes* (1).

3. A propos de l'extinction des servitudes par une
simple négligence du propriétaire, remarquons que
seules les servitudes rurales s'éteignent ainsi par le
non-usage de deux ans. Au contraire, la seule inaction du propriétaire du fonds dominant ne suffit pas

1. Paul, *Dig.*, 1. 50, t. 16, loi 28, pr.

pour éteindre les servitudes urbaines; il faut, de plus, que le propriétaire du fonds servant fasse un travail qui rende l'exercice de la servitude impossible, et que, pendant deux ans, il possède le fonds dans cet état : c'est ce qu'on appelle l'*usucapio libertatis* (1). La loi Julia, qui protégeait le fonds dotal contre le non-usage du mari, le protégeait-elle aussi en empêchant cette *usucapio libertatis,* cette perte des servitudes urbaines existant à son profit? On pourrait en douter, car, ici, il n'y a plus seulement négligence prolongée du mari, titulaire du droit de servitude; il y a encore des efforts faits par le propriétaire du fonds servant pour reconquérir sa liberté. Cependant il est certain que la loi Julia mettait également le fonds dotal à l'abri de cette *usucapio libertatis.* Ulpien l'indique au titre : *de fundo dotali* (2) : « *Nec libertas servitutis urbano prædio dotali debitæ competit, ne per hoc deterior conditio prædii fiat.* » Toutefois, à cette proposition, une restriction implicite s'impose : nous allons voir bientôt, en étudiant l'imprescriptibilité du fonds dotal, que l'usucapion en était exceptionnellement admise si elle avait commencé avant la constitution de dot. Il faut, de même, admettre que si, au moment où le fonds investi d'une servitude urbaine devenait dotal, le propriétaire du fonds servant avait déjà fait un acte con-

1. Julien, *Dig.*, l. 8, t. 2, loi 32.
2. Ulpien, *Dig.*, l. 23, t. 5, loi 6.

traire à la servitude, l'*usucapio libertatis,* ainsi régulièrement commencée, pouvait continuer à s'accomplir malgré la dotalité survenue, car le propriétaire
du fonds servant était considéré comme ayant un
droit acquis à pouvoir achever son usucapion qui, au
début, était possible. Cette restriction ne s'appliquait qu'à l'extinction des servitudes urbaines appartenant au fonds dotal : c'étaient les seules dont la
libération pût ainsi, par exception, continuer à se
prescrire au cours du mariage, malgré la constitution
en dot du fonds dominant, et en raison de cette
sorte de droit acquis au profit du propriétaire du
fonds servant. Au contraire la libération des servitudes rurales appartenant au fonds dotal ne pouvait
continuer à se prescrire par le non-usage, alors même
que le non-usage aurait commencé avant la constitution de dot : en effet, comme il y a eu simplement
commencement de négligence de la part du titulaire
de la servitude, sans aucun acte positif du propriétaire du fonds servant, on ne peut plus prétendre
aucun droit acquis en faveur de celui-ci ; l'inaliénabilité s'applique donc sans aucune restriction.

4. Il faut, maintenant, étudier l'application de
notre principe que le mari ne peut pas « *amittere servitutes prædio dotali debitas* », dans l'hypothèse où il
devient lui-même propriétaire du fonds servant. Outre la *cessio in jure,* le non-usage et l'*usucapio libertatis,* les servitudes, d'ordinaire, sont encore suscepti-

bles de s'éteindre par un quatrième mode : la confusion (1). Or, dans notre hypothèse, le mari, propriétaire du fonds dominant dotal, devient également propriétaire du fonds servant : c'est bien le cas de la confusion ; la servitude appartenant au fonds dotal va-t-elle s'éteindre? Un texte de Julien, au titre *De fundo dotali* (2), admet que oui : « *Si maritus fundum Titii servientem dotali prædio acquisierit, servitus confunditur.* » Donc ici, l'inaliénabilité ne met plus obstacle, comme dans les trois applications précédentes, à l'extinction de la servitude. C'est qu'en effet, l'acte volontaire du mari n'a plus pour objet direct, comme lorsqu'il faisait une *cessio in jure* de la servitude, l'extinction de cette servitude ; il a pour objet l'acquisition d'un fonds, acquisition que la loi Julia ne peut certainement lui défendre : or, par l'effet de cette acquisition, la confusion se trouve opérée ; mais s'il y a là aliénation partielle du fonds dotal, du moins n'est-ce point une *alienatio voluntaria*, et nous aurons à constater, en étudiant les exceptions à la loi Julia, que cette loi ne s'appliquait point aux aliénations non volontaires.

Julien, dans la fin du texte précité (*principium* de la loi 7 au titre *De fundo dotali*), suppose que le mari a rendu, *reddidit*, le fonds servant à son vendeur, c'est-à-dire qu'il suppose que la vente a été

1. Paul, *Dig.*, l. 8, t. 2, loi 30, pr.
2. Julien, *Dig.*, l. 23, t. 5, loi 7, pr.

résolue (1). Alors, les parties, par suite de cette résolution, étant respectivement obligées à faire en sorte qu'elles ne se trouvent point en perte pour une opération censée non avenue, Julien décide que ce vendeur est tenu de rétablir, au profit du fonds dotal, la servitude que la confusion avait éteinte, et que le mari est tenu envers la femme de veiller à ce rétablissement. Il peut donc y contraindre l'acheteur ; et, s'il ne l'a point fait, il répondra de sa négligence dans l'action *rei uxoriæ*, de même que, s'il avait gardé le fonds servant, il eût été tenu par cette action, lors de la restitution de la dot, d'y reconstituer la servitude au profit du fonds dotal. Enfin, les derniers mots du texte portent qu'en cas d'insolvabilité du mari, la femme pourra même, de son propre chef, exercer une action utile contre le vendeur du fonds servant, rentré en sa possession, pour y faire rétablir la servitude. En effet, nous avons dit que si le mari n'y a pas contraint le vendeur au moment de la résolution, la femme a contre lui, en raison de cette faute, droit, lors de la dissolution du mariage, à une indemnité qui, rentrant dans la créance dotale, est garantie par le *privilegium inter personales actiones*. Cependant si, malgré ce privilège, elle n'arrive point à se faire payer, le mari étant complètement insolvable, elle pourra du moins exi-

1. Demangeat, *Condition du fonds dotal en droit romain*, p. 245-247.

ger qu'il lui cède l'action qu'il a négligé d'exercer contre le vendeur. Julien ne fait donc qu'appliquer ce principe que celui qui a le droit de se faire céder une action, peut dès à présent l'exercer comme action utile, la cession étant supposée faite (1). Mais, comme on le voit, toutes ces déductions de Julien, dans l'hypothèse de la résolution d'une vente qui avait attribué au mari la propriété du fonds servant du *prædium dotale*, résultent simplement des principes généraux et ne se rattachent nullement à l'inaliénabilité. Elles resteraient vraies lors même que la loi Julia n'aurait jamais existé, puisque, de toute façon, les parties ne devant point subir les conséquences d'une vente résolue, le mari aurait dû exiger le rétablissement, au profit du fonds dotal, de la servitude éteinte par confusion.

Tels sont les effets de l'inaliénabilité, en cette importante matière des servitudes concernant le fonds dotal. — D'une part elle empêchait le mari de créer des servitudes grevant ce fonds ; — d'autre part, elle s'opposait à l'extinction des servitudes actives existantes à son profit, sauf le cas exceptionnel de réunion, en la personne du mari, des deux propriétés du fonds dotal et du fonds servant, et encore sous réserve, en ce cas, du rétablissement de la servitude au profit du fonds dotal, lors de la res-

1. Ulpien, Dig , l. 2, t. 14, loi 16, pr.

titution, soit que le fonds servant eût été acquis au cours du mariage, soit que le mari en fût déjà propriétaire au jour de la constitution de dot (1).

Mais que décider s'il s'agit, non plus d'une servitude appartenant au fonds dotal, mais d'une servitude personnelle constituant la dot elle-même, — si, par exemple, c'est un droit d'usufruit sur un fonds qui a été conféré du mari, *dotis causâ* ?

1. — D'abord, ici aussi, l'extinction de cette servitude par confusion, c'est-à-dire, dans l'espèce, par consolidation, est possible malgré la loi Julia. Si le mari, au cours du mariage, devient propriétaire du fonds grevé d'usufruit, cet usufruit s'éteindra, quoique constitué en dot.

2. — Mais il faut aller plus loin : cette servitude constituée en dot, le mari peut la laisser s'éteindre par le non-usage ou peut l'éteindre, de son propre mouvement, par une *cessio in jure*, à la différence de la servitude prédiale qui existerait au profit d'un fonds dotal. — Tryphoninus admet formellement que le mari puisse, sans tenir compte de l'inaliénabilité, perdre par le non-usage l'usufruit sur un fonds que la femme lui a constitué en dot (2);— et ce qu'il dit de la perte par non-usage, il faut l'étendre à la renonciation formelle que le mari pourrait faire au profit du nu-propriétaire, par *cessio in jure*, car ces

1. Julien, Dig., l. 23, t. 5, loi 7, § 1.
2. Tryphoninus, Dig., l. 23, t. 3, loi 78, § 2.

deux modes d'exstinction sont mis sur la même ligne quand il s'agit d'une servitude prédiale ; pourquoi distinguerait-on entre eux lorsqu'il s'agit d'une servitude personnelle?

Ainsi, quand c'était un simple droit d'usufruit qui était conféré au mari *dotis causâ*, la loi Julia, à la différence de ce qui avait lieu quand la propriété même était constituée en dot, était inapplicable, en ce sens que le droit d'usufruit pouvait s'éteindre par la *cessio in jure* ou par le non-usage. Mais comment expliquer que les Romains aient ainsi considéré la loi Julia comme empêchant l'extinction de servitudes actives existant au profit d'un immeuble dotal, et ne s'opposant point, au contraire, à l'extinction du droit d'usufruit constitué, *dotis causâ*, sur un immeuble? M. Demangeat (1) en donne un double motif.

D'abord, le but de la loi Julia étant de garantir à la femme la restitution de sa dot, c'est se conformer à ce but, si le fonds dotal est investi d'une servitude, que d'empêcher que celle-ci ne puisse s'éteindre entre les mains du mari. Mais quand c'est l'usufruit d'un fonds qui a été constitué en dot, on aurait beau maintenir cet usufruit sur la tête du mari, en l'empêchant de le laisser perdre, la garantie assurée à la femme ne serait pourtant pas bien solide, puisque l'usufruit, d'un moment à l'autre, n'en reste pas

1. Demangeat, *De la Condition du fonds dotal en droit romain*, p. 264, 265.

moins susceptible de s'évanouir par la mort ou la *capitis deminutio* du mari. On avait donc sans doute considéré ici le résultat comme trop fragile, pour l'obtenir au prix de graves dérogations au droit commun des servitudes.

En second lieu, le texte de la loi Julia, défendant au mari d'aliéner le *prœdium dotale*, s'opposait certainement à ce qu'il fît ou laissât périr des servitudes actives appartenant au fonds dotal : c'était bien là une aliénation partielle. Au contraire, le droit d'usufruit sur un fonds n'étant pas considéré comme *pars dominii*, le texte de la loi Julia n'était point violé même si ce droit, conféré *dotis causâ*, était abandonné. Il n'y avait pas *alienatio prœdii*.

Mais qu'arrivait-il, dans cette hypothèse, lorsque l'usufruit, conféré *dotis causâ*, s'était éteint par le fait ou la négligence du mari? Il y avait lieu de distinguer : si la femme avait la nue-propriété du fonds grevé de cet usufruit, il y avait simplement restitution anticipée de la dot, et elle n'avait plus rien à réclamer, ayant profité de l'extinction de l'usufruit; — mais si la femme n'avait pas ou n'avait plus la nue-propriété, elle était en droit, lors de la dissolution du mariage, de demander au mari, par l'action *rei uxoriœ*, une indemnité en raison de la valeur de l'usufruit perdu, comme s'il avait aliéné ou détruit un meuble dotal (1).

1. Tryphoninus, l. 23, t. 3, loi 78, fin du § 2.

Nous avons vu les actes juridiques, volontaires de la part du mari, auxquels l'inaliénabilité mettait obstacle. Elle lui interdisait tout transfert de propriété du fonds dotal, soit total, soit partiel par la constitution d'un droit réel sur ce fonds, et aussi tout acte pouvant diminuer le fonds dotal, tel que l'abandon d'une servitude active. Ces différents actes, toutefois, devenaient possibles avec le consentement de la femme, à part l'engagement du fonds par voie de gage ou d'hypothèque, qui était absolument défendu.

Mais ce n'était point seulement aux aliénations conventionnelles, aux dissipations volontaires du mari que s'opposait l'inaliénabilité. Elle affectait encore les immeubles dotaux d'un vice qui en rendait impossible l'acquisition par *usucapion* et par *longi temporis præscriptio*. Nous avons déjà eu occasion de constater un peu plus haut, à propos de l'extinction des servitudes appartenant au fonds dotal, que le propriétaire du fonds servant ne pouvait, au cours du mariage, « *usucapere libertatem* » de son fonds. La prescription, qui ne pouvait atteindre une servitude existant au profit de l'immeuble dotal, ne pouvait non plus atteindre l'immeuble dotal lui-même. C'est ce qui ressort d'une décision de Thryphoninus, rapportée au titre *De fundo dotali* (1); après avoir

1. Tryphoninus, Dig; l. 23, t. 5, loi 16.

parlé d'acquisition par *longa temporis possessio*, le jurisconsulte ajoute : « *Lex Julia, quæ vetat fundum dotalem alienari, etiam ad hujusmodi acquisitionem pertinet.* »

Le motif de cette imprescriptibilité du fonds dotal était tout à fait logique : la loi Julia ayant défendu au mari d'aliéner seul le fonds dotal, il eût été trop facile à celui-ci d'éluder la prohibition si un tiers avait pu, en profitant de son inaction, usucaper ce fonds. « *Alienationis verbum etiam usucapionem continet,* dit Paul (1) : *vix est enim ut non videatur alienare qui patitur usucapi.* »

Le texte précité, tel qu'il est rapporté au Digeste, ne parle que de la *longa temporis possessio*. Mais l'usucapion était également impossible quant au fonds dotal, au cours du mariage ; et il est même probable que le texte primitif ne parlait que d'usucapion, car Tryphoninus, qui l'écrivait, vivait au 1er siècle de notre ère : or, à cette époque, les fonds italiques, les seuls auxquels la loi Julia fût applicable, n'étaient également susceptibles que d'usucapion. Il est donc probable que ce furent les commissaires de Justinien qui y remplacèrent le mot « *usucapio* » par les mots : « *longa temporis possessio,* » ce qui se comprend vu que, de leur temps, les deux institutions avaient été fondues ensemble, et que, quant aux im-

---

1. Paul, Dig., l. 50, t. 16, loi 28, pr.

meubles, la nouvelle prescription s'accomplissait précisément par la durée de possession exigée pour l'ancienne *longa temporis possessio*.

L'inaliénabilité du fonds dotal avait ainsi, comme conséquence immédiate, son imprescriptibilité. C'est en vain qu'un tiers aurait reçu de bonne foi ce fonds des mains du mari, croyant le recevoir d'un propriétaire capable de l'aliéner ; l'usucapion en serait néanmoins impossible : « *Ubi lex inhibet usucapionem, bona fides possidenti nihil prodest* » (1).

L'impossibilité d'usucaper étant un corollaire de l'inaliénabilité, s'appliquait partout où existait l'inaliénabilité. — De là, nous pouvons tirer deux conséquences :

1. — Si le fonds était entre les mains, non pas d'un mari, mais seulement d'un fiancé, il suffisait qu'il lui eût été transféré *dotis causâ* pour que la possibilité, pour les tiers, de l'usucaper s'évanouît, quoique le mariage ne fût pas encore contracté, et que la dotalité, à proprement parler, ne commence pas avant le mariage. C'est que la défense d'aliéner s'appliquait au fiancé lui-même, ainsi que nous l'avons vu au premier paragraphe de la section III.

2. — A l'inverse, lorsque le mariage était dissous autrement que par la mort de la femme, comme le fonds dotal était restituable à celle-ci et restait ina-

____

1. Pomponius, Dig., l. 41, t. 3, loi 24, pr.

liénable jusqu'à cette restitution (1), nous l'avons vu au second paragraphe de la section III, il restait aussi, jusque-là, non susceptible d'usucapion, quoique le mariage n'existât plus, et que la dotalité, à proprement parler, eût par conséquent disparu.

L'imprescriptibilité, qui empêchait l'usucapion de courir au profit d'un tiers pendant le mariage, avait aussi cet effet, que si le tiers ayant reçu, même de bonne foi, le fonds dotal du mari ou d'un tiers, en avait perdu ensuite la possession, il ne pouvait cependant intenter l'action Publicienne, puisqu'il ne pouvait usucaper le bien : « *Si enim, res talis sit ut eam Lex alienari prohibeat, eo casu Publiciana non competit* » (2).

Mais, ce même passage de Tryphoninus (3) qui nous indique l'imprescriptibilité du fonds dotal, signale en même temps une importante exception à cette imprescriptibilité : « *Lex Julia... non tamen interpellat eam possessionem quæ per longum tempus fit, si, antequam constitueretur dotalis fundus, jam cæperat.* » La loi Julia, qui empêchait qu'un tiers pût commencer l'usucapion ou la *longa temporis præscriptio* du fonds dotal, n'empêchait pas, au contraire, qu'il achevât une *usucapio* ou une *longa temporis præscriptio* déjà commencée à l'époque où était survenue

1. Papinien, Dig., l. 23, t. 5, loi 12.
2. Paul, Dig., l. 6, t. 2, loi 12, § 4.
3. Tryphoninus, Dig., l. 23, t. 5, loi 16.

l'inaliénabilité. Cette solution, au premier abord, semble étrange, car, en réalité, l'aliénation, dans l'usucapion, ne se produit qu'au moment où celle-ci s'achève : or, dans l'espèce, l'usucapion s'achève à un moment où le fonds est inaliénable. Cependant elle est très naturelle, quand on songe que le droit classique n'admettait pas l'interruption civile de la prescription, mais seulement l'interruption naturelle, par la perte de la possession ; il décidait, par exemple, que le possesseur actionné en revendication dans l'année ou les deux ans du délai d'usucapion, continuait à prescrire (1): comment donc, si la revendication elle-même n'interrompait pas la prescription, eût-il pu en être autrement de la constitution en dot de l'immeuble?

Qu'arrivera-t-il, alors, dans ce cas exceptionnel où l'usucapion s'est consommée depuis que le fonds est devenu dotal? En principe, il y a faute, de la part du mari, qui n'a pas revendiqué contre le tiers possesseur ; et comme, à la dissolution du mariage, il est tenu de restituer le fonds dotal, Tryphoninus décide qu'il sera responsable envers la femme de sa négligence. — Toutefois il n'est responsable qu'au cas où, ayant matériellement pu revendiquer, il a négligé de le faire : si donc, au moment où l'immeuble lui a été transféré *dotis causâ*, il ne man-

---

1. Paul, Dig., l. 41, t. 4, loi 2, § 21.

quait plus au possesseur qu'un temps très court
pour achever l'usucapion, le mari ne sera plus responsable et la femme supportera définitivement les
conséquences d'une prescription qui s'est accomplie
presque toute entière au moment où elle était encore propriétaire. — C'est ce que dit la fin du texte :
« *Plane si paucissimi dies ad perficiendam longi temporis
possessionem superfuerunt, nihil erit quod imputetur
marito.* »

§ 2. — *A qui sont défendus ces actes auxquels s'oppose l'inaliénabilité ?*

C'était avant tout au mari, naturellement, que la
loi Julia défendait l'*alienatio præii dotalis*; mais
nous avons déjà remarqué à la Section III qu'il n'é-
tait point le seul auquel s'appliquât cette défense.
On peut, pour trouver à quelles personnes, autres
que le mari, elle s'adressait, poser un principe général : la loi Julia s'appliquait à tout détenteur de
la dot, dans tous les cas où celle-ci était ou pouvait
être restituable à la femme.

Par application de cette idée, les actes interdits
par la loi Julia l'étaient au fiancé comme au mari (1).
Ils l'étaient également à l'époux divorcé, encore en
possession des biens dotaux, puisqu'il devait resti-

____

1. Gaïus, Dig., l. 23, t. 5, loi 4.

tuer la dot à sa femme, et quoiqu'il ne fût plus mari.

Nous avons encore constaté, par application du même principe, que lorsque le mariage se dissolvait par la mort du mari ou sa réduction en esclavage, ou bien lorsque la fortune du mari était confisquée, les biens dotaux tombaient sous les prohibitions de la loi Julia entre les mains de l'héritier ou *bonorum possessor* (1), du maître du mari (2) ou du fisc (3).

De même lorsque le mari se donnait en adrogation, ou lorsqu'il était fils de famille, l'adrogeant ou le père devenant *domini dotis*, mais à charge de restituer la dot dans les cas où le mari devrait la restituer lui-même, la défense de la loi Julia leur restait applicable, tout comme au mari (4).

Enfin notre règle nous conduit à dire que lorsque le mari contractait avec des tiers une *societas totorum bonorum*, comme, par là, tous ses biens, même les immeubles reçus *dotis causâ*, cessaient de lui appartenir exclusivement pour appartenir en commun aux associés (5), mais comme la condition de ces immeubles dotaux restait, entre les mains des copropriétaires, ce qu'elle était entre les mains du

1. Paul, Dig., l. 23, t. 5, loi 1, § 1.
2. Ulpien, Dig., l. 23, t. 5, loi 2, pr.
3. Ulpien, Dig., l. 23, t. 5, loi 2, § 1.
4. Paul, Dig., l. 4, t. 7, loi 45.
5. Dig., l. 17, t. 2, loi 1, § 1, et loi 2.

mari, vu que la charge de restituer la dot à la
femme, le cas échéant, n'en subsistait pas moins,—
le droit de disposer du fonds dotal, de la sorte,
était encore restreint entre les mains d'autres personnes que le mari.

§ 3. — *Au profit de qui est édictée la prohibition d'aliéner.*

Cette prohibition n'était édictée que dans l'intérêt de la femme, ceci ressort de cette phrase de
Paul, au titre *De fundo dotali* (1) : « *Toties autem
non potest alienari fundus, quoties mulieri actio de dote
competit aut omnimodo competitura est.* » Seule elle
pouvait donc l'invoquer ; et pour cela il fallait
qu'elle y eût intérêt. En conséquence, si un étranger, en constituant la dot, en avait stipulé la restitution à son profit, la prohibition d'aliéner se trouvait inapplicable puisque l'intérêt de la femme
n'était plus en jeu. Le stipulant, créancier de la restitution, n'était qu'un créancier ordinaire et n'avait
que les droits accordés à tout créancier, par exemple le droit d'attaquer les actes du mari faits en
fraude de sa créance.

N'y avait-il cependant jamais que la femme seule
qui pût invoquer la loi Julia pour se prévaloir de

1. Paul, Dig., l. 23, t. 5, loi 3, § 1.

l'inaliénabilité? Non, son héritier pouvait, lui aussi, l'invoquer dans certains cas. Mais comme la prohibition, nous l'avons vu, n'était édictée que dans l'intérêt de la femme, il fallait, pour que son héritier pût s'en servir, que la femme eût expressément stipulé la restitution de la dot, ou que, si elle ne l'avait pas stipulée, elle ne fût morte qu'après avoir survécu à la dissolution du mariage, et après avoir mis en demeure le mari ou son héritier. Dans les deux cas, il fallait également que l'aliénation du fonds dotal eût été faite du vivant de la femme (1), puisque l'héritier n'avait pas le droit d'attaquer de son propre chef l'aliénation faite par le mari, mais pouvait seulement succéder à ce droit s'il était né dans la personne de la femme. Ces conditions étant réunies, la femme transmettait à son héritier, avec le droit de se faire rendre la dot, le droit d'invoquer la prohibition d'aliéner et de tenir pour non avenue l'aliénation du fonds dotal. Nous verrons à la Section VI qu'au moment de la restitution de la dot le mari, qui pouvait revendiquer le fonds aliéné contrairement à la loi Julia devait, si la femme vivait encore, lui céder cette revendication, et que la femme pouvait même, en l'absence de cession, obtenir une revendication utile. Or, dans notre hypothèse, la femme étant morte, le même bénéfice

1. Demangeat, *De la Condition du fonds dotal en droit romain*, p. 333.

était accordé à son héritier ; c'est là ce que veut dire Ulpien, également au titre *De fundo dotali* (1) : « *Heredi quoque mulieris idem auxilium præstabitur quod mulieri præstaretur.* »

Si, au contraire, la femme n'avait pas stipulé la restitution de sa dot, ou si, au moment de sa mort, le mari ou l'héritier du mari n'étaient pas en demeure de la restituer, son héritier, n'ayant pas même droit au recouvrement de la dot, ne pouvait pas invoquer la loi Julia. Et même si ces conditions étaient remplies, mais que l'aliénation n'eût été opérée qu'après la mort de la femme, son héritier, quoique succédant au droit de réclamer la dot en général, n'avait pas le droit d'invoquer la loi Julia et d'attaquer l'aliénation, car ce droit n'ayant jamais appartenu à la femme, ne pouvait pas naître en la personne de l'héritier.

§ 4. — *Quelles sont les conséquences de l'inaliénabilité du fonds dotal sur les dettes des époux ?*

I. — *Dettes du mari.*

Pour que le fonds dotal soit intéressé par ces dettes, il faut supposer que, le mari ne pouvant payer ses créanciers, ceux-ci opèrent sur lui la *venditio bonorum* : après avoir obtenu l'envoi en possession, ils

---

1. Ulpien, Dig., l. 23, t. 5, loi 13, § 3.

font vendre l'ensemble de son patrimoine aux enchères. Alors, comme le fonds dotal appartient au
mari, il sera compris dans cette vente.

La femme, dans ce cas de *venditio bonorum mariti*,
ne pouvait demander la distraction du bien dotal,
ni le revendiquer après la vente, car elle n'avait la
revendication utile des choses dotales que si le mari
les avait vendues et livrées contrairement à la prohibition de la loi Julia : hors ce cas, et dans notre
hypothèse, par exemple, lorsqu'il s'agissait de les
soustraire aux poursuites des créanciers du mari, le
préteur ni la jurisprudence ne lui avaient accordé
la revendication utile de ces choses dotales; nous
en aurons la preuve lorsque nous étudierons la loi
30 au Code, l. 5, t. 12, où Justinien paraît bien in-
nover, quand il permet à la femme de procéder par
voie de revendication.

Donc il faut décider que l'inaliénabilité ne faisait
point obstacle à ce que le fonds dotal fût compris
dans les biens du mari soumis à la *venditio bonorum*,
et que la femme ne pouvait, pour éviter ce résultat,
revendiquer ce bien. Allait-elle donc voir sa dot servir ainsi à payer les dettes du mari, tandis qu'elle
même, obligée d'attendre la dissolution du mariage
pour exercer ses droits, trouverait très probablement
à cette époque le mari sans aucune fortune ? Le droit
romain, pour éviter cette injustice, avait admis que
le seul fait de la *venditio bonorum mariti* vaudrait dis-

solution du mariage quant aux biens, en ce sens que
la femme pourrait immédiatement exercer l'action
rei uxoriæ pour obtenir la restitution de sa dot (1) ;
et comme l'action *rei uxoriæ* était une action personnelle privilégiée *inter personales actiones*, la femme,
sur le prix de vente des biens du mari, primait, pour
la valeur de sa dot, les créanciers purement chirographaires du mari. Elle recevait ainsi le montant
intégral de sa dot, ou, quand il y avait des créanciers hypothécaires ou des créanciers chirographaires mais plus privilégiés qu'elle, tels que le fisc (2),
un dividende, si ces créanciers n'avaient pas tout
absorbé. Mais dans tous les cas, elle devait s'en contenter et n'avait plus rien à demander au *bonorum
emptor*, qui, par conséquent, quoique successeur à titre universel du mari, recevait par exception le fonds
dotal avec un autre caractère que celui qu'il avait
entre les mains du mari, puisque l'inaliénabilité n'e--
xistait plus, la femme ayant touché tout ce à quoi
elle pouvait prétendre.

II. — *Dettes de la femme.*

Il est deux cas où les créanciers de la femme pouvaient certainement, même au cours du mariage,
poursuivre le fonds dotal entre les mains du mari :

1. Papinien, *Dig.*, 1. 40, t. 1, loi 21.
2. Paul, *Sentences*, liv. V, tit. XII, § 10. Marcien, *Dig.*, 1. 42, t. 5,
loi 34.

1. Le premier est celui où, antérieurement à la constitution de dot, la femme avait hypothéqué à un de ses créanciers l'immeuble ensuite constitué en dot. Ce créancier, ne pouvant se voir privé de ses droits par la destination ultérieure donnée au bien affecté à sa créance, conservait sans aucun doute le droit d'exercer l'action hypothécaire, et de faire vendre l'immeuble, faute de paiement à l'échéance (1).

2. Le second cas est celui où la constitution en dot a été faite en fraude de créanciers, même chirographaires, de la femme. Mais pour que la constitution de dot eût lieu ainsi *in fraudem creditorum*, il fallait non seulement que la femme eût conscience qu'elle la rendait insolvable ou augmentait son insolvabilité, mais encore que le mari fût complice de la fraude (2), car il était considéré comme recevant la dot à titre onéreux. Alors les créanciers de la femme pouvaient exercer l'action Paulienne, pour se faire restituer le fonds, quoique constitué en dot.

En dehors de ces deux cas, le fonds dotal lui-même n'était jamais affecté, entre les mains du mari, aux dettes de la femme. Celle-ci avait beau subir la *bonorum venditio*, le fonds dotal n'y était pas compris, ni les droits du mari sur ce fonds altérés : cette *venditio bonorum* comprenait seulement, si elle avait lieu

____

1. Arg. Ulpien, *Dig.*, l. 27, t. 9, loi 12, § 2.
2. Venuleius, *Dig.*, l. 42, t. 8, loi 25, § 1, *in fine*.

au cours du mariage, le droit éventuel de la femme à l'action *rei uxoriæ*. Mais, si elle avait lieu après la dissolution du mariage, elle comprenait les biens dotaux restitués par le mari ; la loi Julia ne s'opposait nullement à ce que, le mariage dissous, les anciens biens dotaux eux-mêmes servissent à l'exécution des engagements contractés par la femme au cours du mariage. Défendant seulement au mari d'aliéner les immeubles dotaux, elle ne frappait pas du tout d'inefficacité, quant à ces immeubles, les engagements contractés par la femme (1) ; mais, tant que durait le mariage, comme ils appartenaient au mari à titre de dot, ils étaient, par la force des choses, soustraits à l'action des créanciers de la femme.

§ 5. — *Quelles sont les conséquences de l'inaliénabilité sur la condition des biens dotaux ?*

Nous avons vu que, dans la première période, le mari était propriétaire de la dot, et, au début, propriétaire définitif : la femme lui ayant abandonné ses biens dotaux pour toujours, n'avait plus même, sur ces biens, un droit de créance. A partir du VIe siècle, au contraire, une fois que l'obligation de restituer la dot se fut introduite, le mari devint débi-

---

1. Aubry et Rau, V, § 537 *bis*, p. 597.

teur de la dot. Dès lors, il semble, qu'il aurait dû cesser d'en être propriétaire ; car déclarer le mari débiteur des biens dotaux, c'était abroger l'ancien principe de la perpétuité de la dot : or il était contradictoire de considérer comme ayant un droit de propriété, c'est-à-dire un droit perpétuel, celui qui n'a reçu des biens que pour un temps, et sous l'obligation de les restituer. Cependant le droit du mari sur la dot resta droit de propriété, et le droit de la femme simple droit de créance ; car le formalisme romain voulait que l'obligation de donner une chose déterminée fît simplement un créancier : la femme n'était donc que créancière ; et comme il fallait bien que quelqu'un eût la propriété de la dot, le mari la conserva.

Mais lorsque, au VIIIe siècle de Rome, c'est-à-dire au Ier siècle de notre ère, la loi Julia, pour consolider ce droit de la femme, déclara le fond dotal inaliénable entre les mains du mari, sauf consentement de sa femme, le mari, qui non seulement n'avait plus ce fonds que pour un temps, mais qui, pendant ce temps, ne pouvait même pas en disposer à son gré, en demeura-t-il néanmoins propriétaire? Il est permis d'affirmer que oui : l'inaliénabilité ne modifia que la disponibilité des biens dotaux, mais point leur condition: Malgré les expressions équivoques de certains textes que nous allons examiner tout à l'heure, on peut donc dire que la loi Julia ne déplaça pas la propriété des biens dotaux, qui resta au mari au moins pendant tout le cours de notre seconde période, jusqu'à Justinien. Plusieurs arguments décisifs, à notre avis, viennent soutenir cette proposition :

1. Nous avons des textes de l'époque classique qui indiquent formellement que la propriété des biens dotaux appartient encore, à cette époque, au mari : « *Si res in dote dentur, puto in bonis mariti fieri* » dit Ulpien (1) ; « *apud maritum dominium est* » dit Tryphoninus (2). Et Gaïus, qui vivait plus d'un siècle après la loi Julia, est encore plus explicite : « *Accidit aliquándo ut qui dominus sit, alienandæ rei potestatem non habeat... Nam dotale prædium maritus, invitâ muliere, per legem Juliam prohibetur alienare, quamvis ipsius sit, vel mancipatum ei causâ, vel in jure cessum, vel usucaptum* » (3). Ainsi, Gaius proclame que, malgré l'inaliénabilité, le mari est resté *dominus prædii dotalis*, et en effet l'immeuble dotal lui ayant été mancipé ou cédé *in jure* par le propriétaire, ou le mari en ayant accompli l'usucapion, il était impossible d'admettre que le mari n'en fût pas propriétaire.

2. En étudiant l'extinction par confusion des servitudes appartenant au fonds dotal, nous avons

----

1. Ulpien, Dig., l. 23, t. 3, loi 7, § 3.
2. Tryphoninus, Dig., l. 23, t. 3, loi 75.
3. Gaïus, *Comm.* II, § 62 et 63.

constaté, au paragraphe 1 de notre section, qu'une pareille servitude, existant au profit du fonds dotal, ne peut jamais subsister sur un fonds appartenant au mari, Julien (1) le déclare formellement. — Il y a donc extinction, ce qui implique propriété du mari sur le fonds dotal, à l'exclusion de la femme, — sans quoi, en raison de l'indivisibilité des servitudes, la confusion ne s'opérait point.

3. Enfin, la disposition même de la loi Julia présupposait la propriété du mari, et sa propriété exclusive. En effet, cette loi n'adressait sa défense d'aliéner qu'au mari, et point à la femme, ce qui prouve que, dans son esprit, le mari était toujours le seul propriétaire de la dot. « La femme restait donc réduite à une simple créance, une action personnelle, et l'inaliénabilité n'était qu'une garantie, un accessoire de cette action (2). » Et qu'on n'objecte pas que certains textes (3) lui accordent le droit de revendiquer, après le mariage, le fonds total indûment aliéné par le mari, — droit qui ne peut appartenir qu'au propriétaire ! Nous avons déjà dit au paragraphe III de la même section, et nous aurons à étudier plus longuement à la section VI, qu'il n'y a là qu'une action en revendication appartenant

1. Julien, Dig., l. 23, t. 5, loi 7.

2. Gide, *Du caractère de la dot en droit romain*, p. 48. — Paul, Dig., l. 23, t. 5, loi 3. § 1.

3. Dig., l. 23, t. 5, loi 13, § 3.

au mari, mais qui constitue une valeur dotale, et
qui, comme telle, devait être restituée à la femme
avec les autres biens dotaux, en sorte que si le mari
s'y refusait, la femme pouvait obtenir du magistrat
une revendication utile, comme si le mari avait bien
cédé l'action : on voit donc que, dans tous les cas,
la femme revendiquait comme cessionnaire, c'est-
à-dire comme représentant le mari.

Telles sont les raisons qui permettent d'affirmer
que l'inaliénabilité laissa la femme simplement
créancière, et que le mari était toujours seul propriétaire de la dot. — Seulement comme la femme,
en garantie de sa créance, avait éventuellement l'action *rei uxoriœ* pour la restitution de sa dot, action
encore renforcée, depuis la loi Julia, par le pouvoir
d'empêcher l'aliénation des immeubles, les jurisconsultes estimaient qu'elle « avait la chose dotale; »
— Paul disait : « *habet dotem* » (1). C'est là ce qui
explique les expressions équivoques de certains textes, dont nous avons parlé plus haut, et d'où l'on
pourrait conclure, à tort, que la femme, elle aussi,
avait sur la dot un droit de propriété.

Par exemple Gaius, supposant qu'un mari, qui a
reçu une dot de sa femme, lui a ensuite légué cette
même dot dans son testament, décide que la loi Fal-
cidie ne s'appliquera pas à ce legs, — c'est-à-dire

____

1. Paul, Dig., 1. 26, t. 7, loi 43, § 1.

qu'avant de calculer la masse héréditaire, pour voir si le mari a trop légué, on en déduira d'abord toute la valeur de la dot ainsi léguée à la femme ; et cela pourquoi ? « *Scilicet quia suam rem mulier recipere videtur* » (1). — Est-ce à dire que la femme était déjà propriétaire des choses dotales ? Comment ce même Gaius qui, tout à l'heure, proclamait le mari, malgré l'inaliénabilité, *dominus dotis*, viendrait-il maintenant accorder le *dominium* à la femme ? Aussi n'est-ce point le sens de ce texte, qui, au contraire, par cela seul qu'il suppose le legs valable, implique bien que la chose léguée n'appartenait point déjà au légataire, sans quoi le legs serait nul (2). En réalité, ces mots : « *suam rem mulier recipere videtur* », expriment simplement qu'il s'agit ici d'un débiteur qui lègue à sa créancière la chose due. C'est donc bien le sens que nous avons indiqué tout à l'heure, et que Paul a aussi en vue lorsqu'il dit « *mulier habet dotem.* » Il s'agit là du droit de créance de la femme, et non d'un droit de propriété.

De même, et c'est là le texte le plus important au point de vue dont nous nous occupons, la loi 75, au titre *De jure dotium*, dit formellement : « *Quamvis in bonis mariti dos sit, mulieris tamen est.* » — Dans ce texte, Tryphoninus (3) suppose qu'une

1. Gaius, Dig., l. 35, t. 2, loi 81, § 1.
2. Inst., l. 2, tit. 20, § 10.
3. Tryphoninus, Dig., l. 23, t. 3, loi 75.

femme ayant acheté un immeuble, et s'étant fait promettre par le vendeur le double du prix en cas d'éviction, a, ensuite, apporté cet immeuble en dot à son mari. Un tiers vient à revendiquer ce fonds contre le mari, qui est évincé : la femme pourra-t-elle, même pendant le mariage, agir *ex stipulatu duplœ* contre son vendeur ? Elle le pourrait certainement si l'immeuble avait été apporté en dot avec estimation, car alors la femme serait considérée comme l'ayant vendu au mari, et pourrait être actionnée en garantie par lui. Mais le texte décide que, même si le fonds a été apporté en dot sans estimation, cependant la femme peut immédiatement actionner son vendeur, quoique le mari ne puisse, en ce cas, recourir contre elle, et que, d'autre part, elle ne doive point souffrir de l'éviction pour elle-même, tant que sa dot ne devra pas lui être restituée. En effet, dit-il : « *ipsa evictionem pati creditur.* » Et comment la femme peut-elle, dès maintenant, être considérée comme évincée ? C'est que, quoique la dot fût dans le patrimoine du mari, fût sa propriété, la femme avait, sur elle, ce droit de créance renforcé qui permettait de dire : « *habet dotem* » ; et, par suite de l'éviction, elle cesse de *fundum in dotem habere*. Mais il n'en reste pas moins vrai que le mari est seul propriétaire, et ce texte non plus, au fond, ne contredit ce droit de propriété exclusive.

Il est encore plusieurs autres textes d'où l'on pourrait conclure, au premier abord, que la dot appartient à la femme (1). Tous s'expliquent d'une façon analogue : ils ne signifient point qu'au cours du mariage, le mari n'est pas le seul propriétaire des biens dotaux, mais simplement que dès à présent, en vertu des rapports particuliers que crée le mariage, l'existence de la dot constitue pour la femme un avantage très réel, avantage pour la sauvegarde duquel certaines actions peuvent lui être données.

En résumé, dans le droit classique, et jusqu'à Justinien, le mari demeura seul propriétaire de tous les biens dotaux, et la défense que lui fit la loi Julia d'aliéner seul le fonds dotal n'impliquait nullement que la femme eût, sur ce fonds, un véritable droit de propriété.

SECTION V. — Exceptions à l'inaliénabilité.

En droit romain, l'inaliénabilité de la dot était absolue, en ce sens qu'on ne connaissait pas, comme aujourd'hui, la réserve, faite avant le mariage, de la faculté d'aliéner. Mais ce n'est pas à dire que cette inaliénabilité fût inflexible. Il y avait, au contraire, certaines exceptions qui pouvaient se diviser en

1. Paul, Dig., l. 26, t. 7, loi 43, § 1. — Macer, Dig., l. 2, t. 8, loi 15, § 3. — Ulpien, Dig., l. 4, t. 4, loi 3, § 5.

deux catégories : aliénations ayant une cause nécessaire ; aliénations à titre universel, c'est-à-dire
comprenant le patrimoine entier du mari. Nous
aurons à constater que, dans les cas de cette seconde catégorie, il y avait plutôt, d'ordinaire, changement de propriétaire qu'exception proprement
dite à l'inaliénabilité.

§ 1. — *Alienationes necessariæ.*

La loi Julia, qui déclarait inefficace la volonté du
mari de transmettre la propriété du fonds dotal,
quand la volonté de la femme ne venait pas s'y
joindre, devait évidemment supposer cette volonté
indispensable pour parfaire l'aliénation, conformément au droit commun. Dans les cas, au contraire,
où l'aliénation se produit indépendamment de la
volonté du propriétaire, la circonstance que l'immeuble était dotal ne pouvait y faire obstacle. Nous
trouvons, dans les textes, plusieurs exemples d'a-
liénations de ce genre, valables quoiqu'il s'agisse
d'un immeuble dotal.

I. — Le premier exemple, qui se trouve en tête
du titre *De fundo dotali* (1), est le cas où le mari,
propriétaire d'un bâtiment dotal qui menace ruine,
refuse de donner la *cautio damni infecti* au proprié-

____

1. Paul, Dig., 1. 23, t. 5, loi 1, pr.

taire voisin, menacé d'un dommage par suite du mauvais état du bâtiment. Ce voisin, alors, obtenait du magistrat, d'après les règles du droit prétorien, un premier décret qui l'envoyait en possession de l'immeuble : ce premier décret lui donnait seulement le droit d'y pénétrer et d'y faire les réparations nécessaires : mais le mari reprenait sa propriété intacte s'il se décidait à fournir la *cautio damni infecti* à son voisin, et à lui rembourser les réparations que celui-ci avait pu faire (1). Si, au contraire, il persistait à refuser la *cautio*, le voisin obtenait du magistrat, après examen, un deuxième décret qui lui donnait la possession. Il n'avait pas immédiatement le *dominium ex jure Quiritium* ; mais il avait le fonds *in bonis*, et il était mis *in causâ usucapiendi* (2). Dès lors, l'usucapion s'accomplissait pour lui sans difficulté, quoiqu'il s'agît d'un bien dotal. « *Hic enim dominus vicinus fit*, nous dit Paul dans le texte précité, *quia hæc alienatio non est voluntaria*. » Ces expressions de Paul montrent bien que par : « *alienatio non voluntaria*, » il ne faut pas entendre seulement les aliénations qui ne se rattachent en aucune manière à un acte de volonté du mari, mais toute aliénation où la volonté du mari n'est pas directement d'aliéner : ici, le refus du mari est bien un acte volontaire, mais qui a pour but, non d'aliéner,

1. Dig., l. 39, t. 2, loi 15, §§ 31, 32 et 34.
2. Paul, Dig., l. 41, t. 2, loi 11.

mais de ne pas fournir la *cautio*. Le voisin, dès lors, avait sur le fonds mieux qu'une simple possession de bonne foi, car le mari propriétaire ne pouvait l'évincer : si, par exemple, il se décidait alors à lui offrir la *cautio damni infecti*, le voisin pouvait la refuser et continuer à usucaper le fonds (1).

Cet exemple constitue par conséquent une dérogation à la règle que nous avons étudiée au paragraphe 1ᵉʳ de la section IV, et suivant laquelle on ne peut commencer, durant le mariage, l'usucapion d'un fonds dotal.

II. — Un second exemple *d'alienatio necessaria* est celui où, le fonds dotal ayant été revendiqué avec succès par le mari contre un tiers qui s'en était mis en possession, ce tiers, résistant à l'ordre du juge, s'obstinait cependant à garder l'immeuble. En ce cas, une opinion très répandue décide qu'au moins au début de la période classique, le défendeur à une action réelle qui se refusait ainsi à restituer, ne pouvait pourtant pas encore y être contraint *manu militari*, et était simplement passible d'une condamnation pécuniaire, estimée par l'adversaire lui-même sur son *juramentum* (2). Si on admet cette opinion, il faut bien reconnaître qu'il y a là un cas *d'alienatio necessaria* : du moment que le

1. Ulpien, Dig., l. 39, t. 2, loi 15, § 33.
2. Accarias, *Précis de Droit romain*, n° 867. — Demangeat, *De la Condition du fonds dotal en droit romain*, p. 125.

tiers détenteur, plutôt que de restituer le fonds dotal sur l'ordre du juge, s'était laissé condamner à
en payer la valeur estimée par le mari, il y avait
aliénation à son profit, et aliénation valable quoiqu'il s'agît d'un immeuble dotal, puisque, cette
aliénation n'étant nullement volontaire de la part
du mari, on pouvait lui appliquer ces mots du
principium, loi I, titre : *de fundo dotali : « Hic enim
dominus.... fit, quia hæc alienatio non est voluntaria.* »

III. — Un texte du Code nous fournit un troisième
exemple. — Nous avons vu à la section IV que le
mari qui avait reçu, à titre de dot, une portion indivise d'un fonds, et cela sans estimation, ne pouvait, sans le consentement de sa femme, provoquer
le partage, car c'eût été manifester la volonté d'a-
liéner tout ou partie de ce qui lui appartenait dans
le fonds commun, aliénation volontaire qui fût par
conséquent tombée sous le coup de la loi Julia. —
Au contraire, le partage pouvait parfaitement être
provoqué par le co-propriétaire, car celui-ci, n'étant
point arrêté par la loi Julia qui ne pouvait s'appliquer à lui, demeurait sous l'empire de la règle générale que nul n'est tenu de rester dans l'indivision.
C'est ce qui ressort d'un texte déjà vu à la section
IV, et qui forme la loi 2 au Code, au titre : *De fundo
dotali.* — Du moment donc que ce co-propriétaire
provoquait le partage du fonds dotal, l'aliénation

qui en résultait était valable, que la femme y consentît ou non, car il s'agissait là d'une *alienatio necessaria*, vu que celui contre qui le partage était demandé ne pouvait, en principe, s'y refuser. En conséquence, si l'immeuble dotal était entièrement adjugé à l'autre co-propriétaire que le mari, ou bien licité au profit étranger, il y avait une aliénation de la part dotale, mais valable comme étant necessaire ; — et dès lors la dot comprenait, au lieu de la valeur immobilière disparue, une simple somme d'argent (1).

Remarquons, à propos de notre troisième exemple, que si le fonds dotal, au lieu d'être adjugé à un autre, était adjugé en entier au mari, la portion nouvellement acquise ne devenait pas dotale ; mais à la dissolution du mariage, le mari comme la femme pouvaient exiger que la restitution comprît le fonds tont entier, sauf la récompense due au mari pour l'acquisition de la portion nouvelle (2).

§ 2. — *Aliénationes per universitatem.*

La loi Julia défendait sans doute au mari l'*aliénatio prædii dotalis* ; — mais il ne s'agissait là que de l'aliénation portant spécialement sur le fonds do-

1. Tryphoninus, Dig., l. 23, t. 3, loi 78, § 4.
2. Tryphoninus, Dig., l. 23, t. 3, loi 78, fin du § 4.

tal. — Au contraire, quand il s'agissait d'une aliénation *per universitatem*, c'est-à-dire comprenant le patrimoine entier du mari ; quand tous les biens de celui-ci étaient transmis, en bloc, par l'effet de cette aliénation, à une autre personne, la loi Julia ne s'opposait plus à ce que le fonds dotal fût transmis avec le reste. C'est ce que décide Paul à la loi 1 du titre *De fundo dotali* (1): «*Sed et per universitatem transit prædium... ad alterum.* » Ce même titre, *De fundo dotali*, nous fournit immédiatement plusieurs applications de ce principe, applications dont nous avons déjà eu l'occasion de dire quelques mots (section III, paragraphe 2).

I. — Le texte de Paul qui vient d'être cité, après avoir dit que le fonds dotal est valablement transmissible *per universitatem*, ajoute, comme exemple : « *veluti ad heredem mariti.* » (2) Si en effet le mari vient à mourir au cours du mariage, l'immeuble passera tout naturellement, avec ses autres biens, à son héritier, qu'il s'agisse d'un héritier légitime ou testamentaire. S'il s'agit, non plus d'un *heres* proprement dit, mais d'un simple *bonorum possessor*, la règle continuera néanmoins à s'appliquer, car c'est toujours une transmission *per universitatem* : seulement le fonds dotal ne passera, bien entendu, au

1. Paul, Dig., 1. 23, t. 5, loi 1, § 1.
2. V. aussi, Paul, Dig., 1. 41, t. 1, loi 62.

bonorum possessor, que dans les mêmes conditions que les autres biens, c'est-à-dire que le *bonorum possessor* l'aura seulement *in bonis*, mais avec faculté d'en acquérir la propriété quiritaire par l'usucapion (1).— C'est encore une dérogation, à ajouter à celle qui a déjà été vue à propos des aliénations nécessaires, à cette règle que la dotalité d'un fonds fait obstacle à son usucapion, tant que le fonds n'a pas été restitué à la femme.

II. — Après l'application indiquée par Paul à la loi 1 du titre *De fundo dotali*, un texte d'Ulpien, qui vient immédiatement à la suite dans ce même titre, présente, dans son *principium* et son paragraphe I, deux autres applications de transmission *per universitatem* des biens du mari, comprenant le fonds dotal lui-même : ce sont les cas de réduction du mari en esclavage, et de confiscation des biens du mari.

Le *principium* (2) s'occupe du cas où le mari est *in servitutem redactus*. Il faut supposer d'ailleurs qu'il devient esclave *jure civili*, car c'est alors seulement que le maître lui succède *in universum jus*, à la différence de ce qui arriverait notamment s'il était fait prisonnier à la guerre. S'il devient ainsi esclave *jure civili*, par exemple pour s'être frauduleusement laissé vendre comme esclave, dans le but de partager le prix avec son complice (3), celui qui devient

1. Gaius, *Comm.* III, § 80.
2. Ulpien, Dig., l. 23, t. 5, loi 2, pr.
3. Institutes, liv. 1. t. 16, § 1.

son maître acquiert tous ses biens comme le ferait
un héritier : par conséquent, nous rentrons, pour
ainsi dire, dans l'exemple précédent, et nous devons
admettre qu'il deviendra propriétaire des biens dotaux comme des autres.

III. — Dans le paragraphe I (1), Ulpien s'occupe
ensuite du cas de confiscation des biens du mari.
Le fisc pouvait être ainsi appelé à recueillir ses biens
soit en vertu d'une confiscation proprement dite, à
la suite de certaines condamnations pénales (2), soit
en vertu de dispositions caducaires excluant les héritiers véritables et faisant, alors, venir le fisc
comme un véritable héritier. Mais, même dans le
premier cas, le fisc était *loco heredis* ; il s'agissait
d'une *successio in universum jus*, et, par conséquent,
le fisc recueillait le fonds dotal lui-même. C'est ce
qui ressort du texte d'Ulpien.

IV. — A ces trois exemples d'*alienatio per universitatem*, cités au titre *de fundo dotali*, M. Demangeat (3)
en ajoute deux autres.

D'abord si le mari se donnait en adrogation, comme
tous les biens de l'adrogé étaient acquis à l'adrogeant, le fonds dotal passait du patrimoine du mari
dans le patrimoine de celui-ci.

---

1. Ulpien, Dig., l. 23, t. 5, loi 2, § 1.
2. Callistrate, Dig., l. 48, t. 20, loi 1, pr.
3. Demangeat, *De la condition du fonds dotal en droit romain*,
p. 139.

V. — Enfin, si le mari contractait une *societas toto-rum bonorum*, comme, par là, tous les biens appartenant à chacun des associés devenaient indivis, l'immeuble dotal devenait commun, comme les autres biens du mari (1). Il y avait là une aliénation de l'immeuble dotal, aliénation partielle il est vrai, mais qui n'en transférait pas moins à d'autres que le mari des droits de propriété sur cet immeuble. Cependant, cette aliénation était valable, car elle s'opérait *per universitatem*, en ce sens que le patrimoine entier du mari devenait indivis : la loi Julia ne s'y opposait donc point.

Mais, nous l'avons dit au début de la présente section, lorsqu'il s'agissait d'aliénations *per universitatem*, il y avait d'ordinaire plutôt changement de propriétaire qu'exception proprement dite à l'inaliénabilité, car les immeubles dotaux passaient à l'acquéreur à titre universel avec le même caractère, et restaient inaliénables entre ses mains. C'était précisément ce qui arrivait dans les cinq applications vues jusqu'ici : la condition du fonds dotal restait, entre les mains du nouveau propriétaire, ce qu'elle était entre les mains du mari. Cette décision est donnée expressément par le texte de Paul cité plus haut, au titre *de fundo dotali*, pour le cas d'*hereditas*, et par les deux textes d'Ulpien, pour les cas de *reductio in*

_____

1. Paul, Dig., l. 17, t. 2, loi 65, § 16.

servitutem et de *confiscatio* : « *... nihilominus venditio fundi impeditur*, dit Ulpien pour ce dernier cas, *quamvis fiscus semper idoneus successor sit et solvendo* » (1). A la vérité, nous n'avons plus de texte aussi formel pour les cas d'*adrogatio* et de *societas totorum bonorum* ; mais nous n'avons qu'à remarquer que dans les 3 premiers cas le mariage était en général dissous (2), pour en conclure que si, malgré cette dissolution, l'inaliénabilité subsistait, elle devait *a fortiori* subsister dans les cas d'*adrogatio* et de *societas totorum bonorum*, où la *successio in universum jus mariti* se produisait sans qu'il y eût dissolution du mariage, et par conséquent sans que le fonds dotal perdît sa destination. D'ailleurs, dans toutes ces hypothèses, la survivance de l'inaliénabilité, malgré la transmission opérée, était fort naturelle, car toute acquisition *per universitatem* soumet l'acquéreur aux charges dont les biens acquis se trouvaient grevés entre les mains de son auteur.

VI. — C'est là la grande différence qui séparait les cinq cas d'*alienatio per universitatem* déjà étudiés, d'un sixième dont nous avons encore à nous occuper : la *venditio bonorum mariti*. Nous nous sommes déjà occupé de ce mode de transmission *per universitatem* au 4ᵉ paragraphe de la section IV, à propos de l'effet des dettes du mari sur l'inaliénabilité du fonds do-

1. Ulpien, Dig., l. 23, t. 5, loi 2, § 1.
2. Alexandre, Code, l. 5, t. 17, loi 1.

tal, — et nous avons constaté que le fonds dotal se trouvait compris dans cette vente en bloc du patrimoine du mari, sans même, du moins jusqu'à Justinien, que la femme pût le revendiquer et en obtenir la distraction : elle devait se contenter de sa valeur pécuniaire ou même parfois d'un simple dividende, qu'elle obtenait, dans le prix provenant de la *venditio bonorum*, au moyen du *privilegium inter personales actiones* attaché à l'action *rei uxoriæ*. — Il y avait donc bien là encore un cas d'*alienatio prædii dotalis*, *alienatio* que n'empêchait point la loi Julia, parce que le fonds dotal appartenait, en réalité, au mari, — et que le patrimoine de celui-ci était transmis *per universitatem* à l'acquéreur. L'aliénation était même bien plus complète, ici, que dans les différents cas d'*alienatio per universitatem* vus jusqu'ici, car, dans ces cas, nous venons de voir qu'il n'y avait, comme il a été dit au début de la section, qu'un changement de propriétaire : l'immeuble dotal restait inaliénable entre les mains du nouveau propriétaire, — tandis qu'ici l'aliénation était parfaite, et il y avait exception proprement dite à l'inaliénabilité. La condition même de réussite de la *venditio bonorum*, était en effet que les biens vendus fussent de libre disposition entre les mains de l'*emptor*; — par conséquent, la femme, ayant reçu le montant de sa dot ou le dividende qui la représentait, n'avait plus rien à réclamer, — et le bien dotal était aliénable entre les mains de l'acquéreur.

SECTION VI. — Sanctions de l'inaliénabilité.

Lorsque la dot avait été aliénée, la femme, créancière de la restitution et protégée par la loi Julia, avait des recours, soit contre les tiers acquéreurs, soit contre son mari.

§ 1. — *Recours de la femme contre le tiers acquéreur.*

Si c'étaient des meubles dotaux qui avaient été aliénés, nous avons vu (section II, paragraphe 3) que, la loi Julia ne s'y appliquant point, la vente, émanant du mari propriétaire, était parfaitement valable : la femme n'avait donc aucun recours contre le tiers acquéreur ; — elle ne pouvait recourir que contre son mari, par l'action *rei uxoriæ*, et nous verrons au paragraphe suivant quelles garanties étaient attachées à cette action.

Mais si un immeuble dotal avait été ainsi vendu, hors les cas d'exception étudiés à la section précédente et sans le consentement de la femme, alors l'aliénation était faite en violation de la loi Julia. Quelle était la sanction de cette violation ? L'aliénation était-elle absolument et immédiatement nulle ?

Non ; comme la loi Julia n'avait, en somme, pour but que d'assurer la conservation de la dot pour le cas où elle devrait être restituée à la femme, et qu'il n'y avait point lieu à cette restitution, à l'époque où nous sommes, lorsque le mariage se dissolvait par son prédécès, à moins que la femme n'eût expressément stipulé la restitution de la dot à son profit, le sort de l'aliénation faite au cours du mariage, demeurait en suspens jusqu'à sa dissolution. C'est là le sens de cette phrase de Paul, déjà étudiée à la section IV, paragraphe 3 : *Toties autem non potest alienari fundus, quoties mulieri actio de dote competit aut omnimodo competitura est* » (1); le droit d'attaquer l'aliénation ne pouvait naître qu'en la personne de la femme, sauf à être transmis par elle en même temps que le droit à la dot. Donc, en principe, le sort de l'aliénation du fonds dotal, faite dans les conditions ci-dessus, demeurait incertain jusqu'à la dissolution du mariage. Et alors, de deux choses l'une :

1. Ou il n'y avait point lieu à la restitution de la dot, le mariage s'étant dissous par la mort de la femme. En ce cas, le mari gagnait la dot, et l'évènement prouvait qu'il avait pu très valablement aliéner le fonds. Dès lors la vente et la tradition qui en avait été la conséquence, nulles dans le principe,

1. Paul, Dig., l. 23. t. 5, loi 3, § 1.

recouvraient rétroactivement toute leur efficacité, de
façon que le tiers acquéreur, bien qu'ayant traité
avec une personne qui n'avait point le pouvoir d'a-
liéner, ne pouvait plus être évincé. Cette décision
est donnée formellement par Marcien, au titre *De
fundo dotali* : « *Fundum dotalem maritus vendidit et
tradidit. Si in matrimonio mulier decesserit et dos lucro
marito cessit, fundus emptori avelli non potest* » (1).

2. Ou bien la dot devait être restituée, le mariage
s'étant dissous par la mort du mari ou par le divorce. En ce cas, la loi Julia, annulant l'aliénation
faite dans les conditions dont nous parlons, recevait
toute son application. La tradition, opérée en vertu
de cette aliénation nulle, non seulement ne rendait
pas le tiers acquéreur propriétaire, mais ne le mettait même pas *in causâ usucapiendi*, et cela sans qu'il
y eût à distinguer s'il avait su, ou non, qu'il ache-
tait un fonds dotal, car, ayant contrevenu à une
disposition légale, il était par là même de mauvaise
foi et par conséquent dans l'impossibilité d'usucaper : « *malæ fidei possessorem esse nullus ambigit, qui
contra legum interdicta mercatur* » (2). En conséquence,
cet acquéreur pouvait être évincé par l'action en revendication, alors même que le temps normal de
l'usucapion se fût écoulé depuis son acquisition, et

1. Marcien, Dig., l. 23, t. 5, loi 17 ; et aussi Papinien, Dig., l. 41,
t. 3, loi 42.
2. Valentinien et Valens, Code, l. 11, t. 47, loi 7.

s'il avait déjà transmis lui-même l'immeuble à une tierce personne, la revendication pouvait cependant être utilement exercée contre ce possesseur, sans qu'il pût être davantage protégé par l'usucapion, non plus qu'il fût nécessairement de mauvaise foi, mais parce que l'usucapion d'un fonds dotal ne pouvait pas commencer, nous le savons, pendant le mariage. Cette nullité dérivant de la loi Julia ne s'arrêtait même pas à l'aliénation, au transfert de la propriété du fonds; elle s'étendait au contrat de vente lui-même : *venditio non valet*, dit Papinien (1). De telle sorte que ce tiers, non seulement était forcé de restituer ce fonds indûment vendu, mais ne pouvait pas non plus se retourner contre le mari pour lui réclamer, par l'*action empti*, des dommages-intérêts : il pouvait seulement intenter la *condictio indebiti*, s'il avait payé son prix.

Les explications qui précèdent pourraient faire croire qu'il n'était jamais question de la revendication du fonds dotal, aliéné contrairement à la loi Julia, qu'une fois le mariage dissous, lorsqu'il était certain que la femme avait droit à la restitution de sa dot. Ce serait une erreur : le mari au cours même du mariage, pouvait revendiquer. D'abord si la femme avait accompagné sa constitution de dot d'une stipulation expresse de restitution à son profit, nous

____

1. Papinien, Dig., l. 41, t. 3, loi 42.

avons vu tantôt que le sort de l'aliénation n'était même plus en suspens : l'obligation de restitution étant immédiatement certaine, l'aliénation était immédiatement et pour toujours frappée de nullité; il est donc bien évident que la revendication, en ce cas, pouvait avoir lieu au cours même du mariage. Mais, même s'il n'y avait point eu de pacte de restitution, sans doute le sort définitif de l'aliénation demeurait incertain tant que durait le mariage, et cependant l'aliénation était provisoirement traitée comme nulle et la revendication dès à présent admise. En effet les conséquences de la loi Julia se faisaient immédiatement sentir : elle défendait l'*alienatio prœdii dotalis*; si cette *alienatio* avait lieu, elle était tout de suite entachée de nullité. Seulement si, plus tard, l'obligation de restitution, qui était le but en vue duquel avait été écrite la loi Julia, ne se réalisait point, la nullité se trouvait effacée. C'est tellement vrai que, en pareil cas, Papinien écrit que la vente est confirmée : « .... *venditionem, defunctâ postea muliere in matrimonio, confirmari convenit* » (1). Or si elle est confirmée, c'est donc qu'elle était nulle tant que durait le mariage; et par conséquent, le mari, propriétaire du fonds dotal, pouvait, *constante matrimonio*, le revendiquer, ou, s'il avait seulement le fonds *in bonis*, exercer l'action publicienne. Ensuite, le mariage dissous, si le mari devait garder la dot,

1. Papinien, Dig., l. 41, t. 3, loi 42.

le tiers acquéreur, la vente étant confirmée, faisait
valoir ses droits contre lui : nous avons dit qu'il ne
pouvait plus être évincé, s'il possédait encore l'immeuble (1) ; s'il l'avait déjà rendu, il pouvait exercer l'action *empti* pour se le faire livrer en exécution
de la vente rétroactivement valable.

Nous venons de dire que le droit de revendiquer,
contre l'acheteur ou ses ayants cause, le fonds dotal,
aliéné contrairement à la loi Julia, appartenait au
mari. Cette décision s'impose puisque c'était lui le
propriétaire du fonds (v. section IV, § 5). Et même
une fois que le mariage était dissous dans des conditions telles que la dot devait être restituée à la
femme, celle-ci ne redevenait pas, pour cela, de plein
droit propriétaire des biens dotaux. Nous verrons au
paragraphe second qu'elle pouvait simplement réclamer sa dot au mari par l'action *rei uxoriæ*, action
personnelle privilégiée ; mais, jusqu'à la restitution,
le mari restait propriétaire et c'était donc à lui que
restait le droit de revendiquer. Mais puisqu'après
la dissolution du mariage, la femme n'avait toujours
point la revendication, et que celle-ci demeurait au
mari qui pouvait ne point vouloir l'exercer, à quoi
servait à la femme la défense d'aliéner de la loi Julia ?
Nous avons vu (section IV, § 5) à propos des droits
de l'héritier de la femme, par quel détour la légis-

____

1. Marcien, Dig., l. 23, t. 5. loi 17.

lation romaine avait paré à ce danger résultant logiquement des principes qui faisaient le mari propriétaire de la dot, détour qui constituait l'*auxilium* dont Ulpien parle au titre *De fundo dotali* (1). Ce détour était le suivant : si, au moment où la femme avait le droit de se faire restituer sa dot, le mari n'avait pas encore exercé la revendication, de sorte que la femme pût, par l'action *rei uxoriæ*, recouvrer le fonds dotal rentré en sa possession, — la femme pouvait, par cette même action *rei uxoriæ*, se faire céder la revendication appartenant au mari ou à ses héritiers ; et, faute par le mari ou ses héritiers de faire cette cession, le préteur, par cela seul qu'elle était obligatoire, finit par autoriser la femme à exercer une revendication utile, comme si la cession avait été réellement faite.

Cette sanction de la loi Julia pouvait-elle être évitée après coup ; — cette revendication contre l'acquéreur du fonds indûment aliéné pouvait-elle être rendue impossible ? — Nous savons, et la loi 17 au titre *De fundo dotali* le dit formellement, qu'elle était rendue impossible par la dissolution du mariage résultant du prédécès de la femme. Mais pouvait-elle aussi être supprimée par une ratification ultérieure de la femme ? Oui, nous l'avons constaté (section IV, § 1) : le consentement de la femme, suffisant pen-

____

1. Ulpien, Dig., 1. 23, t. 5, loi 13, § 3.

dant notre seconde période, pour valider l'aliénation
du fonds dotal, suffisait, même s'il n'était donné
qu'après la vente, pour mettre le tiers acquéreur à
l'abri (1).

§ 2. — *Recours de la femme contre son mari.*

Nous avons dit, au chapitre Ier, que la femme,
avant la loi Julia, avait contre son mari, lorsque celui-ci avait aliéné ou dissipé la dot, une action personnelle pour lui réclamer la valeur intégrale de ses
biens dotaux. — A l'époque où nous sommes arrivés, cette théorie était toujours vraie en ce qui concernait les meubles dotaux : comme le mari en avait
la libre disposition, puisque la loi Julia ne s'y appliquait point, la femme, lorsqu'ils étaient aliénés,
avait l'action *rei uxoriæ* contre son mari et n'avait
même que cette action. — Notons d'ailleurs que,
même depuis la loi Julia, cette action s'exerçait aussi
à propos des immeubles dotaux ; car le paragraphe
précédent nous a montré que si le mari revendiquait
désormais, en vertu de la loi Julia, l'immeuble indûment aliéné, c'était simplement afin de le restituer avec les autres biens dotaux, lorsque l'action
rei uxoriæ viendrait la mettre en demeure d'opérer
cette restitution, et que si, d'autre part, la femme,

1. Scævola, *Dig.*, l. 24, t. 3, loi 50.

à défaut du mari, pouvait revendiquer elle-même,
ce n'était là qu'une revendication utile, donnée à la
place de l'action véritable dont la cession aurait dû
être comprise dans la restitution de la dot. Seulement, au sujet des immeubles dotaux, le mari n'a-
vait rien à craindre : l'aliénation qu'il en eût faite
sans le consentement de sa femme, étant nulle en
vertu de la loi Julia, il était toujours à même de les
restituer. L'action *rei uxoriæ*, à cet égard, constituait
donc une ressource pour la femme, mais non un
recours proprement dit contre le mari. — Au contraire, pour les meubles dotaux aliénés, l'action *rei
uxoriæ* demeurait véritablement un recours exercé
contre le mari, puisqu'elle le contraignait à en
payer la valeur à la femme, et par conséquent à
supporter la différence s'il les avait vendus au-dessous de cette valeur, sans pouvoir les réclamer au
tiers acquéreur, devenu valable propriétaire.

Cette action *rei uxoriæ* était une action arbitraire :
le juge ordonnait au mari de restituer le bien en
question, et si le mari, par son dol ou même par
son simple fait, s'était mis dans le cas de ne pouvoir le restituer, il était condamné, à titre de dommages-intérêts, à une somme arbitrée par la femme
elle-même, sous la foi du serment : « *quanti mulier
in litem juraverit* » (1),

1. Paul, Dig., l. 24, t. 3, loi 25, § 1.

Quelles étaient les garanties attachées à cette action ? La femme, par la loi Julia, avait sa dot, ou du moins ses immeubles dotaux protégés contre les tiers acquéreurs et contre les créanciers hypothécaires du mari, puisque l'*alienatio* ou l'*obligatio* étant nulles, les immeubles indûment aliénés ou engagés pouvaient être revendiqués en quelques mains qu'ils fussent. Mais, par là, ils rentraient simplement dans le patrimoine du mari, et nous savons (section IV, § 5) que, pendant notre seconde période, la femme en était simplement créancière. Si donc, aucune garantie n'avait été attachée à l'action *rei uxoriœ*, par laquelle s'exerçait sa créance, il serait arrivé que les biens dotaux, soustraits par l'effet de la loi Julia aux tiers acquéreurs et aux créanciers hypothécaires du mari, auraient profité, au contraire, à tous les créanciers chirographaires du mari, puisque leur titre leur aurait, tout autant que le titre de la femme, donné des droits sur les biens du mari, parmi lesquels comptaient les biens dotaux. « Ces créanciers chirographaires auraient ainsi détourné à leur profit le bénéfice de la loi Julia, qui n'avait point été faite par eux. » (1)

Aussi des garanties étaient attachées à l'action *rei uxoriœ*. Jusqu'à Justinien, la femme, à vrai dire, n'eut pas d'hypothèque légale sur les biens de son

1. Gide, *Du caractère de la dot en droit romain*, p. 49.

mari, mais sa créance en restitution de sa dot, et l'action attachée à cette créance étaient privilégiées *inter personnales actiones* (1), nous l'avons constaté au chapitre 1er. — Par ce privilège, la femme était protégée contre les créanciers chirographaires: elle n'avait plus à craindre les dettes que le mari pourrait contracter. — De plus, indépendamment de ce privilège, la créance pouvait être garantie par des sûretés conventionnelles (v. section II, § 3). Le mari pouvait en effet, pour assurer la restitution, hypothéquer à la femme ses propres biens; — et même, jusqu'au IVe s., lui fournir des cautions(2); mais, à cette époque, des constitutions défendirent cette dernière sûreté (3).

Après avoir étudié le recours de la femme contre son mari, recours destiné à sanctionner l'inaliénabilité de la dot et à assurer sa conservation, il nous reste à rechercher si la femme pouvait valablement disposer de sa créance dotale, ou renoncer à ces sûretés qui y étaient attachées.

Pour ce qui est de la créance dotale elle-même la femme, sans doute, ne pourrait en principe y renoncer purement et simplement car c'eût été faire une donation au mari, et les donations entre époux

1. Hermogémien, Dig., l. 23, t. 3, loi 74 ; — et Justinien, Code, l. 8, t. 18, loi 12, pr.
2. Gaius, Comm. III, § 125.
3. V. rubrique du titre 20 du livre V du Code: « *Ne fidejussores vel mandatores dotium dentur.* »

étaient interdites. Mais, à part cette restriction, la créance dotale était de libre disposition entre ses mains : elle pouvait en disposer soit à titre onéreux, soit même à titre gratuit. — En effet aucun texte ne limitait les droits de la femme sur sa créance dotale et le droit commun voulait, par conséquent, qu'ils fussent les mêmes que sur toute autre créance.

Au contraire, pour les garanties attachées à la créance dotale, il y avait lieu de distinguer :

1. — Si c'étaient des garanties conventionnelles, fidéjusseur ou droit de gage ou d'hypothèque, fournies ou consenties par le mari *dotis nomine,* la femme pouvait valablement y renoncer. « Le droit commun étant l'absence de ces garanties, la femme qui les avait obtenues par suite d'une convention spéciale, ne violait évidemment aucun principe d'ordre public en y renonçant. » (1) De plus cette renonciation ne pouvait être considérée comme une *intercessio,* dans le sens du sénatus-consulte Velléien (2). Nous avons, d'ailleurs, des textes qui la déclarent expressément permise, au moins pour l'hypothèque donnée par le mari sur ses propres biens ; — en particulier une importante constitution de l'empereur Anastase (3), de l'année 508, décida que la femme pourrait renoncer à cette hypothèque conventionnelle, soit di-

---

1. Demangeat, *De la condition du fonds dotal en droit romain,* p. 31.
2. Ulpien, Dig., l. 16, t. 1, loi 8, pr. — Code, l. 4, t. 29, loi 11.
3. Anastase, Code l. 4, t. 29, loi 21.

rectement au profit du mari, soit au profit d'un tiers
qui traiterait avec le mari.

2. — Mais si c'était la sûreté attachée de droit
commun à sa créance dotale, c'est-à-dire le *privilegium inter personales actiones*, la femme ne pouvait y
renoncer durant le mariage, car ce *privilegium* lui
était accordé par la loi dans un intérêt public (1).
Si donc la femme ne disposait point de sa créance
dotale pendant le mariage, elle conservait nécessairement le privilège. Ce n'était qu'une fois le mariage
dissous, l'action *rei uxoriæ* née en la personne de la
femme, que celle-ci pouvait abdiquer son privilège.

— Telles sont, au temps classique, les principales
règles de l'inaliénabilité de la dot, et les garanties
données à la femme contre une aliénation illégale.
La loi Julia protégeait la femme contre les tiers acquéreurs et les créanciers hypothécaires du mari ;
le *privilegium inter personales actiones* la protégait
contre les créanciers chirographaires du mari. Toutefois la femme, restée simple créancière de la dot,
n'était point encore absolument garantie, car le
privilegium ne pouvait être opposé qu'aux créanciers
chirographaires, non aux créanciers hypothécaires
du mari. Nous venons bien de dire que la loi Julia protégeait la femme contre ceux-ci, mais cela signifie seulement que la loi Julia défendait au mari
d'hypothéquer les immeubles dotaux, en sorte que

4. Paul, Dig., 1. 23, t. 3, loi 2.

ses créanciers hypothécaires ne pouvaient jamais avoir de droits sur les immeubles composant la dot ; — mais quant aux meubles dotaux, si le mari les avait hypothéqués, l'hypothèque était valable, et le privilège de la femme, dès lors, était primé par elle. — D'autre part ce privilège était encore primé par certaines créances munies d'un simple privilège, mais préférable à celui de la femme, tel que le privilège du fisc (1).

Aussi nous verrons que ce système de protection des droits de la femme fut complété sous la législation de Justinien, à laquelle nous arrivons.

1. Paul, *Sentences*, liv. V, t. 12, § 10.

CHAPITRE III

INALIÉNABILITÉ DE LA DOT DEPUIS JUSTINIEN

SECTION I

Principaux textes d'où résulte la prohibition d'aliéner.

Nous avons dit au début de notre travail que l'inaliénabilité de la dot naquit et se développa comme corollaire de l'obligation de restituer. Les réformes de Justinien démontrent d'une façon évidente cette proposition. En effet, ce fût une même constitution, rendue en l'année 530 de notre ère, et qui forme au Code le titre 13 du livre V, qui acheva l'évolution relative à la restitution de la dot, et qui compléta le système de l'inaliénabilité en la rendant obligatoire pour la femme comme pour le mari. D'une part, elle décida que les biens dotaux seraient désormais restituables à la femme ou à ses héritiers dans tous les cas, et quelle que fût la cause de dissolution du mariage (1). D'autre part, elle défendit d'aliéner

---

1. Code, l. 5, t. 13, loi unique, § 6.

aussi bien que d'hypothéquer les immeubles dotaux, même du consentement de la femme (1).

Quels étaient les motifs de ces réformes qui témoignaient du désir d'assurer davantage la restitution de la dot, par l'aggravation de l'inaliénabilité ? Ce n'était point que la tendance à favoriser les seconds mariages par la conservation des dots, eût augmenté. Bien au contraire, la législation, sous l'influence du christianisme, les supportait à peine (2). Mais d'autres raisons motivaient et justifiaient ces innovations.

D'abord cette anomalie qui faisait du mari le propriétaire définitif de la dot, dans tous les cas au début, dans certains cas encore au temps classique, alors que, pourtant, les biens qui la composaient n'étaient sortis du patrimoine de la femme que pour une destination temporaire : la garantie des besoins du ménage,— cette anomalie était à la fois un souvenir du régime de la *manus* et une conséquence de l'ancienne législation, qui ne donnait de droits aux enfants que dans la succession de leur père. Or Justinien tendait à abroger tout ce qui tenait à l'ancien droit quiritaire (3) ; et d'autre part, la législation de ses prédécesseurs avait déjà rendu aux en-

1. Code, l. 5, t. 13, loi unique, § 15.
2. Code, l. 5, t. 9, loi 3, § 1.
3. V. rubrique du titre 25 du livre VII, au Code : « *De nudo jure Quiritium tollendo.* »

fants, dans la succession de leur mère, des droits que lui-même se disposait à compléter. Il était donc bien naturel que Justinien, s'il n'enleva pas au mari, comme nous le verrons, son droit de propriété sur les biens dotaux pendant la durée du mariage, limitât du moins ce droit à la destination temporaire de ces biens, et prescrivît dans tous les cas leur restitution à la dissolution du mariage. Comme conséquence, il était tout naturel aussi qu'il renforçât l'inaliénabilité.

D'un autre côté, l'Eglise, quoiqu'elle eût fait tomber la faveur des seconds mariages, avait pourtant encore agrandi l'importance de la dot, car elle s'en était fait une arme pour combattre le concubinat, en la faisant servir à distinguer l'épouse de la concubine. Dans ce but, elle exigea une dot pour la validité même du mariage. Une pareille exigence heurtait, à vrai dire, ce principe du droit civil romain que le consentement des époux suffisait à la validité du mariage, et successivement des constitutions de Théodose et Valentinien (1), puis de Justinien lui-même (2) vinrent rétablir cet ancien principe contre la nouvelle tendance religieuse. Mais la tendance n'en existait pas moins, qui grandissait le rôle de la dot; et c'était un motif de plus pour que Justinien, en décidant que, dans tous les cas, elle

1. Théodore et Valentinien, Code, l. V, t. 4, loi 22.
2. Justinien, Code, l. V, t. 17, loi 11.

finirait par retourner à la femme, cherchât à assurer encore mieux sa conservation en rendant l'inaliénabilité absolue.

Cette importante loi unique au Code, livre V, t. 13, est, avec le *principium* du livre II, t. 8, aux Institutes, le seul texte qui traite de la prohibition d'aliéner, dans la législation de Justinien. Mais, en étudiant la sanction de l'inaliénabilité, dans notre troisième période, et les garanties accordées à la femme pour assurer cette sanction, nous verrons que la matière, alors, est régie non plus par un seul texte, mais par trois :

1. La loi 30 au Code, l. V, t. 12, de l'année 529, qui donne à la femme une hypothèque privilégiée sur toutes les choses apportées en dot.

2. Notre loi unique au Code, l. V, t. 13, de l'année 530, qui, outre les dispositions vues plus haut, confère à la femme une hypothèque générale sur tous les biens du mari.

3. La loi 12 au Code, l. VIII, t. 18, de l'année 531, qui, de cette dernière hypothèque, fait une hypothèque privilégiée.

SECTION II. — A quels biens s'applique l'inaliénabilité ?

L'inaliénabilité, dans notre troisième période, comme au temps de la loi Julia, s'applique toujours aux immeubles, quels qu'ils soient, qui ont été apportés en dot. Au paragraphe 15, précité, nous lisons.... « *ut fundum dotalem non solum hypothecæ titulo dare.... maritus possit, sed nec alienare...* » (1). A ces mots : *fundum dotalem*, nous devons attacher exactement le même sens que nous avons attaché, au chapitre second, à ces mots d'Ulpien : *prædium dotale* (2), et décider par conséquent qu'ils s'appliquaient aux maisons comme aux champs, et même aux simples droits de superficie. En effet, il ne faudrait pas croire que le mot *fundus* eût un sens moins large que le mot *prædium*, et qu'il ne comprît absolument que les fonds de terre : nous avons à cet égard l'assertion formelle de Florentinus (3).

De même aussi qu'au temps de la loi Julia, l'inaliénabilité cesse, même pour les immeubles apportés en dot, lorsqu'ils ont été soumis, lors de leur apport, à une estimation valant vente. En effet la constitution de Justinien, parlant de « *rebus mariti,* » ajoute « *vel dotis quidem æstimatis in quibus dominium et periculum mariti est* » ;..... « il s'agit des biens du mari ou des biens apportés en dot avec estimation, lesquels appartiennent au mari et sont à ses risques. » L'estimation des immeubles constitués en dot en rend donc toujours le mari proprié-

1. Code, l. 5, t. 13, loi unique, § 15.
2. Ulpien, Dig., l. 23, t. 5, loi 13, *pr.*
3. Florentinus, Dig., l. 50, t. 16, loi 211.

taire au même titre qu'il est propriétaire de ses biens propres ; et en conséquence l'inaliénabilité ne s'applique pas aux biens estimés.

Au contraire, l'inaliénabilité qui, durant la seconde période, ne s'appliquait point aux immeubles provinciaux, mais seulement aux immeubles italiques apportés en dot, s'applique désormais à tous les immeubles apportés en dot. Justinien, sous ce rapport comme sous plusieurs autres, a définitivement mis sur la même ligne les fonds provinciaux et les fonds italiques. Nous voyons cette innovation constatée dans deux textes formels. D'abord aux Institutes nous lisons ceci : « *Quum lex (Julia) in soli tantummodo rebus locum habebat quæ Italicæ fuerant,...... remedium imposuimus, ut in eas res quæ in provinciali solo positæ sunt, interdicta sit alienatio vel obligatio,* » (1)..... Nous avons vu (Chapitre II, Section 1) ce qu'il faut penser de la première partie de cette phrase, et de l'affirmation qu'elle contient à propos de la loi Julia ; mais l'innovation n'en est pas moins certaine : à la fin de la seconde période, la jurisprudence, sinon la loi elle-même, avait soustrait les fonds provinciaux à l'inaliénabilité, et c'est cette jurisprudence que Justinien a changée. Le second texte qui le constate est le § 15 précité de la loi unique au Code, l. 5, t. 13 : « *In fundo non æsti-*

______

1. Inst., livre II, t. 8, pr.

mato, qui et dotalis proprie nuncupatur, maneat jus (mulieris) intactum,..... ex nostrâ auctoritate..... in omnibus terris effusum, non tantum Italicis..... »

Les trois propositions que nous venons d'exposer sont incontestées ; au contraire, pour ce qui concerne la portée des innovations de Justinien par rapport aux meubles dotaux, une vive controverse s'élève. Nous avons constaté (Chapitre II, Section I, § 3), qu'au temps classique l'inaliénabilité ne s'appliquait point aux meubles dotaux : le mari pouvait, en tant que propriétaire, les aliéner valablement, et la seule ressource de la femme était, au moment où elle était en droit d'exiger la restitution de sa dot, de réclamer au mari, par l'action *rei uxoriæ*, la valeur de ces meubles vendus, sans jamais pouvoir les redemander eux-mêmes à l'acquéreur. Or il s'agit de savoir si Justinien, au contraire, n'aurait pas permis à la femme de revendiquer les meubles dotaux même entre les mains des tiers, lorsque le mari les avait aliénés ; de sorte que, dans notre troisième période, l'inaliénabilité se serait appliquée aux meubles comme aux immeubles dotaux, avec cette seule différence que, ces derniers étant devenus inaliénables même malgré le consentement de la femme, les meubles, au contraire, demeureraient aliénables moyennant le consentement des deux conjoints ? Nous étudierons cette controverse à la Section III (paragraphe IV), lorsque nous rechercherons quelle fut, au temps de Justinien, la condition des biens dotaux ; en effet, sa solution dépend de la question de savoir si Justinien, rompant avec les anciennes traditions, a voulu que la femme devînt, au cours du mariage, propriétaire de la dot, et pût se comporter comme propriétaire même à l'égard des meubles vendus par le mari. Disons simplement, dès à présent, que cette solution n'est guère admissible. Spécialement en ce qui concerne les meubles, remarquons que le § 15 précité, qui modifie les dispositions de la loi Julia, et réglemente désormais l'inaliénabilité, ne parle manifestement que des immeubles, car, pour désigner les biens soumis à cette inaliénabilité, il emploie les expressions « *fundum dotalem* », — « *omnibus terris,* » ce qui exclut manifestement les choses mobilières. C'est donc que, pour celles-ci, l'aliénation par le mari, même sans le consentement de sa femme, reste valable tout comme au temps de la loi Julia ; et qu'en conséquence le droit de revendication accordé à la femme par la Constitution de 529 (1) n'a pas la portée que nous verrons qu'on veut lui donner.

1. Code, livre V, t. 12, loi 30.

SECTION III. – Portée de l'inaliénabilité.

Nous n'avons rien à dire sur ce qui fait l'objet de la section III, au chapitre précédent : la durée de l'inaliénabilité. Les règles exposées à cet égard pour l'époque classique s'appliquent encore sous Justinien. Comme l'inaliénabilité a toujours pour but, en assurant la conservation de la dot, de garantir sa restitution intégrale au jour où elle devra s'opérer, elle dure toujours, en somme, autant que ces biens dotaux, restituables à la femme, demeurent en des mains étrangères. Une seule modification à la législation précédente doit être signalée. Sous l'empire de la loi Julia, comme l'inaliénabilité ne survivait à la dissolution du mariage qu'autant que le fonds dotal devait être restitué, et que ce fonds ne devait plus l'être quand le mariage se dissolvait par la mort de la femme, vu que le mari, alors, gagnait définitivement la dot (1), l'inaliénabilité, en pareil cas, cessait dès l'instant de la dissolution du mariage. Justinien, au contraire, décida que le mari ne garderait la dot en aucun cas, et que la restitution devrait toujours avoir lieu, le mariage vînt-il à se dissoudre par la mort de la femme (2). En

1. Marcien, Dig., l. 23, t. 5, loi 17.
2. Justinien, Code, l. 5, t. 13, loi unique, § 6.

conséquence cette mort ne mit plus fin, comme autrefois, à l'inaliénabilité, qui subsistait, au contraire, jusqu'à la restitution opérée entre les mains des héritiers de la femme.

Recherchons maintenant quelles sont les modifications apportées par Justinien aux règles de la période précédente concernant la portée de l'inaliénabilité.

§ 1. — *Quels sont les actes juridiques auxquels l'inaliénabilité met obstacle ?*

Comme au temps classique, Justinien défend d'abord l'aliénation directe du « *fundus dotalis* » Mais tandis que, sous l'empire de la loi Julia, le mari pouvait valablement l'aliéner si la femme y consentait (1), Justinien décida au contraire que la femme ne consentirait pas plus valablement à l'aliénation qu'à l'hypothèque. « *Legem Juliam corrigentes in meliorem statum deduximus*, disent les Institutes : *quum enim lex... tantummodo alienationes inhibebat quæ invitâ muliere fiebant..., remedium imposuimus ut interdicta sit alienatio vel obligatio, et neutrum eorum neque consentientibus mulieribus procedat...* ». Et la constitution de Justinien, au Code, dità peu près la même chose... « *hoc addito : ut fundum dotalem non*

1. Gaius, *Comm.* II, § 63.
2. Inst., l. 2, t. 8, pr.

solum hypothecæ titulo dare nec consentiente muliere maritus possit, sed nec alienare » (1).

Ainsi, tandis que la loi Julia protégeait la femme contre les droits que le mari tenait de sa qualité de propriétaire, Justinien la protège directement contre elle-même. Le régime dotal change donc tout à fait de caractère : dans le droit classique, le mari était simplement incapable d'aliéner le fonds dotal ; désormais ce fonds devient vraiment inaliénable ; il doit être conservé pour assurer à tout évènement, l'existence de la femme et au besoin celle des enfants et du mari lui-même (2).

En établissant cette inaliénabilité rigoureuse, Justinien voulait préserver la femme de la ruine où sa faiblesse pourrait la conduire :... « *ne sexus muliebris fragilitas in perniciem substantiæ earum converteretur »*, disent les Instituts ; ... « *ne fragilitate naturæ suæ in repentinam deducatur inopiam »*, dit le Code. On pourrait s'étonner de ces motifs, car, en 529, Justinien, pour augmenter la protection de la femme, lui avait accordé, comme nous le verrons, une hypothèque privilégiée sur toutes les choses apportées en dot (3) ; et, dans notre constitution même de l'année 530, qui défendait désormais d'aliéner le fonds dotal même du consentement de la

---

1. Justinien, Code, l. V. t. 13, loi unique, § 15.
2. Accarias, *Précis de droit romain*, n° 315.
3. Code, l. 5, t. 12, loi 30.

femme, il donnait à celle-ci une hypothèque générale sur tous les biens du mari (1). Donc, pourrait-
on dire, la restitution de la dot était, dès lors, pleinement garantie : comment pouvait-on craindre
que sa faiblesse la mît en perte, puisque, ayant hypothèque sur tous les biens du mari, elle pouvait,
au besoin, tous les faire vendre pour recouvrer la
valeur de sa dot ? Pourtant, en réalité, la dot, malgré ces garanties, aurait pu encore être compromise,
si la femme avait pu consentir à l'aliénation du fonds
dotal. En effet, consentant à l'aliénation, elle renonçait par là-même à son hypothèque privilégiée que
lui accordait la constitution de 529 sur le fonds dotal aliéné, car nous avons vu, dans la période précédente, que si la femme ne pouvait renoncer à son
privilegium inter personales actiones, une constitution
d'Anastase (2) l'avait autorisée, au contraire, à renoncer aux hypothèques que la convention avait pu
lui donner sur les biens de son mari, et il fallait en
dire autant des hypothèques que la loi elle-même,
désormais, lui accordait. Or le consentement à l'a-
liénation valait certainement renonciation à l'hypothèque privilégiée portant sur le fonds aliéné : *nemo
proprio facto contravenire potest.* Si donc la femme
avait pu consentir à l'aliénation, par là même elle
renonçait à son hypothèque privilégiée sur le bien

1. Code, l. 5, t. 13, loi unique, § 1.
2. Anastase, Code, l. 4, t. 29, loi 21.

vendu, en sorte que si le mari n'avait aucuns biens
propres, ou si ceux qu'il avait étaient grevés d'hypothèques antérieures à celle de la femme, l'hypothèque accordée à celle-ci par la constitution de 530,
et portant sur tous les biens du mari, ne lui servait
plus de rien, et la restitution de la dot était compromise, puisque cette hypothèque générale était
encore simple, (elle ne fut privilégiée que l'année
suivante, en 531). Ce que Justinien voulut éviter, en
prescrivant l'inaliénabilité absolue de l'immeuble
dotal, ce fut précisément que la femme ne perdît son
hypothèque privilégiée sur cet immeuble. Cela ressort clairement du § 15 de cette constitution de
530. Pour expliquer son extension de l'inaliénabilité,
Justinien dit : « *ne et consensu mulieris hypothecœ ejus
minuantur* » ; puis, après avoir donné sa décision, il
ajoute : « Bien qu'une constitution d'Anastase parle
des femmes qui renoncent à leur droit (il s'agit là
de la constitution qui permet à la femme de renoncer à ses hypothèques), il ne faut l'entendre que des
biens du mari ou des biens apportés en dot avec
estimation... ; mais sur le fonds non estimé, *qui dotalis proprie nuncupatur*, le droit de la femme doit
rester intact...» Donc la femme, en vertu de la Constitution d'Anastase, peut toujours, c'est Justinien qui
nous le dit lui-même, renoncer à son hypothèque
simple sur les biens ordinaires du mari, et même
à son hypothèque privilégiée sur les immeubles ap-

portés en dot avec estimation. Mais l'immeuble dotal non estimé, le *fundus proprie dotalis*, étant désormais complètement inaliénable, restera, en dépit
de la faiblesse de la femme, dans le patrimoine du
mari ; et par conséquent, au moment de la restitution, elle pourra, à défaut d'autre ressource, exercer
sur lui son hypothèque privilégiée (1).

Cette explication du système d'inaliénabilité établi
par notre § 15, va nous permettre de comprendre
une disposition qui, tout d'abord, semble fort étrange.
Au temps de la loi Julia, où la femme pouvait valider l'aliénation du fonds dotal en donnant son consentement, nous avons vu qu'elle pouvait le donner
après coup, et une décision d'Ulpien que nous avons
étudiée, nous apprend que, notamment, elle ratifiait le legs que le mari aurait pu faire de ce fonds
en faisant, elle-même, adition de son hérédité.
Maintenant, au contraire, que le consentement de la
femme n'a plus aucune valeur, l'adition de l'hérédité, semble-t-il, ne pourra pas avoir plus d'effet
sur la validité du legs, que le consentement ne pourrait en avoir sur une vente faite entre-vifs. Et cependant nous voyons les commentateurs du Digeste insérer au titre *De fundo dotali* (2) cette décision d'Ulpien, ce qui implique que, sous la législation de Jus-

1. Demangeat, *De la condition du fonds dotal en droit romain*, p.
37.

2. Ulpien, Dig., l. 23, t. 5, loi 13, § 4.

tinien, elle était toujours exacte. Comment donc expliquer que la femme, qui n'aurait pas pu ratifier l'aliénation du vivant de son mari, le pût après sa mort? C'est ce que, nous l'avons vu, Justinien, par sa règle nouvelle, avait simplement voulu empêcher que,*durante adhuc matrimonio*,la femme ne se trouvât dépouillée de son action hypothécaire sur le *fundus dotalis*, action qui ne devait lui être utile que plus tard : voilà pourquoi il ne permettait pas le consentement à l'aliénation pendant le mariage. Au contraire, « une fois que le mariage était dissous, et que, par conséquent, le droit d'agir en recouvrement de sa dot était né au profit de la femme, celle-ci demeurait libre de renoncer à ce droit en tout ou en partie, et notamment de ratifier, par son adition, le legs du fonds dotal fait par le mari. (1) »

De même que Justinien défendait l'*alienatio dotalis fundi*, de même il défendait son *obligatio ;* et,ayant aggravé la prohibition d'aliéner, il s'était naturellement gardé d'adoucir la rigueur de la prohibition d'hypothéquer, telle qu'elle existait déjà sous l'empire de la loi Julia. « ...... *Imposuimus, ut...... interdicta sit alienatio vel obligatio, et neutrum eorum neque consentientibus mulieribus procedat,.......* » lisons-nous aux Institutes (2). Toutefois, comme cette défense

1. Demangeat, *De la condition du fonds dotal en droit romain,* p. 341.
2. Inst., l. 2, t. 8, pr.

d'hypothéquer le fonds dotal même du consentement de la femme, ainsi confirmée par Justinien, n'était que la reproduction de la défense d'hypothéquer établie pendant la deuxième période, et que celle-ci, nous l'avons vu (chapitre II, section I), s'était introduite sous l'influence du sénatus-consulte Velléien, il en résulte que les mêmes exceptions qu'autrefois devaient être admises à cette défense. Si donc le mari hypothéquait le fonds dotal non plus pour sa propre dette, mais pour une dette de la femme elle-même, le consentement donné par celle-ci à l'hypothèque la rendait valable, car le seul but du Velléien était d'empêcher aux femmes l'*intercessio*, l'engagement pour autrui : or, comme la femme, en ce cas, faisait sa propre affaire, il n'y avait de sa part, aucune *intercessio*. Une exception nouvelle venait même s'ajouter à l'autre, résultant des modifications apportées par Justinien aux règles du Velléien : il avait décidé, en effet, que si la femme, après avoir fait un acte d'*intercessio*, le confirmait au bout de deux ans, elle ne pourrait plus le faire annuler par application du sénatus-consulte Velléien(1); désormais, donc, comme l'hypothèque sur le fonds dotal n'était annulée qu'en vertu de ce sénatus-consulte, elle devenait valable si la femme, après avoir consenti à sa constitution, renouvelait son consentement au bout de deux

____

1. Justinien, Code, livre IV, titre 29, loi 22.

ans. Il est vrai que la Novelle 134 (1) vint ensuite décider que ce tempérament au Velleien cesserait dans le cas spécial où la femme s'engagerait pour le mari; mais il est probable que cette Novelle ne s'appliqua point au cas du consentement à l'hypothèque créée sur le fonds dotal, car déjà la Novelle 61 était intervenue, et il résultait de cette Novelle, que, pour la validité de cette hypothèque, il ne suffirait plus que la femme renouvelât son consentement au bout de deux ans : il faudrait encore que le mari se trouvât assez riche pour pouvoir désintéresser complètement la femme, en sorte que celle-ci, en définitive, ne souffrît point de l'hypothèque (2). La femme se trouvait donc suffisamment protégée en ce cas, et il est vraisemblable que la disposition protectrice de la Novelle 134 n'y a point été étendue.

Ainsi donc la législation de Justinien, comme celle de la seconde période, mais sous les modifications que nous venons d'étudier, défendait l'*alienatio* et l'*obligatio* du fonds dotal. Comme au temps classique aussi, cette défense comprenait les aliénations indirectes aussi bien que les aliénations directes. Ici, nous n'avons rien à ajouter à nos explications du chapitre second, et sous cette seule réserve que le consentement de la femme ne pouvait plus, main-

1. Novelle 134, chapitre VIII.
2. Demangeat, *De la condition du fonds dotal en droit romain*, p. 221.

tenant, valider l'aliénation, tout ce que nous avons dit, de la création des servitudes passives ou de l'abandon des servitudes actives, demeure exact sous la législation de Justinien. On a, il est vrai, prétendu à une modification en ce qui concernait l'extinction des servitudes actives, autrefois possible, nous le savons, par confusion. Désormais, a-t-on dit, le fonds dotal continuait à appartenir à la femme (1), et, par conséquent, la servitude due à ce fonds, antérieurement au mariage, par un fonds du mari, ne s'éteignait plus par confusion quand le fonds dominant était constitué en dot. En réalité il n'en est rien. Nous verrons que Justinien n'a nullement modifié les règles antérieures relativement à la propriété de la dot, et que la loi 30, sur laquelle s'appuie l'opinion opposée, n'a trait qu'au conflit entre les droits de la femme et ceux des créanciers hypothécaires du mari (2). En conséquence, puisque le mari devenait toujours propriétaire du fonds dotal, la servitude, dans l'hypothèse qui nous occupe, s'éteignait toujours par confusion, et la meilleure preuve, c'est que les rédacteurs du Digeste ont inséré au titre *De fundo dotali* le texte de Julien que nous avons étudié au chapitre précédent (3) (chapitre II, section IV, § 3) et qui le dit formellement.

1. Justinien, Code, 1. 5, t. 12, loi 30.
2. Aubry et Rau, V, § 537, *bis*, note 2, p. 598.
3. Julien, Dig., 1. 23, t. 5, loi 7, § 1.

Nous avons vu que, dans la seconde période, l'inaliénabilité était un obstacle, non seulement aux aliénations conventionnelles, mais à la prescription du fonds dotal. En est-il de même à l'époque où nous sommes parvenus ? Oui, cela ressort avec évidence de l'argument *a contrario* tiré de la loi 30 *in fine* au Code *De jure dotium* (1). Ce texte décide que tout moyen de défense fondé sur le temps (et par conséquent la prescription), ne pourra être opposé aux femmes que « *ex eo tempore ex quo possint actiones movere* » ; c'est dire clairement que la prescription ne peut courir contre elles pendant le mariage, et que, au moins pendant ce temps, le fonds dotal est imprescriptible. Mais nous avons constaté qu'au temps classique l'imprescriptibilité ne se limitait pas là, et subsistait, même après la dissolution du mariage, jusqu'à ce que le fonds eût été restitué à la femme. Justinien avait-il donc innové à cet égard et strictement limité l'imprescriptibilité à la durée du mariage ? A première vue, là loi 30 précitée pourrait le faire croire, car elle dit : « *Omnis temporalis exceptio, sive per usucapionem inducta, sive per decem sive per viginti annorum curricula…, ea mulieribus ex eo tempore opponatur ex quo possint actiones movere, id est, opulentis quidem maritis constitutis, post dissolutum matrimonium, minus autem idoneis, ex quo*

----

1. Justinien, Code, l. 5, t. XII, loi 30.

hoc infortunium eis illatum esse claruerit... » On pourrait donc croire que, désormais, si par exemple le
mari avait vendu et livré le fonds dotal à un tiers
de bonne foi, la prescription, suspendue pendant le
mariage, commençait à courir au profit de ce tiers
immédiatement après la dissolution. Ce serait une
erreur ; sous Justinien, comme à l'époque classique,
l'imprescriptibilité survivait jusqu'à la restitution
effective de la dot. Nous avons vu, au début de cette
section, que Justinien avait maintenu cette règle
ancienne d'après laquelle l'inaliénalité du fonds
dotal durait, même après la dissolution du mariage,
jusqu'à la restitution, et qu'il l'avait même aggravée, puisque désormais, la dot était dans tous les
cas restituable : comment donc aurait-il voulu rendre le fonds dotal susceptible d'être usucapé, à une
époque où il était encore inaliénable ? Aussi Justinien, lorsqu'il parle dans la loi 30 de différentes
prescriptions qui peuvent être opposées à la femme :
« *ex eo tempore ex quo possit actiones movere* », ne fait
nullement allusion à la prescription acquisitive du
fonds dotal, mais à la prescription libératoire des
diverses actions qui appartiennent à la femme pour
le recouvrement de sa dot: action personnelle contre
le mari ou ses héritiers, ou action hypothécaire sur les
choses apportées en dot, qu'accorde à la femme cette
même constitution qui forme la loi 30. Cette explication concorde très bien avec le texte même de la loi,

qui parle de moyens de défense fondés sur un laps de temps de 30 et même 40 ans : or l'usucapion, telle qu'elle avait été réformée par Justinien, s'accomplissait pour les immeubles, et par conséquent pour le fonds dotal, comme pour les autres, par le laps de temps de l'ancienne *præscriptio longi temporis*, c'est-à-dire par 20 ans au plus. Il ne peut donc être question là de la prescription acquisitive de l'immeuble dotal, tandis que la prescription libératoire de l'action *de dote* s'accomplissait en effet, depuis Théodose le Jeune, par le laps de 30 ans (1), et celle de l'action hypothécaire par le laps de 40 ans (2).

Nous pouvons donc conclure que les règles de l'imprescriptibilité du fonds dotal demeurent, sous Justinien, ce qu'elles étaient au temps classique : sans doute la prescription libératoire des actions en recouvrement de la dot peut commencer à courir dès l'instant où il est permis à la femme de poursuivre la restitution de sa dot, c'est-à-dire dès la dissolution du mariage, ou même *durante matrimonio* en cas de déconfiture du mari ; mais c'est là tout ce que veut dire la seconde partie de la constitution qui forme notre loi 30, au Code, et elle ne signifie nullement qu'à partir de cette instant disparaisse pour les tiers l'impossibilité de prescrire le fonds

---

1. Code, l. 7, t. XXXIX, loi 3.
2. Justin, Code, l. 7, l. XXXIX, loi 7, § 1.

dotal. Celle-ci ne cessera qu'avec l'impossibilité d'aliéner; c'est-à-dire lorsque le fonds aura été effectivement restitué à la femme (1).

Est-il même bien vrai de dire que la prescription libératoire des actions dotales commença dès lors au cours même du mariage, en cas de déconfiture du mari ? Ce fut vrai, sans doute, en 529, époque à laquelle fut rendue notre l. 30, au Code, l. 5, t. 12, car, à cette époque, la femme pouvait encore valider l'aliénation de sa dot par son consentement. Mais il n'en fut pas longtemps ainsi ; nous savons qu'en 530 fut rendue la constitution (2) qui défendait d'aliéner le fonds dotal même du consentement de la femme, et, de ce jour, la partie finale de notre loi 30, qui faisait courir la prescription des actions dotales à dater de la déconfiture du mari, fut implicitement abrogée, car la prescription extinctive des actions dotales eût entraîné la perte du fonds dotal pour la femme, et cela pour ainsi dire de son consentement, puisque le fait, par elle, de ne pas interrompre cette prescription eût bien été un fait volontaire équivalent à un consentement.

1. Demangeat, *De la condition du fonds total en droit romain*, p 372.

2. Justinien, Code, l. 5, t. 13, loi unique § 15.

§ 2. — *A qui s'adresse la défense d'aliéner ;*
au profit de qui est-elle édictée ?

Quant aux personnes à qui s'adresse la défense
d'aliéner, nous n'avons qu'à nous reporter à ce que
nous en avons dit sous la seconde période. Cette défense s'adressait toujours non seulement au mari,
mais à tout détenteur de la dot tant qu'elle n'avait
pas été restituée à la femme ou à ses héritiers. Elle
s'appliquait donc d'une part au fiancé, d'autre part
à tous ceux entre les mains de qui la dot avait pu
passer, avec les autres biens du mari, à titre universel, à charge de restitution : héritier du mari, ou
son maître, ou le fisc, etc. Tout cela est encore vrai
à l'époque de Justinien ; l'insertion des lois 4, 1 § 1,
2 pr., 2 § 1 au titre du Digeste : *de fundo dotali*, en
est la preuve.

Au contraire, pour les personnes au profit desquelles l'inaliénabilité était établie, quelques
changements avaient été introduits dans la législation par Justinien. — Nous avons vu (chapitre II,
section IV, § 3) que, dans la deuxième période, elle
n'était établie qu'au profit exclusif de la femme, en
sorte que si celle-ci pouvait transmettre à ses héritiers le droit de s'en prévaloir, il fallait du moins
que ce droit fût né en sa personne. Si donc le mariage se dissolvait par sa mort, ses héritiers ne pou-

vaient attaquer l'aliénation que le mari aurait pu faire du fonds dotal, puisque celui-ci gagnait définitivement la dot (1). Si même il était dissous par la mort du mari ou le divorce, la femme, bien que l'action *rei uxoriæ* et le droit d'attaquer l'aliénation fussent nés en sa personne, ne transmettait point l'action à ses héritiers si elle mourait avant de l'exercer, à moins que le mari ne fût déjà en demeure. Justinien, au contraire, décida que la nouvelle action qu'il accorda, nous le verrons bientôt, à la place de l'ancienne action *rei uxoriæ*, appartiendrait aux héritiers de la femme alors même qu'elle mourrait *in matrimonio* (2), — et que si, d'autre part, l'action naissait dans la personne même de la femme, le mariage s'étant dissous par le divorce par exemple, cette action passerait à ses héritiers alors même que la femme serait morte sans avoir mis le mari en demeure (3).

En résumé, par suite de ces changements, on peut dire que l'inaliénabilité, sous Justinien, n'est plus établie seulement au profit de la femme, mais aussi au profit de ses héritiers puisque ceux-ci ont désormais le droit d'agir en restitution et de se faire céder la revendication du fonds dotal indûment aliéné, qui est, nous le savons, comprise dans cette action,

1. Marcien, Dig., 1. 23, t. 5, loi 17.
2. Justinien, Code, 1. 5, t. 13, loi unique, § 6 et 7.
3. Justinien, Code, 1. 5, t. 13, loi unique, § 4.

— alors même que ce droit n'a pu s'ouvrir dans la personne de la femme. L'inaliénabilité, privilège créé jusque-là en faveur de la femme seule, devient maintenant aussi et surtout un privilège pour les enfants.

§ 3. — *Quelles sont les conséquences de l'inaliénabilité du fonds dotal sur les dettes des époux?*

Lorsque le mari étant insolvable, ses créanciers faisaient la *venditio bonorum*, la femme, au temps classique, ne pouvait demander la distraction du fonds dotal compris dans cette *venditio*, ni le revendiquer après la vente. A l'époque de Justinien, la *bonorum venditio per universitatem* avait disparu (1) : elle était, depuis plus de deux siècles, remplacée par des ventes en détail appelées *distractiones*. — La situation des biens dotaux, au milieu des ventes partielles du patrimoine du mari, ainsi opérées par ses créanciers, était elle-même complètement changée : la femme, en effet, pouvait désormais revendiquer à l'encontre des créanciers de son mari les objets apportés en dot. Cela résulte de la constitution de 529 (2), que nous étudierons à la section V, et qui décide d'une façon indiscutable que la

1. *Institutes*, liv. III, t. 12, pr.
2. Justinien, Code, l. 5, t. 12, loi 30.

femme peut revendiquer les biens dotaux qui se trouvent en nature dans le patrimoine du mari. — Désormais, par conséquent, les créanciers du mari se voient privés de leur gage sur une partie du patrimoine de leur débiteur : les biens dotaux.

Au contraire les dettes de la femme ont, dans la législation de Justinien, les mêmes effets que dans la législation de l'ancien droit, sur les biens dotaux. Dans les *distractiones* qui ont remplacé l'ancienne *venditio bonorum*, les créanciers de la femme ne peuvent toujours comprendre les biens dotaux, puisque nous allons voir que ces biens appartenaient encore au mari, tant que durait le mariage. Tout ce que ces créanciers peuvent faire vendre, c'est donc le droit futur de la femme à l'action en restitution.

§ 4. — *Quelles sont les conséquences de l'inaliénabilité sur la condition des biens dotaux?*

Dans l'ancien droit, et malgré l'inaliénabilité dont la loi Julia avait frappé le fonds dotal, le mari était cependant considéré comme propriétaire, et propriétaire exclusif des biens dotaux, immeubles comme meubles. Justinien a-t-il innové à cet égard, a-t-il transporté cette propriété à la femme ? C'est là une question qui donne lieu à une grave controverse, née d'expressions malheureuses dont l'empereur s'est servi dans sa constitution de 529 (1). Cette constitution, — dont nous avons déjà étudié la seconde partie au paragraphe I de cette même section, à propos de l'imprescriptibilité du fonds dotal dans notre troisième période, — accorde à la femme, dans sa première partie, une hypothèque privilégiée sur toutes les choses apportées en dot au mari. Et ensuite Justinien, pour justifier cette mesure, ajoute : « ... *cum eœdem res (res dotales) et ab initio uxoris fuerint et naturaliter in ejus permanserint dominio. Non enim, quod legum subtilitate transitus earum in patrimonium mariti videatur fieri, ideo rei veritas deleta vel confusa est. Volumus itaque eam in rem actionem in hujusmodi rebus quasi propriis habere,* »... Ces expressions permettent-elles d'admettre que Justinien, bouleversant tous les anciens principes, a vraiment voulu que la femme demeurât propriétaire des biens dotaux ? — Je ne le crois pas ; — et, pour le démontrer, je vais d'abord présenter les arguments qui portent à croire que, sous Justinien, le mari est toujours propriétaire des biens dotaux, — et ensuite ceux qui permettent, si l'on admet cette solution, d'expliquer les expressions dont Justinien s'est servi dans la loi 30.

Les premiers sont très bien résumés par M. Gide, dans son étude sur le caractère de la dot en droit

1. Justinien, Code, l. 5, t. 12, loi 30.

romain (1). « Pour prétendre que la loi 30 a donné
à la femme la propriété des biens dotaux, il faudrait
soutenir de deux choses l'une : ou que ces biens
n'ont jamais été la propriété du mari, ou qu'ils ont
de plein droit cessé de l'être à la fin du mariage ; or
ces deux thèses sont très difficiles à défendre. —
Dira-t-on que la dot n'est jamais réellement entrée
dans le patrimoine du mari ? Mais ce serait s'ins-
crire en faux contre cent textes formels du Digeste,
des Institules et du Code (2). — Essaiera-t-on alors
de soutenir que la propriété du mari sur la dot n'est
qu'une propriété résoluble et qui fait retour à la
femme sitôt que le mariage se dissout ? Mais les textes comme les principes repoussent une telle interprétation. Les textes : notre loi 30 parle, non d'un
domaine que la femme recouvre, mais d'un domaine
qu'elle conserve : « ... et *naturaliter in ejus permanserint dominio.* » Les principes : le droit de propriété
étant de son essence un droit absolu, et par là même
un droit perpétuel, dire que le mari est propriétaire
de la dot, mais seulement tant que dure le mariage,
c'est dire qu'il est propriétaire *ad tempus,* ce qui est
contradictoire. — Les objections d'ailleurs se mul-
plient à mesure qu'on examine de plus près le texte
de la loi 30. Dès les premières lignes, Justinien a
soin de rejeter catégoriquement toute distinction en-

1. P. 55 et s.
2. Institutes, 1. 2, t. 8, pr. — Code, 1. 5, t. 12, loi 23.

tre les meubles et les immeubles, entre les choses
estimées et non estimées. Va-t-on donc prétendre
que la femme peut revendiquer jusqu'aux meubles
dotaux, jusqu'aux biens dotaux estimés ? Ce serait
effacer toutes les distinctions de la loi Julia, que cependant, un an après, Justinien a expressément con-
firmées (1) ; — ce serait mettre à néant le contrat
d'estimation, que Justinien a expressément consacré (2). — Evidemment, si la femme n'a qu'un seul
et même droit sur les choses estimées ou non estimées, ce ne peut être qu'un droit de créance et non
un droit de propriété. »

Ces arguments me paraissent assez péremptoires
pour permettre d'affirmer que la loi 30 n'a point
abrogé l'ancien principe, et n'a pas transporté du
mari à la femme la propriété des biens dotaux.
Mais, si on admet cette solution, comment expliquer les expressions, citées plus haut, que Justinien
emploie dans cette constitution, et qui, elles aussi,
paraissent bien certaines ? C'est que Justinien, comme
le dit M. Demangeat (3), voulant expliquer l'hypothèque privilégiée qu'il accorde à la femme dans le
commencement de la constitution, a cherché à l'expliquer, suivant une habitude qui lui est assez fami-

---

1. Justinien, Code, l. 5, t. 13, loi unique, § 15.
2. Justinien, Code, l. 5, t. 13, loi unique. § 9.
3. Demangeat, *De la condition du fonds dotal en droit romain*, p.
95 et 96.

lière, par la nature même des choses. En réalité, veut-il dire, la femme est restée propriétaire des objets qu'elle a apportés en dot à son mari : il serait donc bizarre qu'elle eût à souffrir de l'existence d'hypothèques établies sur ces objets du chef du mari. Mais il est impossible, ajoute M. Demangeat, de prendre à la lettre cette proposition que la femme est restée propriétaire des biens dotaux : ce n'est là qu'une idée vague et superficielle destinée à justifier la faveur accordée à la femme de primer, sur les choses apportées en dot, tous les créanciers du mari. Voilà pourquoi Justinien imagine une propriété naturelle qui aurait appartenu à la femme à côté de la propriété civile du mari ; et immédiatement il attache à cette propriété naturelle un effet pratique, en permettant à la femme de recouvrer sa dot par voie de revendication. Mais le motif qu'il a donné n'en reste pas moins un simple motif d'équité, et la loi, qui attribue la propriété au mari, quoique qualifiée de *subtilis*, n'en reste pas moins la loi.

Nous pouvons donc conclure que sous Justinien, comme avant lui, le mari devient propriétaire des biens dotaux, et que la femme n'a toujours, en raison de sa dot, qu'un droit de créance contre son mari.

SECTION IV. — Exceptions à l'inaliénabilité.

Sur le principe, nous n'avons rien à ajouter à ce que nous avons dit, à ce sujet, au Chapitre II. Les aliénations exceptionnellement permises étaient toujours, sous Justinien, les aliénations ayant une cause nécessaire et les aliénations *per universitatem*.

Quant aux applications, remarquons qu'on ne peut plus, à l'époque où nous sommes arrivés, ranger parmi les « *alienationes necessariæ* » le cas où le tiers qui détient indûment l'immeuble dotal, résiste à l'ordre du juge qui, sur la revendication du mari, le condamne à restituer. Il est certain, en effet, qu'à cette époque la condamnation est susceptible d'exécution forcée (1), et comme, sous le système de la procédure extraordinaire, le juge devait condamner *ad ipsam rem*, toutes les fois que cela était possible (2), le mari, par l'exécution de cette condamnation, recouvrait le fonds dotal. D'autre part, parmi les « *alienationes per universitatem* » ne figure plus la *venditio bonorum* qui avait disparu déjà avant Justinien, comme nous l'avons constaté à la section précédente, (paragraphe III).

1. Accarias, *Précis de droit romain*, nº 867, tome II, p. 1143.
2. Institutes, livre IV, tit. VI, § 32.

SECTION V. — Sanctions de l'inaliénabi'ité.

C'est en cette matière que la législation de Justinien a le plus innové. Jusqu'ici, nous n'avons guère vu l'empereur faire autre chose que confirmer et aggraver un peu les prohibitions de la loi Julia. Mais, lorsqu'il s'agit des protections à accorder à la femme pour assurer la conservation de sa dot, il apporta à la législation antérieure des modifications telles qu'elles firent naître, nous l'avons vu, la question de savoir s'il n'avait pas changé entièrement les anciens principes, et conservé à la femme la propriété de la dot. Nous avons expliqué qu'il n'en était rien et que le droit de la femme resta, sous Justinien, ce qu'il avait toujours été : un simple droit de créance (1). Mais les garanties de ce droit furent profondément modifiées. Justinien donna à la femme, comme garantie du recouvrement de sa dot, le choix entre l'action hypothécaire et l'action en revendication. Nous allons successivement étudier ces deux mesures de protection.

§ 1. — *Action hypothécaire.*

Nous avons vu au chapitre II (section VI, § 2) que la femme, avant Justinien, n'avait contre son mari,

---

1. Gide, *Du caractère de la dot en droit romain*, p. 51.

pour obtenir la restitution de sa dot, qu'une action personnelle appelée action *rei uxoriæ*. Cette action était arbitraire ; et elle était privilégiée *inter personales actiones* : c'était d'ailleurs la seule sûreté légale qui y fût attachée, la femme pouvait sans doute faire garantir sa créance par des sûretés conventionnelles ; mais, normalement, elle n'avait que le *privilegium*.

Ce que nous venons de dire ne s'appliquait toutefois qu'à la dot dite « *dos adventitia* », c'est-à-dire à la dot ordinaire, non accompagnée d'une stipulation expresse de restitution. Si au contraire la femme, en supposant qu'elle se fût elle-même constitué sa dot, avait fait, en la constituant, une stipulation de restitution, la dot prenait le nom de « *receptitia* », et l'action donnée dès lors pour sa restitution était l'action *ex stipulatu,* dont les règles étaient toutes différentes : notamment l'action pouvait être exercée quelle que fût la cause de dissolution du mariage, et elle pouvait être exercée par les héritiers de la femme aussi bien que par la femme elle-même.

Ici se place une première et très importante réforme de Justinien, qui forme l'objet principal de la célèbre constitution de 530 (loi unique, Code, l. V, t. 13). Il sous-entendit dans toute constitution de dot, et quel qu'en fût l'auteur, une stipulation de restitution au profit de la femme elle-même ou de ses héritiers. En conséquence, l'ancienne action *rei uxoriæ* disparut, ou plutôt elle fut fondue avec l'action *ex stipulatu*, et la nouvelle et seule action qu'eut désormais la femme pour réclamer la restitution de sa dot s'appela : *action ex stipulatu*, quoiqu'elle fût exceptionnellement de bonne foi (1). A cette action, Justinien attacha un certain nombre de règles que nous avons eu occasion de constater au cours de notre troisième chapitre, et qui constituaient autant de différences avec l'ancienne action *rei uxoriæ* : comme l'ancienne action *ex stipulatu*, elle put être exercée quelle que fût la cause de dissolution du mariage (2), en sorte que, dès lors, le mari ne retint plus jamais la dot qu'en vertu d'une convention expresse (3); désormais, la mort de la femme elle-même ouvrit donc l'action en restitution au profit de ses héritiers, quoique le droit à cette action n'eût pas pu s'ouvrir dans la personne de la femme (4); et, d'autre part, s'il était effectivement né en sa personne, le mariage s'étant dissous par le divorce par exemple, il passait à ses héritiers, alors même qu'elle mourait sans avoir mis son mari en demeure (5).

---

1. Institutes, liv. IV, t. 6, § 29.
2. Code, liv. V, t. 13, loi unique, § 6.
3. *Ead. leg.*, pr.
4. *Ead. leg.*, §§ 6 et 7.
5. *Ead. leg.*, § 4.

Mais Justinien ne s'arrêta pas là. Ayant créé cette action, qui répondait aux nouveaux principes de la conservation de la dot, recherchée désormais aussi bien dans l'intérêt des enfants que dans l'intérêt de la femme elle-même, il voulut la sanctionner d'une façon tout à fait efficace; et, pour cela, non seulement il transporta à la nouvelle action *ex stipulatu* le *privilegium inter personales actiones*, autrefois attaché à l'action *rei uxoriæ*, mais il conféra à la femme une hypothèque légale sur tous les biens du mari, qui dut prendre rang au jour même du mariage (1). Puis, en 531, sacrifiant l'intérêt du crédit public à cette conservation de la dot, il alla jusqu'à privilégier cette hypothèque (2), c'est-à-dire à lui faire primer, sur les biens du mari, même les créanciers hypothécaires du mari antérieurs au mariage. C'est cette progression des sûretés hypothécaires accordées par Justinien à la femme dotale, qu'il nous faut étudier plus spécialement. Elle forme l'objet des trois constitutions de 529, 530 et 531.

D'abord en 529, alors que la fusion des deux actions en restitution n'avait pas encore eu lieu, et que l'action normale était toujours l'action *rei uxoriæ*, avec son *privilegium inter personales actiones*, Justinien, trouvant cette sûreté insuffisante, avait, par une constitution dont nous avons déjà parlé (3),

1. Code, l. 5, t. 13, loi unique, § 1.
2. Code, l. 8, t. 18, loi 12.
3. Code, l. 5, t. 12, loi 30.

accordé à la femme une hypothèque privilégiée sur les choses mêmes qui avaient été apportées en dot : « *In rebus dotalibus...., mulierem in his vindicandis omnem habere post dissolutum matrimonium prœrogativam jubemus, et neminem creditorum mariti qui anteriores sunt, posse sibi potiorem causam in iis per hypothecam vindicare....* » M. Gide (1) refuse de voir dans ce texte une véritable hypothèque accordée à la femme ; suivant lui, le mot *prœrogativa* qu'emploie Justinien signifie qu'il donne à la femme une simple priorité de rang, qui ne s'exerce que sur les biens non aliénés et n'a aucun effet à l'égard des tiers détenteurs : en un mot il n'y aurait eu, dans cette constitution de 529, qu'une extension du *privilegium*, en ce sens que le droit de préférence aurait, dès lors, existé pour la femme, non seulement sur les créanciers chirographaires, mais sur les créanciers hypothécaires du mari, mais il n'y aurait eu aucun droit de suite donné à la femme. M. Demangeat estime au contraire qu'il s'agit bien d'une véritable hypothèque privilégiée (2) octroyée à la femme sur les biens acquis au mari *dotis causâ*, avec droit de suite au cas où ils seraient passés aux mains de tiers détenteurs ; et cette solution nous semble préférable, car, dans cette constitution, Justinien se sert

1. Gide, *Du caractère de la dot en droit romain*, p. 52.
2. Demangeat, *De la constitution du fonds dotal en droit romain*, p. 88 et 89.

à deux reprises de l'expression : *actionem hypotheca-riam* pour déterminer la portée pratique du mot : *prærogativa*, employé au début. Il s'agit donc bien d'une hypothèque et on ne conçoit pas une hypothèque sans droit de suite.

Cette hypothèque privilégiée constituait, pour la femme, un assez grand progrès : il est vrai qu'elle ne portait que sur les biens dotaux, et que, là, la femme était déjà protégée par la défense faite au mari d'aliéner ou d'hypothéquer le fonds dotal, en sorte que les créanciers hypothécaires du mari ne pouvaient jamais avoir de droits sur les immeubles dotaux, tandis que la femme, elle, primait les créanciers chirographaires à l'aide de son *privilegium*. Mais, d'une part, nous savons que l'inaliénabilité, même sous Justinien, ne s'appliquait qu'aux immeubles dotaux, en sorte que si le mari avait hypothéqué les meubles dotaux, cette hypothèque était parfaitement opposable à la femme, et, d'autre part, l'inaliénabilité s'arrêtait devant les causes d'aliénation nécessaires, en sorte que l'hypothèque née du chef du mari, grevait valablement le fonds dotal toutes les fois qu'elle était considérée comme nécessaire : or, on considérait comme telles les hypothèques légales, parce qu'elles émanaient de la volonté de la loi : ainsi, lorsque Constantin eut accordé une hypothèque légale aux pupilles sur tous les biens présents et à venir de leurs tuteurs, et aux mineurs de 25 ans sur ceux de leurs curateurs, cette hypothèque frappait même les biens dotaux entre les mains du mari, tuteur ou curateur, et primait la femme. Ce fut à ces inconvénients que Justinien apporta un remède par cette hypothèque privilégiée qu'il donna à la femme sur toutes les choses apportées en dot ; car, dès lors, la femme put exercer sur elles un droit d'hypothèque préférable à tous ceux que les créanciers pouvaient avoir du chef du mari, préférable même aux hypothèques légales.

Pour qu'une chose tombât sous cette hypothèque privilégiée, il suffisait qu'elle fût acquise *dotis causâ* par le mari : peu importait qu'il s'agît d'un immeuble ou d'un meuble ; peu importait même qu'il s'agît d'une chose apportée en dot sans estimation ou avec estimation. Dans ce dernier cas, cependant, ce qui était dotal, c'était le montant de l'estimation, et non plus la chose elle-même : néanmoins la constitution décide expressément que celle-ci est grevée, au profit de la femme, de l'hypothèque privilégiée, car elle a été acquise par le mari *doti causâ*. Toutefois, pour que l'hypothèque frappe les objets apportées en dot, Justinien ajoute cette condition « *si tamen exstant.* » M. Gide traduit ces mots en disant que le droit de la femme ne s'exerce sur ces objets qu'autant qu'ils sont encore dans le patrimoine du mari, mais ne s'exerce point sur ceux qui ont été aliénés (1). Cette explication concorde bien avec sa théorie d'après laquelle notre loi 30 n'accorde point à la femme une vraie hypothèque, mais une simple prérogative qui ne s'exerce que contre les créanciers chirographaires ou hypothécaires du mari, et non contre les tiers détenteurs. Mais nous avons vu qu'en réalité il s'agit bien d'une véritable hypothèque et, dès lors, « il est impossible d'entendre les mots : *si tamen exstant,* en ce sens que l'hypothèque privilégiée n'a lieu qu'autant que les choses apportées en dot n'ont pas été aliénées par le mari, mais sont restées dans son patrimoine ; on ne voit pas pourquoi Justinien aurait traité la femme, dont il privilégiait l'hypothèque, moins bien que les simples créanciers hypothécaires, en lui refusant d'une manière absolue le droit de suite contre les tiers acquéreurs» (2). Il faut donc entendre ces mots comme indiquant simplement que les objets apportées en dot, pour être soumis à l'hypothèque privilégiée, doivent exister encore *in natura rerum* (3); quelles que soient les choses remises en dot au mari, immeubles, meubles ou même animaux, elles se trouveront grevés de l'hypothèque privilégiée, mais pourvu qu'elles existent encore au moment où la femme peut agir.

1. Gide, *Du caractère de la dot en droit romain*, p. 52.

2. Demangeat, *De la condition du fonds dotal en droit romain*, p. 91.

3. V. aussi, pour ce sens du mot *exstare* : Scœvola, Dig., 1. 24, t. III, loi 50.

Cette hypothèque privilégiée ne portait que sur les biens apportés en dot, mais aucune hypothèque légale n'était encore donnée à la femme sur les biens de son mari. Ce fut en 530, dans cette même constitution (1) où Justinien remplaça l'action *rei uxoriæ* par la nouvelle action *ex stipulatu,* qu'il conféra à la femme une hypothèque générale sur les biens du mari, en garantie de la restitution de sa dot (2). — L'année suivante (3), il attacha à cette hypothèque légale un privilége, qui lui donna le pas même sur les créanciers hypothécaires du mari antérieurs au mariage. Ce privilège, d'ailleurs, fut personnel à la femme, et ses héritiers n'eurent toujours qu'une hypothèque ordinaire.

Après avoir étudié les garanties hypothécaires qui furent accordées, sous Justinien, à la femme, en restitution de sa dot, nous devons rechercher si la femme pouvait valablement y renoncer. — Dès 529, en raison de l'hypothèque grevant les choses constituées en dot, le mari ne pouvait plus aliéner même un meuble dotal ou une chose apportée en dot avec estimation, sans qu'elle restât, entre les mains du tiers acquéreur, frappée de l'hypothèque de la femme. Mais celle-ci pouvait-elle renoncer, en faveur du tiers, à l'hypothèque établie pour sa sûreté ? En tant

1. Justinien, Code, l. 5, t. 13, loi unique.
2. *Ead. lege,* § 1.
3. Code, l. 8, t. 18, loi 12.

qu'elle portait sur les immeubles dotaux, nous avons vu à la section III (paragraphe I) que la femme pouvait certainement y renoncer ; et que ce fut même pour éviter qu'elle ne se dépouillât ainsi de son recours que Justinien, par la constitution de 530, décida que désormais elle ne consentirait pas plus valablement à l'aliénation de ses immeubles dotaux qu'à leur hypothèque. Dès lors, la constitution d'Anastase, reconnaissant aux femmes la faculté de renoncer à leurs hypothèques, ne s'appliqua plus qu'à l'hypothèque simple sur les biens propres du mari, et à l'hypothèque privilégiée sur les immeubles apportés en dot avec estimation. — Mais en tant que son hypothèque privilégiée portait sur les meubles dotaux, la femme pouvait-elle y renoncer ? Oui ; il faut décider qu'elle pouvait y renoncer également, par exemple en concourant à la vente qu'en faisait le mari. « *In fundo non æstimato... maneat jus (mulieris) intactum* », dit Justinien au § 15 de la Constitution de 530, après avoir consacré expressément cette constitution d'Anastase permettant à la femme de renoncer à ses droits d'hypothèque. Donc le seul bien qu'il voulût soustraire à cette faculté, c'était le *fundum non æstimatum*, mais la femme pouvait renoncer au contraire à son hypothèque sur les meubles dotaux, comme sur les immeubles estimés (1).

1. Demangeat, *De la condition du fonds dotal en droit romain*, p. 38.

§ 2. — *Action en revendication.*

Au lieu d'intenter l'action hypothécaire, la femme, à partir de la Constitution de 529, put, si elle le préférait, se faire restituer sa dot par voie de revendication, mais à la condition, nous allons le constater, que les choses dotales n'eussent point été valablement aliénées par le mari.

Nous savons déjà (section III, § 4) que c'est par la même constitution qui accorda à la femme une hypothèque privilégiée sur les *res dotales*, que Justinien lui accorda cette action en revendication (1). «... *Volumus itaque eam (mulierem) in rem actionem in hujusmodi rebus quasi propriis habere,... ut... per utramque viam, sive in rem, sive hypothecariam, ei plenissime consulatur.* » — Nous avons étudié en même temps par quelle suite d'idées Justinien, tout en laissant la propriété des choses dotales au mari, donna à la femme la revendication. Au premier abord il y a quelque chose de contradictoire entre le droit de revendication et le droit d'hypothèque ainsi conférés dans une même loi, puisque le premier semble impliquer que la femme est propriétaire, et le second qu'elle n'est que créancière. Mais c'est simplement que l'empereur, cherchant à expliquer cette hypothèque privilégiée, en donna ce motif d'équité que

____

1. Code, l. 5, t. 12, l. 30.

la femme gardait une propriété naturelle sur les biens constitués en dot, ce qui l'amena à attacher à cette propriété naturelle, comme conséquence pratique, un droit de revendication.

Mais ce n'était là qu'une fiction ; cette même constitution semble bien reconnaître que les lois, par une distinction subtile il est vrai, mais consacrée, attribuent au mari la propriété civile de ces mêmes biens, — et c'est ce qui fait qu'il est impossible d'admettre que Justinien ait entendu étendre le droit de revendication, comme le droit d'hypothèque lui-même, à toutes les *res dotales*, même aux meubles dotaux aliénés par le mari et aux choses estimées.

D'abord en ce qui concerne les meubles dotaux, la revendication de la femme ne dut point s'y appliquer, une fois qu'ils avaient été aliénés par le mari. Sans doute, s'ils se retrouvaient encore en nature entre ses mains à la dissolution du mariage, la femme pouvait les revendiquer, et alors elle avait cet avantage à exercer la revendication plutôt que l'action hypothécaire, qu'elle recouvrait ses meubles en nature au lieu d'une somme d'argent. Mais, s'ils avaient été aliénés par le mari, comme d'une part celui-ci était toujours, dans la subtilité des lois, propriétaire, et que d'autre part la prohibition d'aliéner ne s'appliquait toujours qu'aux immeubles, cette aliénation était parfaitement valable et la femme ne devait pas pouvoir revendiquer. Outre l'argument cité plus haut, nous pouvons remarquer en ce sens que la loi 30, *De jure dotium*, qui accordait à la femme le droit de revendication, précéda d'une année la constitution qui modifia, comme nous l'avons vu, les dispositions de la loi Julia (1) : or nous savons que celle-ci, conforme en ce point à la législation classique, reconnaît encore au mari, dans son paragraphe 15, le droit d'aliéner seul et les meubles dotaux et les biens quelconques qui ont fait l'objet d'une estimation, puisque ce texte parle à deux reprises, et pour bien spécifier que c'est là seulement l'objet de l'inaliénabilité absolue qu'il crée, du « fonds non estimé »..... « *Necessarium est mulieribus subvenire,* dit d'abord ce paragraphe 15, *hoc addito ut fundum dotalem..... non maritus possit alienare;* » et un peu plus loin, il ajoute : « *In fundo non æstimato maneat jus (mulieris) intactum, ex lege quidem Julia imperfectum, ex nostrâ autem auctoritate plenum.....* » Donc les modifications et aggravations que la Constitution de 530 apporte à la loi Julia, elle ne les apporte, Justinien le déclare formellement, qu'à l'égard du « *fundum non æstimatum,* » ce qui revient à dire que pour les autres biens, meubles et objets quelconques estimés, les droits antérieurs du mari demeurent intacts, notamment le droit d'aliéner. En résumé, puisque, un an après

____

1. Code, l. 5, t. 13, loi unique.

avoir accordé à la femme le droit de revendication, Justinien reconnaît ainsi, au moins implicitement, la validité de l'aliénation des meubles dotaux par le mari, c'est que cette revendication antérieurement accordée ne s'exerce jamais sur les meubles dotaux aliénés. Le tiers acquéreur d'un meuble dotal ne pouvait donc, même après la constitution de 529, être tenu envers la femme que de l'action hypothécaire, et encore à condition que la femme n'eût pas concouru à l'aliénation, sans quoi nous avons vu au paragraphe précédent que son concours aurait valu renonciation à son hypothèque. Ce tiers avait donc toujours le droit de garder le meuble acquis, en payant sa valeur.

De même pour les immeubles dotaux, quoique la constitution de 529 (1) semble leur étendre la revendication avec la même rigueur que l'action hypothécaire, il était impossible qu'ils fussent revendiqués par la femme à la dissolution du mariage, s'ils étaient sortis du patrimoine du mari et devenus la légitime propriété d'un tiers, — tandis que même entre les mains de ce tiers ils restaient exposés à l'action hypothécaire. Il en était ainsi, par exemple, même après la constitution de 530 qui établissait l'inaliénabilité absolue de l'immeuble dotal, au cas où cet immeuble avait cependant été aliéné *ex causâ neces-*

1. Code, l. 5, t. 12, loi 30.

sariâ : nous avons vu à la section précédente qu'il y avait, même sous Justinien, exception à l'inaliénabilité pour les aliénations ayant une cause néces·cessaire ; dès lors, l'aliénation étant valable, l'acquéreur n'avait pas à craindre la revendication de la femme.

Enfin, nous avons dit que là revendication accordée par Justinien à la femme ne devait point s'appliquer aux choses dotales estimées, quelles qu'elles fussent, et même si elles étaient encore en nature dans le patrimoine du mari au moment de la dissolution du mariage. En effet, les autres biens devaient être restitués en nature, et par conséquent, il n'y avait rien d'étonnant à ce que Justinien donnât à la femme non seulement l'avantage d'être payée sur le prix de ces biens par préférence à tous les autres créanciers du mari, mais aussi le droit de les reprendre en nature s'ils se trouvaient encore dans son patrimoine. Au contraire, s'il s'agissait de choses dotales estimées, la femme n'était plus que créancière de leur prix d'estimation, et par conséquent si, à la dissolution du mariage, les héritiers ou les créanciers du mari lui offraient ce prix, elle n'avait plus rien à dire.

En résumé, le droit de revendication établi par cette constitution de 529 se réduisait, d'après les principes mêmes admis dans la législation de Justinien, aux meubles dotaux non estimés qui n'avaient point été aliénés par le mari, et aux immeubles dotaux non estimés, qu'ils eussent été aliénés ou non, à moins que ce ne fût en vertu d'une cause nécessaire.

L'étude de ces sanctions de l'inaliénabilité nous a permis de constater que les réformes de Justinien, les protections multipliées par lui au profit de la femme, n'étaient pourtant toujours que des garanties attachées à une créance, mais qu'en droit la propriété des biens dotaux restait encore au mari. Ce fut seulement dans la jurisprudence de nos pays de droit écrit que l'évolution s'acheva, et que la femme devint propriétaire de la dot comme elle l'est aujourd'hui.

ANCIEN DROIT

Le principe d'inaliénabilité pénétra, avec le régime dotal, dans les provinces romaines des Gaules. Mais le droit romain en vigueur dans ces provinces était celui du Code Théodosien, c'est-à-dire qu'on y admettait la loi *Julia* telle qu'elle avait été faite par Auguste : le mari pouvait aliéner la dot de sa femme avec son consentement, mais ne pouvait pas l'hypothéquer même avec ce consentement.

L'invasion des barbares, au Ve siècle, vint arracher les Gaules à l'empire d'Occident et diviser le territoire en deux grandes fractions, soumises à deux régimes distincts. La population gallo-romaine, en effet, était beaucoup plus nombreuse dans le midi et le royaume de Bourgogne, que dans les autres parties des Gaules. C'est là que le droit romain resta la loi dominante, et ces contrées furent appelées pays de droit écrit, par opposition aux autres provinces, où la loi romaine s'effaça devant les coutumes locales, et qu'on appela pays de droit coutumier.

Dans les pays de droit écrit, le droit romain ne fut donc point proscrit ; il ne le fut d'ailleurs nulle part, car les barbares, admettant le principe de la personnalité des lois, laissaient chaque peuple vivre sous sa loi d'origine, en sorte que le droit romain continua à être le droit des Gallo-Romains et du clergé ; seulement, comme c'était surtout dans les provinces du midi que les Gallo-Romains étaient en grand nombre, c'était là aussi que le droit romain était resté la loi dominante. Mais, même après l'invasion, la législation en général et le régime dotal en particulier n'y furent longtemps que le système antérieur à Justinien, car les Gaules, détachées de l'empire romain, étaient désormais étrangères aux constitutions émanées des empereurs de Constantinople. Le Bréviaire d'Alaric, que ce roi fit composer en 506 pour les sujets romains des provinces wisigothes, n'était qu'une compilation du Code Théodosien et des Novelles, suite et complément de ce Code, avec quelques fragments des jurisconsultes de l'époque classique. C'est ainsi que, jusqu'au XIIe siècle, le régime dotal resta sous l'empire des principes de la loi Julia.

Cependant les réformes de Justinien se firent peu à peu connaître : on les invoquait souvent dans les conciles ; et, dès le milieu du onzième siècle, le *Petri exceptiones*, (1), composé dans la province de Valence,

---

1. De Savigny, *Histoire du droit romain au moyen âge*, t. 2, p. 91.

s'inspire de la Novelle 61 «... *Sin autem sit immobilis (dos) inœstimata, non potest eam alienare maritus sine consensu uscoris. Nec sufficit solus consensus : sed opus est ut post biennium alienationem uxor confirmet, et de aliis rebus màriti recompensationem habeat...*» Au. XIIe siècle, avec l'école des glossateurs, la législation de Justinien devint prépondérante, et,avec elle,le principe d'inaliénabilité absolue de la dot immobilière. Toutefois,les conséquences de la législation romaine furent amoindries, en ce sens que deux influences contribuèrent à faire admettre des tempéraments à l'inaliénabilité du fonds dotal : ce furent l'influence de la Novelle 61 et du droit canonique.

1° L'esprit de la Novelle 61 conduisit plusieurs coutumes à reconnaître valables,quoique consenties par le mari seul, non seulement les aliénations nécessaires, mais même celles qui paraissaient faites « dans l'intérêt de la femme », ou qui ne lui causaient « aucun préjudice. »

La Coutume d'Auvergne, pays compris dans le ressort du parlement de Paris, permettait ainsi la vente des biens dotaux, lorsqu'elle ne préjudiciait pas aux intérêts de la femme. L'art. 3 du titre 14 disait : « Le mari et la femme, conjointement ou séparément, ne peuvent vendre, aliéner, ni autrement disposer des biens dotaux de la femme au préjudice d'icelle, et sont telles aliénations nulles et de nul effet » ; et l'art. 4 du même titre ajoutait :

« Mais quand ladite femme est dûment récompensée de fonds ou chevances certains, en ce cas est au choix de ladite femme mariée ou ses descendants, dedans an et jour après le trépas de son dit mari, recouvrer et soi tenir à la chose dotale, ou à ladite récompense... » (1).

De même, la Coutume de la Marche (art. 299 et 300) exprimait formellement la pensée qu'elle n'entendait prohiber que les aliénations préjudiciables à la femme.

A Bordeaux, le seul des pays de droit écrit qui eût adopté en partie les principes de la Novelle 61, la femme (art. 53) pouvait consentir à l'aliénation de sa dot et renoncer à son hypothèque légale, si le mari, au moment de la restitution de sa dot, « avait d'autres biens suffisants », c'est-à-dire s'il était suffisamment solvable pour que cette restitution fût assurée.

2° Le droit canonique, de son côté, sans déclarer formellement l'abolition de la règle de l'inaliénabilité des biens dotaux, chercha à la restreindre. Par une décrétale d'Eugène III, l'authentique *sacramenta*, *C. si adversus vendit*, sur le serment, il fut déclaré que l'aliénation du bien dotal serait valable si elle était confirmée par serment. Les jurisconsultes canoniques appuyaient cette décision sur la foi que

____

1. Roussilhe, *Traité de la dot*, p. 282, 283.

l'on doit au serment, et sur ce qu'il y aurait parjure de la part de celui qui ferait rescinder l'aliénation. Ils s'appuyaient aussi sur ce que les femmes, à la différence du droit romain, étaient libres et n'étaient plus en tutelle. — Les jurisconsultes laïques et les parlement résistèrent vivement, répondant que le serment ne pouvait confirmer un acte nul ; et un arrêt de 1290 défendit aux notaires royaux d'insérer le serment dans les contrats. Cette décision du droit canonique finit par ne plus être admise dans la plus grande partie de la France ; mais elle resta en vigueur à Toulouse, et Despeisses range parmi les cas où l'aliénation de la dot est valable, celui où « prestant consentement à de telles aliénations faites par le mary, pendant son mariage, la femme eust juré de ne venir point à l'encontre. »

Mais l'exception la plus notable, certainement, qui ait été apportée au principe d'inaliénabilité dans les pays de droit écrit, résulte de l'édit célèbre du 16 avril 1664, rendus pour les provinces de Lyonnais, Mâconnais, Forez et Beaujolais, qui déclare que la loi *Julia* n'y aura aucune autorité, et reconnaît bonnes et valables les obligations des femmes, tant pour les biens dotaux que pour les paraphernaux (1). Dans ces quatre provinces, l'usage s'était introduit de permettre à la femme de

---

1. Roussilhe, *Traité de la dot*, p. 285.

renoncer au bénéfice du sénatus-consulte Velléien,
moyennant quoi elle devenait libre de s'obliger et
d'engager ses biens dotaux. Henri IV, par édit de
1606, abolit le sénatus-consulte Velléien dans tout
le royaume, pour mettre fin aux nombreux procès
que soulevait l'interprétation des clauses de renonciation. Dès lors s'éleva une grande controverse
pour savoir si l'inaliénabilité de la dot existait encore, si la femme pouvait engager sa dot. Le Parlement de Paris, par arrêts du 18 mai 1657 et 13 juillet 1658, se prononça en faveur de l'inaliénabilité.
Il y eut de nombreuses protestations contre cet arrêt, et des actes de notoriété furent même délivrés
par les officiers des sièges de Lyon, Montbrison,
Villefranche et Mâcon, attestant que cette inaliénabilité était contraire aux usages locaux ; — et c'est
alors que Louis XIV, le 16 octobre 1664, rendit son
édit où il déclara, pour les quatre provinces citées
plus haut, préférer « ces usages, comme étant plus
accommodants à la société civile et plus favorables
aux affaires de famille, et même nécessaires au
grand commerce qui fleurit en notre ville de Lyon
et pays circonvoisins, à cause de l'avantage de sa
situation. » — Cette déclaration, d'ailleurs, ne parlait que de l'obligation de la femme et non de son
fonds dotal ; cependant, les arrêts qui intervinrent
par la suite pour ces provinces, y déclarèrent bonnes

les ventes du fonds dotal, parce que la loi Julia y avait été abrogée (1).

La Coutume de Normandie, elle aussi, avait cherché à concilier les exigences du régime dotal, avec le principe de la liberté des biens. Mais son système de régime dotal était tout différent du régime de Justinien : la dot, en réalité, n'y était point inaliénable ; seulement le mari ne pouvait l'aliéner sans le consentement de la femme. L'art. 538 de la coutume proclamait la validité de l'aliénation des immeubles dotaux, quand elle avait lieu du consentement du mari et de la femme. Remarquons toutefois que la femme, même consentant à l'aliénation, avait une action en remploi contre son mari, et que si les biens de celui-ci étaient insuffisants, au moment où l'action en restitution de la dot s'ouvrait à son profit, elle pouvait rentrer dans le bien aliéné sans même avoir à restituer le prix. Ce qui était donc inaliénable, à proprement parler, c'était la valeur représentative de l'immeuble ; — de telle sorte que si la succession du mari était insolvable, ou l'hypothèque insuffisante pour indemniser la femme, les tiers détenteurs étaient obligés de lui payer eux-mêmes l'estimation qui devait lui revenir, faute de quoi ils étaient dépossédés par elle. Seulement ce n'était plus une action directe et principale, comme

1. Bretonnier sur Henrys, liv. IV, chap. III. quest. 8.

dans le droit de Justinien : la femme n'avait contre les tiers détenteurs qu'une action subsidiaire. — Ces règles expliquent le mot de Basnage : « Bien de femme ne doit pas se perdre. »

Si nous résumons ce que nous avons dit jusqu'ici, nous voyons qu'à part la Normandie, dont le régime dotal était une institution de la coutume et non une émanation du droit romain, l'Auvergne et la Marche, parmi les pays de coutumes, suivaient le régime dotal consacré par la loi romaine, avec cette exception que l'aliénation des immeubles y était reconnue valable pourvu qu'elle ne préjudiciât point à la femme. — Parmi les pays de droit écrit, la Coutume de Bordeaux, s'inspirant aussi des principes de la Novelle 61, permettait à la femme de consentir à l'aliénation de sa dot et de renoncer à son hypothèque légale, si le mari était solvable au moment de la restitution. — Mais, dans tous les autres pays de droit écrit, l'inaliénabilité absolue des immeubles dotaux était la règle générale, et on n'y admettait d'autres exceptions que celles qui étaient admises en droit romain, sauf dans les provinces de Lyonnais, Mâconnais, Forez et Beaujolais, où, par argument de l'édit de 1664, on avait fini par considérer l'inaliénabilité comme complètement supprimée.

Au contraire, à l'égard de la dot mobilière, la jurisprudence des parlements était loin d'être aussi uniforme. Nous y rencontrons d'assez grandes variations. Tandis que le droit romain reconnaissait d'une façon générale l'aliénabilité de la dot mobilière entre les mains du mari, une certaine tendance, désormais, se manifestait dans quelques ressorts, vers l'inaliénabilité. A cet égard, il y a lieu de distinguer entre les sommes d'argent et autres choses fongibles, — les meubles dotaux corporels non fongibles. — et les meubles dotaux incorporels. Le droit de disposition du mari sur les sommes d'argent et autres meubles dotaux corporels fongibles, ne lui était refusé par aucun Parlement : ce droit était, en effet, considéré comme une conséquence nécessaire de son usufruit sur les biens dotaux. C'était seulement à propos des meubles dotaux corporels non fongibles et des meubles dotaux incorporels qu'il existait des divergences.

D'abord dans le ressort du parlement de Paris, qui comprenait à la fois des pays de droit écrit et des pays de coutume, on jugeait que les meubles devaient, comme les immeubles dotaux, être mis en dehors du mouvement ordinaire des biens, et que les obligations du mari, même celles contractées conjointement avec la femme pendant le mariage, ne pouvaient s'exécuter, même après le mariage, sur la dot mobilière. La jurisprudence du Parlement de Paris était donc fixée dans le sens de l'inaliénabilité même de la dot mobilière, sauf exception pour les provinces du Lyonnais, Beaujolais, Forez et Mâconnais, qui étaient régies par l'édit spécial du 16 avril 1664.

Et ce n'était pas seulement dans les pays de droit écrit dépendant du ressort du Parlement de Paris, que l'inaliénabilité de la dot s'étendait même aux biens mobiliers. Quelques pays de coutume, compris aussi dans sa circonscription, séduits par l'utilité de ce principe, le leur empruntèrent. Ainsi nous avons vu que la Coutume d'Auvergne (tit. 14, art. 3) prohibait d'une façon générale l'aliénation des biens dotaux de l'épouse. On en avait conclu que ce texte devait s'appliquer tant aux meubles qu'aux immeubles (1), et plusieurs arrêts décidèrent que la règle de l'inaliénabilité, tempérée par l'application des principes de la Novelle 61, devant être observée à l'égard de tous les biens meubles ou immeubles.

Remarquons, toutefois, que, dans le ressort du Parlement de Paris, les créances dotales étaient néanmoins prescriptibles pendant le mariage, et les débiteurs étaient libérés définitivement par cette prescription, quoique le mari se trouvât insolvable à l'époque de la restitution de la dot. Ce n'est que dans le ressort de la Coutume d'Auvergne que la libération résultant de la prescription des créances dotales était subordonnée à la solvabilité du mari, à l'époque de la restitution (2).

1. Brodeau sur Louët, lettre D, somm. 12, no 6.
2. Tessier, *Questions sur la dot*, no 95.

Dans le ressort du Parlement de Toulouse, situé
cependant au centre d'une des provinces les plus
attachées à la dotalité, on n'avait point étendu aux
meubles le privilège de l'inaliénabilité ; et le Parlement reconnaissait au mari le droit de disposer à
son gré de la dot mobilière, sans distinction entre
les meubles fongibles et les meubles non fongibles.
Despeisses (1), il est vrai, se prononce formellement
pour l'inaliénabilité au moins des meubles dotaux
non fongibles ; il veut que la femme fasse révoquer
l'aliénation de ces meubles, faite par le mari. Mais
son opinion est isolée ; il se trouve en contradiction
avec une jurisprudence constante, et la doctrine de
la plupart des auteurs. Son propre annotateur s'exprime ainsi (2) : « Lorsque l'aliénation des meubles
apportés en dot par la femme a été faite par le
mari, ni elle ni ses héritiers ne peuvent révoquer
cette aliénation, quoiqu'il s'agisse de meubles meu-
blants et non estimés, et parce que le mari n'est
point simple dépositaire de ces meubles, qu'il en
est comme maître et propriétaire, et que la prohibition de la loi Julia ne s'étend point sur le mobilier
apporté en dot par la femme..... Il en faut dire de
même d'une action et créance mobilière qui appartient à la femme, et qui est dotale ; le mari peut la
céder ou en recevoir le remboursement...... » Et

1. Despeisses, t. 1, p. 508.
2. Despeisses, t. 1, p. 493, n° 34.

Serres (1) reproduit la même opinion : « Puisqu'il n'y a que l'aliénation du fonds dotal qui soit défendue par la loi, il s'ensuit que le mari est le maître absolu des sommes, actions, obligations, ou hypothèques dotales, et qu'il peut les aliéner comme il trouve à propos. » Il est donc permis de tenir pour certain que, dans le ressort du Parlement de Toulouse, la dot mobilière sans distinction était aliénable entre les mains du mari.

Toutefois, il faut signaler, ici, une différence qui existait entre les meubles corporels et les meubles incorporels, relativement au droit de saisie. La femme pouvait demander l'annulation de la saisie des meubles corporels opérée pour les dettes du mari, — tandis que les meubles incorporels, tels que les créances, pouvaient être saisis par les créanciers du mari (2). Cette différence entre les deux espèces de meubles s'explique, disent les anciens auteurs, par la diversité de leur nature. Les meubles corporels restent la propriété de la femme, tandis que les autres ont pour objet un capital dont le mari a le droit de se faire payer, dont il devient propriétaire, et dont il est maître de faire ce qu'il veut après l'avoir touché (3).

En Provence, la dot mobilière était-elle aliénable

____

1. Serres, Inst., p. 103.
2. Roussilhe, *De la dot*, t. 1, n° 254.
3. Serres, *Inst.*, p. 193.

pour le mari, comme dans le ressort du Parlement
de Toulouse, ou inaliénable, comme dans le ressort
du Parlement de Paris? Nous trouvons, ici, des témoignages contradictoires. En faveur de l'aliénabilité, nous avons d'abord le témoignage de Boniface,
auteur Provençal, qui cite un arrêt du Parlement de
Provence du 18 décembre 1670, aux termes duquel :
« le mari a pu transiger les droits de la femme descendants des comptes tutélaires rendus par ses tuteurs» (1). Il s'agissait d'une femme qui s'était constitué en dot tous ses biens, et l'arrêt décide que le
mari avait pu valablement transiger des droits de
la femme, quoiqu'elle fût mineure lors de la transaction, et qu'il fût même question d'un compte tu-
télaire. Roussilhe aussi se prononce nettement pour
l'aliénabilité de la dot mobilière. Il décide que les
créanciers du mari peuvent saisir, entre les mains
de celui-ci, les créances de la femme (2), et que,
d'autre part, le mari peut traiter valablement de
ces créances (3).— En revanche, M. Tessier (4) invoque, pour soutenir l'inaliénabilité de la dot mobilière entre les mains du mari, le droit qu'avait la
femme, au décès de celui-ci, de reprendre entre les
mains des tiers détenteurs les rentes dotales trans-

---

1. L. 5, t. 5, chap. 1, (t. 4, p. 282).
2. Roussilhe, *Traité de la dot*, p. 174, n⁰ 233.
3. Roussilhe, *Traité de la dot*, p. 178, n⁰ 238.
4. Tessier, *Questions sur la dot*, p. 113.

portées par lui, si elles n'avaient pas été éteintes
par le remboursement du capital. Mais l'argument
n'est pas concluant, car le Parlement d'Aix, à la
différence du Parlement de Bordeaux, rangeait les
rentes constituées parmi lesimmeubles (1). On peut
donc admettre que, dans le ressort du Parlement
d'Aix, la dot mobilière était aliénable entre les
mains du mari, comme dans le ressort du Parlement de Toulouse.

Le Parlement de Grenoble était un de ceux qui
se montraient le plus favorables au principe de la
liberté des biens. D'après la jurisprudence de ce
Parlement, les créances dotales, et, plus généralement, toutes les actions ayant pour objet un capital mobilier, étaient de libre disposition entre les
mains du mari. En conséquence, la prescription
courait au profit des débiteurs, sans recours possible de la femme à la dissolution du mariage, même
en cas d'insolvabilité du mari (2). Plusieurs arrêts
émanés de ce Parlement décident que la dot mobilière est aliénable, sans distinction, entre les mains
du mari (3).

Quant au Parlement de Bordeaux, il faisait une
distinction entre les meubles dotaux fongibles et
non fongibles. Nous avons vu plus haut que la

1. Julien, *Statuts de Provence*, t. 2, p. 557.
2. Chorier sur Guy Pape, sect. II, art. 224, note A.
3. Duport-Lavillette, *Questions de droit*, t. II, p. 518.

femme, dans le ressort de ce Parlement, pouvait consentir à l'aliénation de sa dot, pourvu que le mari fût suffisamment solvable au moment de sa restitution. Ceci revient à dire que les meubles, comme les immeubles dotaux, pouvaient être valablement aliénés, si la femme donnait son consentement à l'aliénation, pourvu qu'elle trouvât, dans les biens de son mari, une récompense suffisante. — Mais, en dehors de ces deux conditions, le mari ne pouvait aliéner, parmi les meubles dotaux, que les meubles fongibles ou les meubles estimés : les 'meubles corporels non fongibles et les choses dotales incorporelles étaient, au contraire, inaliénables (1). Ainsi la dot constituée en créances n'était jamais sujette aux dettes du mari, et les créanciers ne pouvaient saisir les capitaux des sommes dotales, pour quelque cause que ce fût.

En somme, des cinq cours souveraines qui réunissaient sous leur juridiction les pays attachés au régime dotal, trois, celles de Toulouse, Aix et Grenoble, donnaient au mari la pleine disposition des meubles dotaux; le Parlement de Bordeaux n'admettait en principe que l'aliénation des meubles fongibles : pour les autres, il n'admettait leur aliénabilité que sous certaines conditions; enfin, quant aux pays compris dans le ressort du Parlement de

---

1. Automne, cout. de Bordeaux, art. 53, n. 50.

Paris, il y en avait quatre, le Lyonnais, le Mâconnais, le Forez et le Beaujolais, où la loi Julia n'était pas observée : en Auvergne, au contraire, la règle était l'inaliénabilité de la dot mobilière aussi bien que de la dot immobilière, mais tempérée, comme à Bordeaux, par l'application des principes de la Novelle 61.

Nous venons de voir quels étaient les dissentiments des divers parlements, quant aux pouvoirs du mari sur la dot mobilière. Au contraire, à l'égard de la femme, ils décidaient d'une manière uniforme qu'elle ne pouvait aliéner sa dot directement ou indirectement, hors certains cas de devoir et de nécessité où l'intervention de la justice était même nécessaire. Julien, pour la Provence, exprime en ce sens « que la femme ne peut, pendant le mariage, aliéner ni engager sa dot, soit que la dot consiste en argent, en meubles ou en immeubles » (1). En conséquence, les obligations que la femme contractait avec son mari n'affectaient point sa dot, même après le décès de celui-ci. Il en était de même, et à plus forte raison, pour la femme séparée de biens et pour les obligations postérieures à la séparation (2). En vertu d'un principe nouveau, qui n'avait d'ailleurs rien de commun avec le principe de l'inaliénabilité dotale, et qui ne dérivait que de l'incapacité personnelle de la

1. Julien, *Elément de jurisprudence*, p. 57, n° 28.
2. Tessier, *Question sur la dot*, n° 99.

femme, la dot mobilière, disponible entre les mains du mari, devenait indisponible entre les mains de la femme séparée de biens.Et c'était à tel point que le Parlement de Toulouse, lorsque la dot consistait en une somme d'argent, ne permettait à la femme séparée de biens de la toucher qu'à la charge d'un placement ou d'un bail à caution. (1)

Tels étaient, dans l'ancien droit, les principes admis relativement à l'inaliénabilité de la dot.

1. Vedel sur Catelan, liv. IV, chap. 45.

DE L'INALIÉNABILITÉ DES IMMEUBLES DOTAUX

SOUS LE RÉGIME DOTAL

CHAPITRE Ier

PRINCIPE DE L'INALIÉNABILITÉ DE LA DOT

SECTION I. — Justification de l'inaliénabilité.

C'est l'inaliénabilité de la dot qui constitue le caractère le plus saillant, le principe dominant du régime dotal : on peut dire qu'elle en est l'âme. Ce n'est pas qu'elle en soit une condition essentielle : le régime dotal peut être modifié par une cause d'aliénabilité, de même que l'inaliénabilité peut, sous certaines réserves, être stipulée sous un autre régime. Mais il n'en est pas moins vrai que, d'ordinaire, c'est en vue de l'inaliénabilité que les parties adoptent le régime dotal. Si donc, en droit théorique, on

peut concevoir un régime dotal où tous les biens seraient déclarés aliénables, il est permis de dire qu'en
raison un pareil régime n'aurait plus rien de dotal,
puisque c'est dans l'inaliénabilité que le régime dotal trouve son utilité.

Voyons donc si cette inaliénabilité est justifiable,
si, dans les circonstances et eu égard aux besoins
auxquels répond l'adoption du régime dotal, elle
constitue une mesure juste et sagement protectrice,
ou si au contraire ses inconvénients sont tels qu'il
faille, à tout prix, rejeter de la loi cette institution,
comme incompatible avec l'essence du mariage et les
principes de l'économie politique.

M. Troplong, dans la préface de son traité du
Contrat de mariage (1) se prononce nettement dans
ce dernier sens. Il fait le procès de l'inaliénabilité
des biens dotaux, et lui reproche de rompre l'unité
dans le ménage, d'entraver incessamment la gestion
des époux, et enfin de sacrifier la bonne foi à l'esprit de conservation. Nous allons voir si ces divers
reproches sont fondés.

D'abord est-il juste de dire que le régime dotal
« provoque aux plus grands manquements de la foi
promise et sacrifie la morale à l'esprit de conservation ? » Il nous semble que non : l'inaliénabilité a, sans
doute, pour effet de soustraire certains biens à l'ac-

____

1. Troplong, *Du contrat de mariage*, préface, p. 151-168.

tion des tiers ; mais que faudrait-il pour que la bonne
foi fût surprise ? Il faudrait que ces tiers, après avoir
traité avec les époux dans l'espérance d'une garantie
portant sur tous leurs biens, se voient ensuite privés
de cette garantie par l'exhibition d'un contrat de mariage établissant le régime dotal et l'inaliénabilité de
certains biens. Il y aurait là une fraude.—Mais cette
fraude, il faut le reconnaître, est impossible. L'art.
1543 défend de constituer ni d'augmenter la dot
pendant le mariage : les tiers vont donc se trouver
en présence d'un contrat de mariage établissant définitivement la liste des biens dotaux et inaliénables,
c'est-à-dire des biens sur lesquels ils ne peuvent pas
compter. Et s'ils ne se doutent pas de cette inaliénabilité parce qu'ils n'ont pas connu ce contrat de
mariage, c'est qu'ils se sont rendus coupables d'une
impéritie impardonnable, surtout depuis la loi du
10 juillet 1850 qui prescrit à l'officier d'état civil,
(art. 75 et 76 du Code) d'interpeller, au moment de
la célébration du mariage, soit les époux, soit les
personnes qui les assistent, d'avoir à déclarer s'il a
été fait un contrat de mariage, et, dans le cas de l'affirmative, la date de ce contrat ainsi que les noms
et lieu de résidence du notaire qui l'aura reçu, et
d'insérer les réponses dans l'acte de mariage. Et si,
par hasard, les époux, décidés à cacher aux tiers l'i-
naliénabilité de certains de leurs biens, ont déclaré
s'être mariés sans contrat, cette même loi (art. 1391

du Code) les punit en déclarant la femme réputée capable de contracter dans les termes du droit commun, ce qui revient à dire qu'elle ne pourra justement plus opposer la dotalité et invoquer cette inaliénabilité dont elle comptait se servir pour tromper ses créanciers. Où donc peut-on trouver matière à tromperie ? Où sont les manquements à la foi promise ? « Les époux, objecte M. Troplong, ont contracté des dettes, soit pour se livrer à une vie plus agréable et plus facile, soit pour pourvoir plus largement à une meilleure éducation des enfants : la femme ne jouit-elle pas de ces douceurs ou de ces avantages ? pourquoi donc ne les paierait-elle pas (1) ? » Mais qui parle de soustraire la femme aux obligations contractées ? Il est, au contraire, certain que, si les obligations de la femme dotale sont inexécutables sur les biens dotaux, elles sont valables en elles-mêmes (2). Seulement il y a des biens qui sont mis de côté en raison de leur destination spéciale, et qui, affectés à l'entretien des enfants, de la famille, sont soustraits à l'action des tiers. Ceux-ci peuvent-ils s'en plaindre ? Mais pourraient-ils se plaindre s'ils avaient traité avec une femme qui n'aurait que 50.000 fr. de biens en disant : « nous aimerions mieux qu'elle en ait 100.000 » ? Ce serait

---

1. Troplong, *Du contrat de mariage*, préface, p. 155.
2. Guillouard, *De l'inaliénabilité des biens dotaux;—Traité du contrat de mariage*, n° 1842.

dérisoire. Or la femme qui a des immeubles valant 100.000 fr. et qui s'en constitue en dot pour une valeur de 50.000, se trouve, vis-à-vis des tiers n'être plus riche que de 50.000 fr. Ils ne pourraient se dire lésés que si, en contractant, ils avaient pu compter sur les 100.000 fr. d'immeubles, mais nous avons vu que la loi de 1850 a rendu toute erreur de ce genre impossible. Donc il n'y a pas manquement à la foi promise.

M. Troplong reproche aussi à l'inaliénabilité dotale de constituer, pour le chef de famille, une entrave qui enraye le cours des transactions les plus désirables. Sans doute cette inaliénabilité est une gêne, mais il s'agit justement de savoir si ce n'est pas une gêne nécessaire et bienfaisante. Remarquons que la loi elle-même a adouci cette entrave par des exceptions qui permettent aux époux mariés sous le régime dotal d'aliéner les immeubles dotaux dans les cas répondant aux obligations que la loi naturelle fait d'ordinaire peser sur eux. Remarquons d'autre part que le régime dotal n'est point le régime de droit commun, qu'il a dû être expressément adopté par les parties, et que si la femme ou les parents de la femme ont ainsi songé à la dotalité, c'est fort souvent, disons même, aujourd'hui, presque toujours, parce que le caractère du mari ou ses antécédents faisaient craindre qu'il ne dissipât le patrimoine commun, et qu'on voulait mettre à sa légèreté le frein de l'inaliénabilité. Dans cette situation, lorsqu'on se demande s'il vaut mieux maintenir tels quels dans le patrimoine ces biens dotaux dont les revenus assureront à la famille la même aisance dont elle a toujours joui, ou permettre au mari de les convertir en valeurs de spéculation avec lesquelles il risquera de grossir la fortune mais plus encore de la dissiper, je crois que la réponse n'est guère douteuse et qu'on peut dire : oui l'inaliénabilité de la dot est une entrave, mais une entrave nécessaire, qui répond précisément aux besoins particuliers qui ont provoqué l'adoption du régime dotal.

Passons au grief que nous avons signalé en premier lieu, et qui est peut-être le plus important : « l'inaliénabilité contrarie l'essence même du mariage, en rompant l'unité qui devrait en être la règle ; la femme n'est plus exposée à perdre sa fortune personnelle, mais, pour arriver à ce résultat, il faut l'isoler des vicissitudes de la vie conjugale ; il faut briser le *consortium omnis vitæ* ; il faut la rendre indifférente aux revers et aux prospérités du mariage (1). » Ce reproche est beaucoup plus fondé ; il est illogique en effet que la communauté des personnes n'entraîne point la communauté des profits du mariage, et que la femme, après avoir travaillé,

____

1. Troplong, *Traité du contrat de mariage*, préface, p. 154.

économisé avec son mari, doive se contenter, à la
dissolution du mariage, de retirer son pécule dotal,
sorte de dépôt qui doit la consoler du reste. Mais, si
le reproche est fondé, je crois faux l'objet auquel il
s'adresse. M. Troplong s'en prend à l'inaliénabilité;
mais l'inaliénabilité des biens dotaux de la femme
n'implique nullement l'attribution exclusive des bé-
néfices au mari. Cela est si vrai que le régime dotal
peut très bien se combiner avec la société d'acquêts,
(art. 1581), et cependant les règles de l'inaliénabilité
subsistent intégralement. — A ce reproche fait au
régime dotal, de trop séparer les intérêts des époux,
on peut d'ailleurs répondre par un reproche inverse
fait au régime de la communauté. Ici au contraire
l'union des intérêts est trop complète, et la confusion des dettes contractées par les époux avant leur
mariage, le partage de l'émolument des successions
et des donations mobilières qui leur sont échues
au cours même de la communauté, ne sont nullement une suite naturelle du mariage, mais bien plutôt une application outrée du principe d'unité qui,
aux yeux de M. Troplong, réalise l'idéal du mariage.
Ainsi donc ce n'est pas la communauté, mais la société d'acquêts qui est conforme au droit naturel. Un
jurisconsulte coutumier, Loyseau, en convenait. « A
bien entendre, disait-il, la communauté d'entre mari
et femme ne devrait comprendre, outre son premier
fonds qui sont les meubles qu'y apportent les con-

joints lors de leur mariage, que leur collaboration, c'est-à-dire ce qu'ils acquièrent par leur labeur et industrie. » Or la société d'acquêts n'est nullement incompatible avec le régime dotal : elle s'y incorpore sans y apporter la moindre perturbation, et quand elle s'y réunit, ce n'est même pas pour le dominer, mais pour en faire disparaître le seul vice dont on soit véritablement frappé (1).

De ces diverses observations, nous pouvons conclure que l'inaliénabilité dotale ne doit faire partie que d'un régime d'exception, et qu'il ne conviendrait nullement, sans doute, d'en faire le régime de droit commun des apports de la femme dans le mariage, mais que, dans les cas qui nécessitent l'adoption de ce régime exceptionnel, l'inaliénabilité non seulement se justifie, mais constitue une garantie nécessaire de la fortune de la femme, et qu'enfin, si on peut justement reprocher au régime dotal d'accentuer par trop la séparation des intérêts des époux, l'inaliénabilité n'est en rien responsable de ce vice, qui peut être écarté par l'adoption d'une société d'acquêts, sans que la conservation de la dot soit compromise.

1. Sacaze, *Introduction au traité de la dot de Roussilhe*, p. 16 et 17.

SECTION II. — Nature juridique de l'inaliénabilité.

« Aujourd'hui, l'inaliénabilité n'est plus fondée, comme la loi Julia, sur le désir d'assurer la restitution de la dot à la femme pour lui permettre de contracter un nouveau mariage. Le Code civil ne voit pas les seconds mariages avec plus de faveur que l'ancien droit, auquel il emprunte les prohibitions de l'édit des secondes noces, qui ont été reproduites dans l'art. 1098 : aussi l'inaliénabilité dotale a-t-elle, comme dans notre ancien droit, un tout autre fondement, le dessein de conserver des ressources à la famille, à la femme et aux enfants qui naîtront d'elle » (1). Cette manière de voir ressort aussi très clairement du rapport de M. Duveyrier au Tribunat : « Cette inaliénabilité forme le caractère distinctif du régime dotal. C'est par elle qu'il développe ses plus grands avantages. C'est à l'impossibilité absolue d'aliéner le fonds dotal que la pratique du régime qui établit cette impossibilité attache la conservation des biens, l'assurance des hérédités directes, la fortune des enfants, la prospérité des familles et le lustre social » (2).

Mais quelle est la nature juridique de l'inaliénabilité ? Ici deux opinions sont en présence :

1. Guillouard, *Du contrat de mariage,* n° 1835.
2. Fenet, XIII, p. 756.

Dans la première, l'inaliénabilité constitue un_e indisponibilité des biens dotaux. Ceux-ci, en raison de leur destination spéciale qui est de subvenir aux charges du ménage, de conserver des ressources à la famille, sont en quelque sorte mis hors du commerce. Voilà pourquoi les aliénations de ces biens, les obligations sur ces biens que pourrait consentir la femme, sont inefficaces.

Dans la seconde, au contraire, l'inaliénabilité n'est, au fond, qu'une incapacité personnelle dont est frappée la femme en raison de ses biens dotaux. Sans doute c'est là une incapacité toute spéciale et relative seulement au bien dotal (1) ; mais enfin, par l'inaliénabilité, c'est la capacité de la femme qui est diminuée, et le bien dotal n'est rendu indisponible que par voie de conséquence.

Cette seconde opinion doit être préférée pour deux motifs :

1. — D'abord un motif de raison. Si les biens dotaux sont inaliénables, ce ne peut pas être en vue de la destination de la dot, car, sous tous les régimes, la dot a la même destination. C'est donc dans un but de protection pour la femme que le législateur les a rendus inaliénables ; il a voulu la défendre contre ses propres entraînements, contre son ignorance des affaires, contre l'abus de l'autorité maritale : dès lors il a dû la frapper d'incapacité.

1. Lyon-Caen, note Sirey, 1876-2-65.

« L'immeuble dotal est inaliénable, dit M. Labbé (1), par un motif tiré de la situation de la femme. C'est parce que la femme est, en fait, sous l'ascendant de son mari ; c'est parce que, en fait, une femme qui a confiance en son mari, ou qui ne veut pas troubler la paix de son intérieur, aliène, promet, s'oblige, sous la seule inspiration de son mari. C'est parce qu'on n'a pas voulu que la femme fût victime de sa confiance ou de sa faiblesse. Voilà pourquoi le fonds dotal a été déclaré inaliénable ».

2. — En second lieu, un motif de texte. L'art. 1391, lorsque la publicité du contrat de mariage établissant le régime dotal n'a pas eu lieu conformément au vœu de la loi, punit les époux en déclarant la femme réputée capable de « contracter » dans les termes du droit commun. Donc c'est que le régime dotal restreint bien sa capacité personnelle.

Cette question de la nature juridique de l'inaliénabilité offre une grande importance pratique, à plusieurs points de vue.

1°. — Si la dotalité rendait les biens indisponibles, la femme pourrait opposer cette indisponibilité même aux créanciers qui ont traité avec elle avant son mariage. Ceux-ci, hors le cas de fraude et la ressource de l'action révocatoire de l'art. 1167, seraient donc désarmés par la création de l'inaliénabilité dotale, car, à leur égard, les biens dotaux se-

____

1. *Revue critique*, 1856, p. 5.

raient en quelque sorte sortis du patrimoine de leur débitrice.

Si au contraire, comme nous l'admettons, la dotalité rend seulement la femme incapable, ces créanciers pourront saisir et faire vendre les biens dotaux pendant le mariage pour obtenir le paiement, car la femme était pleinement capable avant son mariage, et la constitution des biens en dot ne peut empêcher l'exécution d'une obligation contractée par une personne capable au moment où elle s'est obligée.

2°. — Pendant le mariage, si l'inaliénabilité tenait à l'indisponibilité des biens dotaux, ces biens resteraient indisponibles, quelle que soit la cause de l'obligation de la femme.

Si c'est la femme dotale qui est personnellement incapable, son obligation sera valable si la femme se trouve engagée sans sa volonté, comme au cas de délit ou de quasi-délit.

3°. — Le mariage une fois dissous, si les biens dotaux étaient indisponibles en raison de leur destination, cette destination cessant, ils redeviendraient disponibles, et les créanciers de la femme pourraient poursuivre, après la dissolution du mariage, sur les biens dotaux, l'exécution des obligations nées pendant le mariage.

Mais si la nullité de l'obligation contractée par la femme dotale provient de son incapacité personnelle quant à ses biens dotaux, l'obligation restera inefficace sur ces biens aussi bien après la dissolution du mariage que pendant sa durée ; et les créanciers avec qui la femme a traité au cours du mariage n'auront aucun droit sur ses biens dotaux, même après sa dissolution (1).

Il faut remarquer que, sur ces diverses questions, la jurisprudence se prononce pour la théorie de l'incapacité. Elle admet que l'immeuble dotal peut être aliéné pour les dettes de la femme antérieures au mariage, et, par suite, saisi par les créanciers à raison de ces dettes ; — elle admet que les créanciers pour délit ou quasi-délit de la femme dotale ont action sur la dot (2) ; — elle admet enfin que les créanciers qui ont traité au cours du mariage, n'ont pas plus de droits sur les biens dotaux après sa dissolution, qu'ils n'en avaient pendant sa durée (3).

4°. — Deux personnes de nationalité étrangère se marient en France sous le régime dotal : leurs immeubles dotaux situés en France seront-ils régis par la loi Française ? (4) — Oui, si on voit dans l'inaliénabilité dotale un statut réel ; — si, au contraire, on y voit un statut personnel, il faut décider qu'ils seront régis par la loi nationale des époux.

C'est dans ce dernier sens que s'est prononcé le

1. *Contra*, Troplong, *Du Contrat de Mariage*, IV, n° 3312.
2. Cass., 16 février 1880, Sirey 81, 1, 351.
3. Cass., 18 août 1869, Sirey 70, 1, 69.
4 Guillouard, *Du Contrat de Mariage*, IV, n° 1841.

Tribunal de la Seine, par un jugement du 20 août 1884, où il est dit : « Attendu qu'il résulte des documents produits au tribunal que la loi dont il s'agit n'admet pas le principe de l'inaliénabilité de la dot; — que, si les époux étaient tenus, en se mariant en France, de se conformer à la loi locale relativement aux conditions extrinsèques de leur union, ils ne pouvaient, en ce qui touche leur capacité personnelle, se soustraire à la loi de leur pays ; — qu'il ne leur était donc pas permis de déroger à ce statut et de limiter par une convention particulière la capacité que la loi de leur pays (il s'agissait d'étrangers) attribue aux époux relativement aux biens matrimoniaux... »

D'ailleurs, comme il ne s'agit là que d'une incapacité relative aux biens dotaux, l'inaliénabilité ne met pas du tout la femme dans l'impossibilité de contracter une obligation valable, pourvu qu'elle soit dûment autorisée. Elle a seulement pour résultat de soustraire la dot aux conséquences des engagements que la femme contracte pendant la durée du mariage: en un mot, c'est une sorte d'incapacité « réelle », en ce sens que la femme dotale n'en est frappée que quant à ses biens dotaux (1). — Il faut en conclure que les obligations de la femme dotale, si elles sont inexécutables sur les biens dotaux

____

1. Lyon-Caen, Note Sirey, 1876, 2, 65.

n'en sont pas moins parfaitement valables en elles-
mêmes, en sorte que les créanciers, d'une part, pourront s'attaquer à tous les autres biens de la femme,
biens paraphernaux, et biens qui lui surviendront
après la dissolution du mariage, — et que, d'autre
part, les héritiers de la femme, s'ils acceptent sa succession purement et simplement, seront tenus sur
tous leurs biens personnels de l'exécution de ces
obligations (1).

1. Cass., 7 février 1881, S. 82, 1, 22.

CHAPITRE II

SECTION I. — A quels biens s'applique l'inaliénabilité ?

L'art. 1554 dit : « Les immeubles constitués en dot ne peuvent être aliénés... » Par conséquent l'i-naliénabilité frappe tous les immeubles dotaux, non seulement les immeubles corporels, mais aussi les immeubles incorporels, tels que l'usufruit des choses immobilières, les services fonciers, les droits d'usage, d'habitation, d'hypothèque qui appartiennent à la femme et qu'elle s'est constitués ou qu'on lui a constitués en dot, et aussi les actions financières dont la loi permet l'immobilisation, et qui en fait ont été immobilisées, telles que les actions de la banque de France. Par application de ces principes, la Cour de cassation a jugé récemment (1) qu'il faut également regarder comme inaliénables les droits établis par l'art. 6 de la loi du 21 avril 1810 sur les mines, au profit du propriétaire de la surface, et que par suite ils ne pouvaient être aliénés pendant le

1. Cass. 27 octobre 1885. S. 87. 1. 252.

mariage ni par la femme dotale, ni par le mari, ni par les deux conjointement. En effet, tant que ces droits ne sont pas séparés du sol par une aliénation, ils en font partie intégrante et ils sont immeubles comme le sol lui-même.

La règle de l'inaliénabilité s'applique même aux immeubles dotaux de la femme marchande publique, (art. 7, C. Commerce).

Les immeubles « constitués en dot », dit l'art. 1554. On discutait, en droit romain, à propos de la loi 54 au Dig., *De jure dotium*, la question de savoir si l'immeuble acquis des deniers dotaux était dotal et tombait sous la règle de l'inaliénabilité. Mais aujourd'hui cette difficulté est formellement tranchée par l'art. 1553 ; non seulement on ne peut constituer ni augmenter la dot pendant le mariage, mais l'immeuble acquis, au cours du mariage, avec des deniers dotaux, n'est même pas dotal, ni par conséquent inaliénable, à moins que la condition de l'emploi n'ait été stipulée dans le contrat de mariage. Ces deux décisions sont d'ailleurs inspirées par un même motif : comme l'inaliénabilité constitue une grave dérogation au droit commun de la propriété, et ne se justifie, nous l'avons vu au premier chapitre, qu'autant qu'elle ne peut en aucune façon servir à surprendre la bonne foi des tiers, la loi a voulu que le contrat de mariage contienne la liste complète et définitive des immeubles dotaux et inaliénables. Si donc il ne prescrit pas expressément l'emploi des deniers dotaux, il ne faut pas que l'immeuble acquis avec ces deniers soit inaliénable, sans quoi le but de la loi serait manqué.

Pas plus que les immeubles dotaux de la femme, l'espèce d'usufruit qui appartient au mari sur ces immeubles en vertu de l'art. 1549, ne peut être aliéné. Toutefois c'est moins en vertu du principe d'inaliénabilité que parce que cet usufruit du mari dotal constitue un attribut de la puissance maritale, et ne peut, par conséquent, pas plus être cédé que cette puissance elle-même.

Quant à l'inaliénabilité des fruits et revenus des immeubles dotaux, nous aurons occasion d'en traiter au paragraphe second de la section II, quand nous parlerons des droits des créanciers qui ont traité avec les époux au cours du mariage.

Même s'il s'agit d'immeubles rentrant dans les termes de l'art. 1554, il faut signaler deux cas où l'aliénation en est permise, non point par une exception proprement dite au principe de l'inaliénabilité, mais plutôt parce que ce principe, dans ces deux cas, n'atteint pas les immeubles dont il s'agit.

1. — Le premier se présente lorsque les immeubles de la femme ou certains de ses immeubles ne sont dotaux que pour une part aliquote, et paraphernaux pour le surplus. Alors si la division ou séparation en est possible dans la proportion de ces

parts, les créanciers envers lesquels la femme s'est engagée pendant le mariage, pourront provoquer cette division et faire saisir et vendre la part paraphernale. Mais, — et c'est là notre hypothèse, — si cette division est impossible, ces créanciers devront pouvoir saisir et mettre en vente la totalité des immeubles, sauf emploi, dans l'intérêt de la femme, de la portion du prix afférente à la part dotale. Ainsi l'a décidé la Cour de Pau, le 12 août 1868 (1), par analogie des alinéas 6 et 7 de l'art. 1558. Et en effet le principe de l'inaliénabilité ne doit point s'appliquer ici, car il ne faut pas que le droit de poursuite des créanciers sur des immeubles qui forment leur gage, puisse être indéfiniment paralysé (2).

2. — Le second cas est celui où les immeubles constitués en dot ont été estimés, avec déclaration expresse que cette estimation en transporte la propriété au mari. Alors l'art. 1552 décide que le mari devient bien véritablement propriétaire de ces immeubles et débiteur du prix d'estimation ; par conséquent l'inaliénabilité ne s'y applique pas : elle n'a jamais pu s'y appliquer, puisque le même contrat qui les constituait en dot en a fait passer la propriété au mari. Celui-ci pourra donc vendre ces immeubles comme sa chose propre (3). Quant à la dot de la

1. Sirey, 1868. 2. 299.
2. Aubry et Rau, V, p. 616, note 39.
3. Troplong, *Du contrat de mariage*, IV, n° 3139.

femme, elle consiste dans la créance du prix d'estimation : ce n'est donc plus une dot immobilière,
mais une dot mobilière.

A propos de la dot mobilière, et quoique cette
matière soit en dehors des limites de notre travail,
il est bon d'ajouter quelques mots sur l'inaliénabilité de cette dot. Sans nous arrêter à l'importante
controverse qui divise la doctrine et la jurisprudence
à ce sujet, contentons-nous de remarquer qu'aujour-
d'hui la jurisprudence admet d'une façon certaine
l'inaliénabilité de la dot mobilière (1). Mais la force
des choses, et les besoins d'une bonne administration, l'ont amenée à entendre cette inaliénabilité
d'une toute autre façon que lorsqu'il s'agit des immeubles dotaux. Pour ceux-ci, la prohibition d'aliéner s'adresse au mari et à la femme : ce sont les immeubles mêmes qui sont inaliénables ; tandis que,
pour les meubles dotaux, la jurisprudence décide
que l'inaliénabilité n'existe qu'à l'égard de la femme
que le mari peut au contraire aliéner, et seul, les
meubles dotaux, et que ce qui est inaliénable, c'est
seulement la créance qu'a la femme en restitution
de la valeur de sa dot mobilière, et les garanties
attachées à cette créance. L'inaliénabilité de la dot
mobilière consiste donc uniquement dans l'incapacité, pour la femme, de compromettre, par aucun

1. Cass. 3 février 1879. S. 79. 1. 353. Cass., 27 avril 1880. S. 80.
1. 360.

acte, le droit de réclamer, lors de la dissolution du mariage ou de la séparation de biens, la restitution intégrale de sa dot, comme aussi de renoncer à l'hypothèque légale destinée à assurer cette restitution, et de faire servir, par une voie quelconque, sa dot mobilière au paiement des obligations qu'elle aurait contractées durant le mariage (1). Nous aurons à constater, par la suite, maintes applications de cette jurisprudence, par comparaison avec les conséquences de l'inaliénabilité de la dot immobilière.

Celle-ci, à lire l'art. 1554, n'atteindrait jamais que les immeubles « constitués en dot. » Cette proposition est exacte en principe, puisque nous avons eu occasion de constater qu'un immeuble qui serait acquis au cours du mariage même avec des deniers dotaux, ne serait pas dotal ni par conséquent inaliénable. Toutefois elle reçoit exception lorsque, en vertu d'une fiction de subrogation, des immeubles nouvellement acquis sont censés prendre la place de biens dotaux aliénés. Il en est ainsi dans plusieurs hypothèses.

D'abord l'immeuble acquis au cours du mariage de deniers dotaux est dotal, et tombe alors sous le coup de l'inaliénabilité, si le contrat de mariage lui-même avait stipulé l'emploi de ces deniers, (arg. *a contrario* de l'art. 1553). Toutefois, même en ce cas,

____

1. Aubry et Rau, V, § 537 bis.

la subrogation est subordonnée à une déclaration d'emploi faite dans l'acte d'acquisition, et à l'acceptation par la femme des effets de cette déclaration. Car on doit appliquer, à cet égard, les règles des art. 1434 et 1435 (1).

En second lieu, est également dotal et inaliénable, quoique non constitué dans le contrat lui-même, l'immeuble donné en paiement de la dot qui avait été promise en argent, si la condition de l'emploi de la somme ainsi promise avait été stipulée au contrat de mariage (arg. *a contrario* de l'art. 1553, al. 2).

Il faut encore, croyons-nous, considérer comme dotaux et inaliénables les immeubles cédés, au cours du mariage, au mari, par la femme ou par le tiers constituant en remplacement d'immeubles dotaux dont il a été évincé. En effet, ici, les motifs de la disposition de l'art. 1553 n'existent plus : cet article veut, nous l'avons dit, éviter l'augmentation, postérieure au mariage, de la catégorie des biens inaliénables ; or, ici, cette augmentation n'existe point. Les parties avaient voulu que la dot fût en immeubles : elle sera en immeubles. Les tiers ne pourront donc être trompés et il n'y a par conséquent aucun inconvénient à ce que l'immeuble nouveau soit subrogé à l'ancien.

1. Aubry et Rau, V, § 534, p. 539, 540.

Les immeubles acquis en remploi du prix d'immeubles dotaux dont l'aliénation a été permise par le contrat de mariage sous condition de remploi, deviennent aussi dotaux et inaliénables (arg., art. 1553, al. premier).

En cas d'aliénation d'un immeuble dotal, faite avec permission de justice pour l'une des causes indiquées en l'art. 1558, l'excédent du prix sur les besoins en vue desquels cette aliénation a été permise, reste dotal ; et l'immeuble acquis en remploi de cet excédent serait lui-même dotal et frappé d'inaliénabilité, car il est acheté en exécution d'une condition d'emploi, non pas, sans doute, stipulée dans le contrat de mariage, mais écrite dans la loi (art. 1558, 6°).

Si on joint à cette énumération l'immeuble acquis en échange d'un immeuble dotal, on aura le tableau des principaux cas où l'inaliénabilité vient frapper un immeuble, parce qu'il est subrogé à une valeur dotale.

— Mais peut-il y avoir, de même, subrogation d'une valeur mobilière, d'une créance par exemple, à un immeuble dotal ? Nous avons vu qu'il existe deux systèmes d'inaliénabilité tout-à-fait différents, suivant qu'il s'agit d'immeubles ou de meubles. Les premiers sont inaliénables par eux-mêmes ; les seconds sont au contraire à la libre disposition du mari, et seule la créance de leur valeur est inaliénable pour la femme. Or peut-il y avoir subrogation réelle d'une créance à un immeuble dotal, de telle façon que la créance devienne inaliénable comme l'immeuble lui-même?

Il en est peut-être ainsi dans un cas tout spécial : c'est lorsqu'il s'agit d'une créance en indemnité de la femme contre son mari, en raison de dégradations survenues, par son fait, à l'immeuble dotal dont il avait la garde. Une pareille créance, pourrait-on dire, est inaliénable en elle-même, et pour le mari et pour la femme, comme représentant une fraction de la valeur de l'immeuble dotal dégradé. C'est même là l'hypothèse qui, au temps où on discutait encore sur l'inaliénabilité de la dot mobilière, servait aux partisans de l'aliénabilité à expliquer les premiers mots de l'art. 9 de la loi du 23 mars 1855 sur la transcription, qui commence en effet ainsi : « Dans les cas où les femmes peuvent céder leur hypothèque légale ou y renoncer...... » Donc, concluaient les partisans de l'inaliénabilité de la dot mobilière, il existe des cas où la femme ne peut céder son hypothèque légale ni y renoncer : c'est lorsqu'elle est dotale, car alors sa dot mobilière est inaliénable comme sa dot immobilière; mais l'inaliénabilité de la première se traduit simplement par l'incapacité, pour la femme, de céder son hypothèque légale ou de compromettre en quoi que ce soit la restitution de sa dot. A quoi, les par-

tisans de l'aliénabilité répondaient : même en supposant que la dot mobilière soit aliénable, on peut
trouver un cas où la femme est incapable de céder
son hypothèque légale ou d'y renoncer, c'est précisément lorsqu'il s'agit de l'hypothèque garantissant
la créance qu'elle a contre son mari en raison des
dégradations survenues à l'immeuble dotal par le
fait de celui-ci.

Mais, dans tous les autres cas où une créance vient
prendre, dans la dot, la place d'un immeuble dotal
aliéné ou disparu d'une façon quelconque, il est impossible que le système d'inaliénabilité de la dot immobilière s'y applique, car, en somme, cette créance
conserve sa nature de chose mobilière, et c'est
comme telle qu'elle entre dans la dot. Ce n'est pas
à dire qu'il ne puisse y avoir subrogation réelle
d'une créance à un immeuble dotal ; sans doute,
comme l'expliquent MM. Aubry et Rau (1), la subrogation réelle n'est qu'une fiction fondée sur la
fongibilité des éléments composant une même universalité de droit : logiquement, elle ne devrait
donc pouvoir s'opérer qu'entre deux objets dont
l'un, ayant remplacé l'autre comme élément d'une
pareille universalité, est réclamé en vertu d'un *judicium universale*. Mais, ajoutent MM. Aubry et Rau,
« tout en rejetant, en principe, la subrogation réelle

1. Aubry et Rau, VI, § 575, p. 237.

dans l'hypothèse d'un *judicium singulare*, nos anciens auteurs enseignaient cependant que ce principe pouvait recevoir exception en vertu de la loi ou d'une convention. De pareilles exceptions se rencontrent fréquemment, d'après notre droit actuel, en matière de communauté entre époux et de régime dotal. » Comme exemples, nous n'avons qu'à nous rappeler les cas assez nombreux cités précédemment, où un immeuble nouvellement acquis est censé prendre la place d'immeubles dotaux aliénés. De même, en ce qui concerne les meubles, un arrêt de la Cour d'Aix du 6 janvier 1890, confirmé par un arrêt de casation du 5 janvier 1891 (1) a admis la subrogation à un immeuble dotal, dont la valeur, après aliénation permise par le contrat de mariage, avait été perdue dans un emploi en placement hypothécaire, par suite de la négligence du notaire, de la créance en indemnité de la femme contre ce notaire. Il faut en dire autant de l'indemnité payée par suite de l'expropriation pour cause d'utilité publique, d'un immeuble dotal, et de l'indemnité payée pour l'établissement, en cas de nécessité, d'une servitude légale sur cet immeuble : dans tous ces cas, la valeur mobilière est bien subrogée à l'immeuble dotal disparu ou diminué. — Mais s'il en est ainsi, pourrait-on objecter, cette valeur mobilière, en vertu de la règle : « *Subroga-*

1. Journal *Le Droit*, numéro du 21 février 1891.

tum capit naturam subrogati », va revêtir la nature juridique de l'immeuble qu'elle remplace et tomber sous les règles d'inaliénabilité de la dot immobilière !—Non ; cette règle : «*Subrogatum capit naturam subrogati* » a bien pour effet de faire de la créance, ou de l'indemnité, une valeur dotale, de telle sorte qu'elle sera, par exemple, insaisissable pour les créanciers de la femme ; mais elle ne peut lui enlever sa nature de meuble, et si cette valeur mobilière entre dans la dot, du moins elle y reste soumise aux règles de la dot mobilière. Sans doute, l'immeuble acquis en remploi de l'indemnité serait absolument inaliénable, en raison de la subrogation ; mais la créance en indemnité elle-même, tant que l'indemnité n'a pas été remployée, fait partie de la dot mobilière, en sorte qu'elle peut être aliénée par le mari.

Par exception, il n'y a même pas subrogation lorsqu'il s'agit de l'indemnité due par la Cie d'assurances, en cas d'incendie de l'immeuble dotal (1). Cette indemnité n'entre point dans la dot à la place de l'immeuble, car elle n'est point le prix de l'immeuble incendié, mais l'équivalent des primes soldées. Elle ne représente donc pas l'immeuble et ne peut, par conséquent, être censée prendre sa place dans la dot. Cette indemnité appartient à la femme,

1. Nîmes, 20 juin 1860, S. 60, 2, 359.

l'assurance eût-elle été contractée par le mari ; mais elle n'est pas dotale.

SECTION II. — Portée de l'inaliénabilité.

§ 1. — *Quels sont les actes juridiques auxquels l'inaliénabilité met obstacle ?*

L'inaliénabilité, en réalité, s'adresse à la femme seule ; car le mari, aujourd'hui, n'est plus propriétaire de la dot : la prohibition d'aliéner s'adresse donc, non plus à lui, mais à la femme. Celle-ci est, par là, protégée contre l'influence de son mari, et ne peut, par un acte quelconque, compromettre, même avec son autorisation, la conservation de ses immeubles dotaux.

Rappelons-nous toutefois que la femme, bien que se mariant sous le régime dotal, conserve, en principe, sa capacité légale, et que les autres biens de la femme répondent des obligations qu'elle a contractées avec l'autorisation de son mari (1). Elle n'est frappée que d'une incapacité relative à ses immeubles dotaux. Et même cette incapacité ne dure qu'autant que le mariage, en sorte que rien n'empêche la femme de disposer par testament de ses biens dotaux, puisque l'aliénation par testament n'est censée consommée que par la mort du testa-

____

1. Troplong, *Du contrat de mariage,* IV, n° 3269.

teur. — Au contraire, l'inaliénabilité met obstacle à tous les actes par lesquels la femme, au cours du mariage, aliénerait directement ou indirectement ses immeubles dotaux. Sont donc interdits :

I. — *Tous les actes d'aliénation directe.*

1° Transferts de la propriété soit à titre onéreux, soit à titre gratuit.

1. D'abord la femme ne peut pas faire d'aliénation à titre onéreux ; elle ne peut pas vendre son immeuble dotal, même à réméré. L'art. 1554 dit : « Les immeubles constitués en dot ne peuvent être aliénés.... ni par le mari, ni par la femme, ni par les deux conjointement » ; il n'était même pas besoin de parler de l'aliénation par le mari seul, puisque le mari n'est pas propriétaire du fonds dotal, et on ne comprend pas qu'on ait émis l'opinion, rapportée par Troplong (1), que la prohibition d'aliéner n'avait été établie que contre le mari, ou contre les deux époux agissant conjointement, mais qu'elle laissait à la femme le droit de disposer seule de son bien dotal, pourvu que l'aliénabilité ne portât pas préjudice au mari, maître de la dot.

Les immeubles dotaux étant inaliénables, il en résulte également que la femme ne peut pas, pen-

1. Troplong, *Du contrat de mariage*, IV, n° 3268.

dant le cours du mariage, renoncer à l'hypothèque
légale qui assure la restitution de sa dot immobilière (1).

2. En second lieu, et à plus forte raison, la femme
ni les deux époux conjointement ne peuvent faire
d'aliénations à titre gratuit, ne peuvent donner des
immeubles dotaux. Toutefois nous avons vu que la
femme dotale peut en disposer par testament, et
pour quelles raisons. — Il a été jugé également (2)
que la donation entre époux faite au cours du mariage étant essentiellement révocable, une femme
peut disposer de ses immeubles dotaux au profit de
son mari, et qu'en conséquence les héritiers de la
femme, décédée sans avoir révoqué sa libéralité, ne
peuvent attaquer la vente qu'aurait faite le mari
d'un pareil immeuble dotal (3). A cette solution, on
objecte (4) que la donation entre époux, étant bien
une véritable donation immédiatement parfaite, et
soumise simplement à une condition résolutoire de
révocation, doit être défendue à la femme dotale
comme toute autre donation. Mais on peut répondre
qu'à la différence des autres donations, celle qui
s'adresse au mari ne porte aucune atteinte au double
but de l'inaliénabilité dotale, qui est de conserver

1. Baudry-Lacantinerie, *Précis de droit civil.* III, n° 384.
2. Riom, 5 décembre 1825, S. 1827-2-45.
3. Cass.. 1er décembre 1824, S. 25-1-135.
4. Demolombe, *Cours de Code civil,* XXIII, n° 464.

au mari les revenus de la dot, pour lui permettre de subvenir aux besoins du ménage et de conserver à la femme le droit de disposer de la dot pour l'établissement des enfants : en effet, dans l'espèce, les revenus des biens donnés sont toujours à la disposition du mari, puisque c'est à lui-même que les biens ont été donnés ; et, d'autre part, s'il refuse d'établir les enfants, la femme pourra le faire avec les biens mêmes qu'elle a donnés à son mari, puisqu'elle reste toujours libre de révoquer sa donation. C'est donc à juste titre qu'une pareille donation a été déclarée valable.

A propos de la donation des immeubles dotaux, interdite en principe, on s'est demandé si la femme peut faire une institution contractuelle de ces immeubles. Mais la jurisprudence s'est définitivement prononcée dans le sens de la négative (1) ; elle a décidé que les immeubles dotaux d'une femme mariée sous le régime dotal, quoique susceptibles de former l'objet d'un legs, ne peuvent pourtant pas être compris dans une institution contractuelle (2), car l'institution contractuelle confère au gratifié un droit actuel et irrévocable. « En vain, disent MM. Aubry et Rau (3), voudrait-on soutenir que l'institution

1. Cass., 8 mai 1877, S. 77-1-252 ; — Cass., 25 avril 1887, Dal. 88-1-169.

2. Aubry et Rau, VIII, § 739, p. 62.

3. Aubry et Rau, VIII, § 739, p. 62, note 9. — *Contrà*, Troplong, IV, n° 3272.

contractuelle n'enlève pas à l'instituant le droit d'aliéner à titre onéreux les objets qui y sont compris, et que, par conséquent, elle ne constitue pas une véritable aliénation soumise à la prohibition de l'art. 1554. Ce serait oublier que l'institution contractuelle enlève à l'instituant la faculté de disposer à titre gratuit des biens qui en forment l'objet, et qu'ainsi elle renferme évidemment une restriction à l'exercice du droit de propriété, qui comprend aussi bien le droit de disposer à titre gratuit que celui d'aliéner à titre onéreux. Or cette restriction doit nécessairement tomber sous la prohibition de l'art. 1554, d'après l'esprit qui a présidé à la rédaction de cet article. En effet, la femme mariée sous le régime dotal pouvant, lorsqu'elle y a été dûment autorisée, aliéner ses immeubles dotaux pour l'établissement de ses enfants, la question qui nous occupe ne peut réellement se présenter qu'autant qu'il s'agit d'une institution contractuelle faite au profit d'un étranger. Et, comme l'inaliénabilité des immeubles dotaux est tout aussi bien établie dans l'intérêt des enfants que dans celui de la femme, ce serait aller directement contre l'esprit de la loi que de permettre à cette dernière de s'enlever, par une institution contractuelle faite en faveur d'un étranger, la faculté de disposer de ses immeubles dotaux au profit de ses enfants. »

Enfin la femme dotale, ne pouvant pas faire de

donations avec ses immeubles dotaux, ne peut pas non plus en faire un partage d'ascendant entre ses enfants par acte entre vifs, dans les termes des art. 1075 et suiv., puisque le partage d'ascendant entre vifs est précisément une donation. Par exception, elle peut donner ses biens dotaux par voie de partage d'ascendant, si ce partage constitue un établissement pour ses enfants, en vertu alors de l'exception des art: 1555 et 1556.

2° Démembrements de la propriété.

Ce n'est pas seulement l'aliénation totale, le transfert de la propriété, que prohibe l'art. 1554, mais aussi tout démembrement de propriété, toute constitution de droits réels tendant à amoindrir la propriété.

Ainsi d'abord la prohibition d'aliéner comprend celle d'hypothéquer les immeubles dotaux, et aussi celle de les engager par voie d'antichrèse, (1) car l'antichrèse est plus qu'une simple délégation de fruits, c'est un droit réel altérant le droit de propriété (loi du 23 mars 1855, article 2, 1°).

Elle implique également la défense de grever l'immeuble dotal des droits d'usufruit, d'usage, d'emphytéose, de servitudes (2). Il est évident, d'ailleurs, que la dotalité ne soustrait pas cet immeuble aux servitudes légales d'utilité publique ou privée, car

1. Cass., 31 janvier 1837, S. 37-1-190.
2. Rodière et Pont, *Du contrat de mariage*, tome II, n° 487.

celles-ci constituent le droit commun de la propriété
foncière en France. Ainsi, l'immeuble dotal serait
soumis, le cas échéant, à la servitude de halage et
de marchepied, à la servitude d'appui établie par la
loi du 23 juillet 1847, à l'obligation de céder la mitoyenneté, à la servitude de passage en cas d'enclave,
(art. 682) ; — mais, par exemple, ni la femme ni le
mari ne pourraient consentir à l'exercice de cette
dernière servitude sur un immeuble dotal si le passage devait, d'après l'art. 683, être pris sur un autre héritage (1).

Concéder l'ouverture d'une carrière sur le fonds
dotal serait aussi un acte de démembrement pro-
hibé par l'art. 1554.

II.— *Tous les actes d'aliénation indirecte.*

D'abord, pas plus qu'elle ne peut aliéner directement ses immeubles ou les engager par voie d'antichrèse, la femme ne peut les engager indirectement
par l'effet d'obligations qu'elle contracterait. Cette
proposition sera développée au second paragraphe
de la présente section. Notons seulement ici à propos de ces obligations, que la femme est incapable
d'engager ses immeubles dotaux par l'effet d'un
quasi-contrat aussi bien que par l'effet d'un contrat.

1. Aubry et Rau, V, § 537, p.559, note 8.

L'art. 1554 ayant déclaré ces immeubles inaliénables, ils ne peuvent être aliénés par aucun acte volontaire de la femme, qu'il s'agisse d'un quasi-contrat ou d'un contrat.

On s'est demandé si les époux peuvent transiger quant à la propriété des immeubles dotaux. La question est très controversée. MM. Aubry et Rau se prononcent contre la transaction (1); et ils semblent bien avoir pour eux les termes de l'art. 2045, d'après lequel : « Pour transiger, il faut avoir la capacité de disposer des objets compris dans la transaction. » M. Guillouard (2), au contraire, veut que la femme dotale puisse transiger à propos de ses immeubles dotaux, pourvu qu'elle soit assistée et autorisée de son mari, et qu'il s'agisse bien d'une transaction, c'est-à-dire d'un acte loyal destiné à arrêter ou à prévenir un procès sérieux (3).

1. D'abord, dit-il, c'est, en raison, la solution la meilleure : une instance judiciaire va naître ou est née à propos de l'immeuble dotal : elle s'annonce comme devant être longue, coûteuse, incertaine dans ses résultats. L'adversaire propose une transaction avantageuse à la femme dotale : pourquoi celle-ci devrait-elle être obligée à plaider quand même ?

2. Quant à l'art. 2045, qui exige, pour transiger,

---

1. Aubry et Rau, V, § 537, p. 558.
2. Guillouard, *Du contrat de mariage*, IV, n° 1849.
3. Paris, 16 mai 1829, S. 29, 2, 256.

la capacité de disposer des objets compris dans la
transaction, voici l'interprétation qu'il en donne :
ce texte, en énonçant cette proposition, ne pose pas
une règle qui s'applique à tous les incapables, mais
seulement aux deux classes d'incables dont s'occu-
pent les alinéas 2 et 3 de l'article : les mineurs et
les établissements publics. Et ce sens est beaucoup
plus rationnel, car, après avoir proclamé l'incapacité
des mineurs et des établissements publics, l'article
indique à quelles conditions ils pourront transiger,
tandis que, pour la femme dotale, ce texte aurait
édicté une incapacité absolue de transiger que rien
ne justifie.

La controverse qui s'élève à propos de la transaction ne s'élève point à propos du compromis. Ici tout
le monde s'accorde à reconnaître que la femme dotale ne peut pas compromettre à propos de ses immeubles dotaux (1). C'est aussi la décision formelle
de la jurisprudence (2). Et elle résulte tout naturellement de la combinaison des art. 1004 et 83, C.
pr. civ. Aux termes de l'art. 1004, on ne peut compromettre sur aucune des contestations sujettes à
communication au ministère public : or telles sont,
d'après l'art. 83, les causes intéressant la dot des
femmes mariées sous le régime dotal, même autori-
sées de leur mari.

1. Aubry et Rau, V, § 537, p. 558. — Guillouard, IV, nº 1850.
2. Cass., 22 août 1865, S. 65. 1. 398.

La défense des aliénations indirectes comme des
aliénations directes emporte encore, comme conséquence, l'incapacité, pour la femme, de compromettre
le sort de ses biens dotaux par des aveux ou déclarations quelconques (1). Elle ne peut, au cours d'un
procès intéressant le fonds dotal, faire des aveux ou
des déclarations de nature à compromettre la dot.
Ce serait indirectement l'aliéner, et d'ailleurs l'aveu
ne peut être fait que par une personne capable de
disposer de l'objet auquel il s'applique.

Enfin, la prohibition des aliénations indirectes implique que la femme ne peut valablement acquiescer
au jugement qui a rejeté sa demande en nullité de
la saisie d'immeubles dotaux, ni se désister d'une
pareille demande.

Au contraire, l'inaliénabilité n'empêche point la
femme dotale, autorisée de son mari, de procéder à
l'amiable au partage d'une succession indivise entre
elle et des tiers, et comprise pour sa part dans la
constitution de la dot, sauf à se conformer à la disposition de l'alinéa 6 de l'art. 1558, dans le cas où il
s'agirait de liciter des immeubles dépendant de la
succession. MM. Rodière et Pont soutiennent, il est
vrai, que le partage doit être fait en justice, du moment qu'il intéresse le fonds dotal (2), car, disent-
ils, le partage considéré en lui-même contient une

1. Cass., 13 juin 1860, S. 61. 1. 174.
2. Rodière et Pont, III, nº 1857.

véritable aliénation. Sans doute l'art. 883 décide
que son effet est purement déclaratif ; mais ce n'est
là, disent-ils, qu'une fiction destinée à protéger chaque partie contre les constitutions de droits réels
de ses co-partageants, et qui ne saurait enlever son
véritable caractère au partage. D'autre part l'art.
1558, al. 6, décide que la licitation de l'immeuble
dotal reconnu impartageable ne peut avoir lieu
qu'avec l'autorisation de justice : or le partage en
nature est plus dangereux pour la dot et présente
plus de chances de lésion que la licitation ; donc on
ne comprendrait pas que le partage amiable fût possible, quand la licitation ne l'est pas. — Cependant,
avec un grand nombre d'auteurs (1), nous pensons
que cette solution doit être rejetée, et qu'il faut permettre aux époux le partage à l'amiable d'une succession dotale. Nul n'étant tenu de rester dans l'indivision, pourquoi obliger les parties à un partage
judiciaire dispendieux ? L'art. 838, qui énumère les
personnes qui ne peuvent faire de partage à l'amiable, ne mentionne pas la femme dotale ; et comme
la capacité est la règle et l'incapacité l'exception, on
ne peut étendre ce texte par analogie à des personnes qu'il n'énumère point. Enfin l'art. 1558, al. 6,
loin d'être opposé à ce droit des époux, le confirme
au contraire, puisqu'il n'exige l'intervention des for-

1. Troplong, IV, no 3113 ; — Aubry et Rau, V, p. 560 ; — Guillouard, IV, no 1866.

malités de justice que lorsque le fonds dotal indivis est reconnu impartageable et qu'il faut procéder à une mise en vente. C'est aussi la solution de la jurisprudence (1). Mais si la femme dotale peut ainsi, à l'amiable, procéder, avec l'autorisation de son mari, au partage des successions à elle échues, elle ne peut pas, naturellement, masquer sous cette opération une vente de ses biens dotaux à ses cohéritiers, ni permettre que les intérêts de sa dot soient compromis.

L'inaliénabilité des immeubles dotaux n'empêche pas non plus l'expropriation pour cause d'utilité publique de ces immeubles. Les art. 13 et 25 de la loi du 3 mai 1841 exigent seulement, en ce cas, que si la femme dotale veut traiter à l'amiable, elle obtienne l'autorisation du tribunal, en chambre du conseil.

Enfin elle ne s'oppose pas à ce qu'un jugement, qui a reconnu à un tiers la propriété d'un immeuble dotal, ou qui a mal à propos méconnu la dotalité d'un pareil immeuble, ne puisse acquérir, pendant le mariage, l'autorité de la chose jugée.

— Nous avons vu quels sont les actes juridiques auxquels met obstacle l'inaliénabilité des immeubles dotaux. Quant à l'inaliénabilité de la dot mobilière, nous savons que ce n'est pas une inaliéna-

1. Cass., 29 janvier 1838, S. 38-1-751, — Cass., 2 juillet 1866, S. 66-1-399.

bilité proprement dite. Rappelons seulement qu'elle met la femme dans l'impuissance de renoncer, même avec l'autorisation de son mari, aux créances résultant pour elle de la responsabilité encourue par celui-ci dans l'exercice du pouvoir d'administration qui lui appartient (1), comme aussi dans l'impuissance de compromettre, par un acte quelconque, les garanties attachées à ces créances. Par suite la femme dotale ne peut céder ses reprises, ni recevoir le remboursement de ses créances dotales ; elle ne peut ni subroger à son hypothèque légale ni y renoncer, ni céder la priorité de son droit hypothécaire, etc. Au contraire, pour le mari, l'aliénabilité des meubles est pleine et entière.

Revenons à la matière de notre travail, l'inaliénabilité des immeubles dotaux, et étudions un corollaire naturel de cette inaliénabilité : l'imprescriptibilité. En effet, après avoir défendu un certain nombre d'actes, la loi, pour mieux assurer la conservation des immeubles dotaux, les déclare, sous certaines restrictions, imprescriptibles pendant le mariage.

Aux termes de l'art. 1561, les immeubles dotaux non déclarés aliénables par le contrat de mariage, sont imprescriptibles pendant le mariage. Cet article, dans sa généralité, s'applique à toute prescrip-

____

1. Cass., 4 août 1856, S. 57-1-216.

tion acquisitive ou extinctive de nature à porter atteinte aux droits de la femme sur les immeubles dotaux :

1. — Prescription acquisitive de la propriété ou d'un droit réel sur un immeuble dotal, soit que le prescrivant n'ait pas de titre, soit même qu'il ait un titre émané d'un *non dominus,* et bonne foi.

2. — Prescription extinctive, par le non usage, d'un usufruit immobilier constitué en dot, ou de servitudes actives établies en faveur d'un immeuble dotal (1).

3. — Prescription de l'action en nullité de l'aliénation d'un immeuble dotal.

L'art. 1561 apporte lui-même deux exceptions à la règle de l'imprescriptibilité de l'immeuble dotal : la prescription court pendant le mariage si elle a commencé avant ; l'imprescriptibilité cesse avant la dissolution du mariage, en cas de séparation de biens.

D'abord la prescription continue à courir si elle avait commencé dès avant le mariage. Et, sous ce rapport, la prescription doit être réputée avoir commencé avant le mariage, par cela seul que le fait de la possession ou du non usage est antérieur à cette époque, bien qu'elle ait été, dès son origine, suspendue par la minorité de la femme, et que cette cause

____

1. Cass., 20 janvier 1847, S. 47-1-129.

de suspension n'ait cessé que durant le mariage (1).
— Cette première exception n'est guère justifiable;
ce que le Code a voulu, évidemment, c'est empêcher
que la femme ne porte atteinte à la possession du
tiers détenteur, par suite de faits complètement
étrangers à celui-ci, comme le mariage, sous le régime dotal, de la femme contre laquelle il prescri-
vait. Mais la possession commencée à l'effet de prescrire ne donne pas un droit acquis à la prescription, mais seulement une espérance que les évène-
ments peuvent faire évanouir. — Pourquoi donc la
constitution des biens en dot n'interromprait-elle
pas la prescription commencée, comme le ferait l'interdiction de la femme, par exemple ?

En second lieu, l'imprescriptibilité cesse avant la
dissolution du mariage, en cas de séparation de
biens. — Si cependant l'action de la femme devait
réfléchir contre le mari, la prescription resterait suspendue, même après la séparation de biens, et ne
commencerait à courir qu'après la dissolution du
mariage, en vertu de l'art. 2256, 2° (2). D'autre part,
nous verrons au chapitre V que cette dernière exception ne s'applique point à la prescription libératoire
de l'action en nullité de l'aliénation de l'immeuble
dotal.

Après avoir étudié les règles de l'imprescriptibilité

1. Aubry et Rau, V, § 537, p. 573.
2. Aubry et Rau, V, § 537, p. 574.

des immeubles dotaux, recherchons sur quel fondement on peut les faire reposer. Deux justifications
ont été proposées.

D'après la première, si aucune prescription ne
peut courir contre l'immeuble total pendant la durée du mariage, c'est que la femme, de son côté, est
dans l'impossibilité d'agir contre le tiers détenteur,
puisque toute action relative au bien dotal appartient au mari seul. — Voilà pourquoi l'imprescriptibilité cesserait à la séparation de biens : c'est que
la femme, recouvrant désormais l'exercice de ses
actions, peut elle-même interrompre la prescription
dont elle est menacée. — Cette justification est
inadmissible, car l'art. 1561 admet seulement l'imprescriptibilité de l'immeuble qui n'a pas été déclaré
aliénable par le contrat de mariage. Et pourtant
l'administration de celui-ci aussi, tant qu'il n'y a
pas séparation de biens, appartient au mari qui,
seul, a l'exercice des actions relatives à cet immeuble. La première explication s'applique donc également à l'immeuble déclaré aliénable, alors que
cependant, la règle ne s'y applique pas.

Aussi une seconde explication, adoptée par M.
Guillouard (1) justifie l'imprescriptibilité de l'immeuble dotal parce que c'est aliéner que de laisser
s'accomplir la prescription. « L'art. 1561, dit M.

1. Guillouard, *Du Contrat de Mariage*, IV, no 1926.

Guillouard, n'est qu'une application de l'art. 2226, aux termes duquel on ne peut prescrire le domaine des choses qui ne sont point dans le commerce. Sans doute, le fonds dotal n'est pas hors du commerce dans le sens absolu du mot, mais il est relativement hors du commerce, en ce sens qu'il ne peut être aliéné pendant le mariage, hors les cas prévus par la loi ; et comme pendant ce temps il est retiré du commerce, il ne peut être acquis par prescription par application de l'art. 2226. » — Une objection très grave s'élève encore contre cette explication : l'inaliénabilité de l'immeuble dotal survit à la séparation de biens. Or si l'imprescriptibilité est une conséquence de l'inaliénabilité, pourquoi l'art. 1561 lui-même permet-il à la prescription de courir après la séparation de biens ? M. Guillouard (1) répond à cela que, la femme ayant repris par la séparation de biens l'exercice de ses actions, on conçoit que le législateur n'ait plus voulu interrompre le cours de la prescription. Cependant l'inconséquence n'en subsiste pas moins : l'imprescriptibilité, dans cette explication, n'est justement plus, comme dans la première, une mesure de protection pour la femme, mais une conséquence de ce principe qu'on ne peut prescrire le domaine des choses qui ne sont point dans le commerce. Or, même après la séparation de

1. Guillouard, IV, n° 1932.

biens, l'immeuble dotal reste encore relativement hors du commerce, en ce sens qu'il continue à ne pouvoir être aliéné ; donc l'imprescriptibilité ne devrait pas cesser non plus.

En résumé l'imprescriptibilité de l'immeuble dotal, avec ses exceptions telles que le Code les admet, semble un souvenir peu justifié du droit romain et de l'ancien droit.

Dans l'opinion qui admet que les immeubles dotaux ne sont imprescriptibles que parce qu'ils sont inaliénables, il faut en conclure que si l'aliénation n'en a été autorisée, dans le contrat de mariage, qu'à charge de remploi, l'imprescriptibilité subsistera tout comme si l'aliénation n'avait point été permise (1).

§ 2. — *Quels sont les effets de l'inaliénabilité sur les obligations contractées par les époux au cours du mariage ?*

L'incapacité dont se trouve frappée la femme par suite de l'inaliénabilité de ses immeubles dotaux, n'étant qu'une incapacité réelle, relative à ces immeubles, il est certain que, sur ses autres biens, elle peut s'engager comme une femme non dotale, et que les créanciers avec qui elle a traité au cours du mariage pourront faire servir ses paraphernaux à

1. Aubry et Rau, V, § 537.

l'exécution de ses engagements. — Au contraire, il y a lieu d'examiner la situation très spéciale qui est faite par cette inaliénabilité, d'abord aux immeubles dotaux eux-mêmes, puis aux fruits et revenus de ces immeubles.

I. — Immeubles dotaux.

Nous avons vu que la jurisprudence admet le système de l'incapacité réelle de la femme dotale, et non le système de l'indisponibilité des biens dotaux. Par conséqnent, la situation des immeubles dotaux n'est pas une. Il y a lieu de distinguer suivant qu'il s'agit de créanciers de la femme dont le titre est antérieur ou postérieur au mariage.

1° Droits, sur les immeubles dotaux, des créanciers de la femme antérieurs au mariage.

Si ces créanciers sont des créanciers hypothécaires, ils conservent, même après la constitution en dot des immeubles qui leur avaient été hypothéqués, le droit de les poursuivre ; car ces créanciers ont un droit de suite, et la constitution en dot des immeubles hypothéqués n'a pas pu le leur enlever.

Même s'il s'agit de créanciers chirographaires, ils pourront, dans notre système de l'incapacité qui est aussi celui de la jurisprudence, saisir les immeubles dotaux au cours du mariage. Toutefois, entendons-nous : les dettes dont la femme se trouvait grevée au jour de la célébration du mariage n'affectent que ceux de ses immeubles dotaux qu'elle s'est elle-même constitués ; au contraire les créanciers même antérieurs au mariage n'ont aucune action, ni pendant le mariage ni après sa dissolution, sur les immeubles qui lui ont été donnés en dot par ses père et mère ou par d'autres personnes : car ces biens ne sont entrés dans le patrimoine de la femme que frappés d'inaliénabilité, et n'ont pu par conséquent devenir le gage de ses créanciers (1).

Comment ces créanciers antérieurs au mariage, et qui veulent saisir les immeubles dotaux, prouveront-ils leur antériorité ? L'art. 1558, 3°, exige d'eux un titre ayant date certaine. C'est d'ailleurs une grave dérogation au droit commun, car en principe l'art. 1828 n'exige la date certaine qu'à l'égard des tiers, mais dans les rapports du créancier et du débiteur, la date certaine n'est d'ordinaire pas nécessaire. Sous le régime de la communauté, par exemple, quand les créanciers s'attaquent seulement à la nue-propriété des biens de la femme, ils n'ont pas besoin d'un titre ayant date certaine. Au contraire, lorsqu'il s'agit de saisir des immeubles dotaux, il faut que le titre des créanciers ait date certaine même à l'égard de la femme. C'est qu'autrement il serait trop facile à celle-ci d'aliéner indirectement ses immeubles dotaux en antidatant son obligation.

1. Aubry et Rau, V, § 538, p. 604, note 2.

L'art. 1558, 3°, dit : « date certaine antérieure au contrat de mariage » ; ces mots doivent-ils être pris à la lettre, ou suffit-il, en réalité, que les dettes de la femme soient antérieures au mariage pour que les créanciers aient action sur les immeubles do-taux ? Pour soutenir cette dernière opinion, on a présenté deux arguments. Le premier, tiré des tex-tes, consiste à dire que l'art. 2194, lui aussi, emploie cette expression : contrat de mariage, et que, ce-pendant, on s'accorde à reconnaître qu'il s'agit là seulement de la célébration du mariage. Le second, tiré de la bonne foi, c'est que le contrat de mariage étant soumis à une publicité qui, en vertu des rè-gles de la loi de 1850, ne résulte que de l'acte de cé-lébration lui-même, il serait inique d'opposer la do-talité à ceux qui ont traité avec la femme avant cette célébration, fût-ce même après le contrat de mariage qui a pu précéder la célébration de plu-sieurs années.

Ces arguments nous paraissent tout à fait fondés, car les principes généraux conduisent à reconnaître le droit de saisie aux créanciers de la femme do-tale, par cela seul que leurs créances sont antérieu-res à la célébration du mariage. Il faudrait donc une disposition expresse, comme celle de l'art. 1404, 2°, pour écarter les créanciers antérieurs au mariage, mais postérieurs au contrat de mariage (1). — Ce-

1. Lyon-Caen, note Sirey, 1879, 2, 65.

pendant, MM. Aubry et Rau (1) soutiennent que, pour
que les créanciers de la femme conservent des droits
sur ses immeubles dotaux, il faut, comme le dit l'art.
1558, 3°, que leur titre ait date certaine antérieurement au « contrat de mariage »; ils décident que
les dettes contractées par la femme dans l'intervalle
de cet acte à la célébration du mariage doivent être
soumises, en ce qui concerne le droit de poursuite
des créanciers, aux mêmes règles que les dettes contractées pendant le mariage, c'est-à-dire qu'elles ne
peuvent être exécutées sur les biens dotaux, même
après la dissolution du mariage. C'est aussi l'opinion
vers laquelle tend la jurisprudence (2). A l'argument
tiré de l'art. 2194, on répond que si, au titre des hypothèques, ces expressions « contrat de mariage »
ont pu être prises dans un sens différent de leur sens
naturel, il est impossible qu'au siège même de la
matière, au titre du contrat de mariage, le législateur n'ait pas donné à ses mots leur sens exact : sans
doute l'art. 1558, 3°, ne s'occupe pas expressément
du droit des créanciers, de la saisissabilité des immeubles dotaux; mais il présuppose, par sa disposition, que les créanciers n'ont de droits sur ces immeubles qu'à la condition d'avoir un titre ayant date
certaine antérieure au contrat de mariage. Car si,

1. Aubry et Rau, V, § 538, p. 604, note 3.
2. Montpellier, 7 janvier 1830, S. 30, 2, 69. — Contra, Rouen, 10
janvier 1867, S. 67, 2, 109.

même avec l'autorisation de justice, les immeubles
dotaux ne peuvent pas être vendus pour payer des
créanciers antérieurs à la célébration du mariage,
mais postérieurs au contrat de mariage, *a fortiori* ces
créanciers ne peuvent-ils pas saisir les immeubles dotaux, — et les créances antérieures au contrat de
mariage sont les seules à raison desquelles les créanciers puissent avoir action sur ces immeubles. — Et
d'autre part, au motif tiré de la bonne foi, ce système
oppose un motif analogue : il ne faut pas laisser à la
femme le pouvoir de dénaturer, par des engagements
contractés postérieurement à la passation du contrat de mariage, les effets que ce contrat devait produire : il se pourrait que, par là, la femme altère indirectement les effets de la constitution de dot. Or
l'art. 1395 prohibe tout changement aux conventions
matrimoniales, entre le contrat de mariage et sa célébration, si les époux ne suivent pas certaines formes : la création des dettes exécutoires sur la dot,
qui diminueraient l'effet de la constitution dotale,
serait une violation de ce principe.

Il faut assimiler, à cet égard, aux dettes antérieures
au contrat de mariage celles qui résultent du contrat de mariage lui-même (1) : elles sont exécutoires
sur les immeubles dotaux. — D'autre part, la dette
n'aurait plus besoin d'avoir acquis date certaine, con-

____

1. Cass., 20 août 1831, S. 62, 1, 17.

formément à l'art. 1328, s'il s'agissait d'une dette commerciale (1).

Voici donc l'hypothèse construite ; il s'agit de créanciers chirographaires, et ils ont prouvé leur antériorité au mariage : c'est-à-dire que, dans le système de la jurisprudence, ils présentent un titre ayant date certaine antérieure au contrat de mariage. — Quels vont être leurs droits sur les immeubles dotaux ? M. Guillouard (2) fait une distinction très rationnelle entre le cas où la constitution de dot s'étend à tous les biens ou à une quote-part des biens de la femme, — et le cas où elle ne comprend qu'un ou plusieurs immeubles déterminés.

1. — Lorsque la constitution de dot s'étend à tous les biens ou à une quote-part des biens de la femme, en un mot lorsqu'elle est universelle, les créanciers dont nous parlons peuvent saisir les immeubles dotaux pour la pleine propriété. Car la constitution de dot, qui ne fait pas sortir du patrimoine de la femme les biens qu'elle se constitue, ne saurait les soustraire au droit de gage auquel ils se trouvent soumis au profit des créanciers antérieurs. Les effets de l'inaliénabilité dont ces biens sont frappés pour l'avenir ne peuvent remonter au delà du contrat de mariage d'où elle dérive. La constitution générale en dot de tous les biens présents et à venir de la femme ne

1. Demolombe, *Cours de droit civil*, XXIX, nº 581.
2. Guillouard, *Du contrat de Mariage*, IV, nᵒˢ 2074-2079.

peut donc enlever à ses créanciers antérieurs le gage
sur lequel ils ont dû compter. En conséquence, le
mari, qui succède à sa femme *in universum jus*, puisqu'il acquiert la jouissance de l'universalité ou d'une
quote-part de ses biens, doit être soumis à la règle
générale qui s'applique à tous les successeurs universels : « *bona non dicuntur, nisi deducto œre alie-
no.* » (1)

2. — Lorsque la constitution de dot ne comprend
qu'un ou plusieurs immeubles déterminés, les créanciers dont il s'agit ne peuvent saisir que la nue propriété de ces immeubles dotaux, car il est impossible
de ne pas tenir compte du contrat intervenu entre le
mari et la femme, et des droits que ce contrat a fait
naître au profit du mari. Comme il ne s'agit plus que
de certains immeubles déterminés, la constitution
en dot qu'en a faite la femme est opposable aux
créanciers chirographaires qui ont suivi sa foi, comme
le serait l'aliénation de certains biens déterminés.
Seulement, elle ne leur est opposable que dans la
mesure nécessaire au but même de la constitution
en dot de ces immeubles, qui est de procurer leurs
revenus au mari, chef de l'association conjugale. Il
y a là un droit attribué au mari, assimilable, dans
une certaine mesure, à l'usufruit proprement dit,
car le mari est ainsi appelé à profiter éventuellement

1. Montpellier, 6 mars 1844, S. 45, 2, 11 ; — Bordeaux, 29 août
1855, S, 56, 2, 679.

de l'excédent de ces revenus sur les besoins du ménage. Si, par la constitution de dot, la femme n'aliène pas la pleine propriété des biens dotaux au profit du mari, du moins elle établit au profit de celui-ci un droit de jouissance qui, par cela même qu'il n'est plus dans le patrimoine de la femme, ne peut plus être saisi par ses créanciers. C'est cet usufruit, cet usufruit seul que les créanciers antérieurs au contrat de mariage doivent respecter : mais ils conservent leurs droits sur la nue-propriété. Ils pourront la saisir et la faire vendre.

La conséquence de cette dernière solution, c'est que si, au lieu d'un immeuble, c'était une créance qui était constituée en dot, les créanciers dont il s'agit ne pourraient former une saisie-arrêt sur cette créance dotale, car ce serait entraver le quasi-usufruit qui appartient au mari sur cette créance. Ils pourraient seulement former une saisie-arrêt sur le mari, pour empêcher qu'à la dissolution du mariage, la somme provenant de la créance dotale, et qui représente le capital, la nue-propriété, puisse être valablement payée à la femme, leur débitrice, ou à ses héritiers (1).

Tels sont les droits des créanciers de la femme antérieurs au mariage. Il faut remarquer qu'ils peuvent saisir et faire vendre cette pleine propriété ou cette nue-propriété des immeubles dotaux, sans

1. Lyon-Caen, note Sirey, 1879-2-65.

avoir besoin d'une permission préalable du juge, car l'art. 1558, al. 3, n'exige cette autorisation qu'au cas où les époux veulent aliéner les biens dotaux pour payer les dettes de la femme, et éviter ou arrêter ainsi les poursuites des créanciers. Au contraire le droit de saisie de ceux-ci n'est nullement subordonné à la nécessité d'une pareille autorisation (1).

2° Droits, sur les immeubles dotaux, des créanciers de la femme qui ont traité au cours du mariage.

Ici, la règle est fort simple : les créanciers qui ont traité avec la femme au cours du mariage, et même, dans la théorie de MM. Aubry et Rau, ceux qui ont traité dans l'intervalle qui sépare le contrat de mariage du mariage, n'ont pas de droits sur les immeubles dotaux. Puisque ceux-ci sont inaliénables, la femme ne peut les aliéner indirectement en contractant, au cours du mariage, des obligations exécutoires sur la dot, et qui auraient pour effet d'amener la vente de ces biens. — Pour ces créanciers, les immeubles dotaux sont donc comme s'ils n'existaient pas dans le patrimoine de la femme.

Et cette règle reste également vraie après la dissolution du mariage : le paiement des dettes contractées par la femme dotale durant le mariage ne

1. Montpellier, 6 mars 1844, S. 45-2-11 ;— Cass., 2 février 1852, S. 52-1-94.

peut pas, même après sa dissolution, être poursuivi
sur les immeubles dotaux, ni contre la femme elle-
même, ni contre ses héritiers. On l'a contesté à tort,
sous prétexte que les immeubles dotaux deviennent
aliénables après la dissolution du mariage. Mais ce
n'est pas une raison pour en conclure qu'ils se trouvent, dès lors, affectés au paiement des dettes contractées par la femme durant le mariage (1). Cette
conclusion ne tendrait à rien moins qu'à valider,
comme nous venons de le dire, l'aliénation indirecte
consentie à une époque où l'aliénation directe était
formellement défendue, ce qui renverserait toute l'é-
conomie du régime dotal. Au moment où le droit de
ces créanciers est né, il est né frappé de l'impossibilité de s'exécuter sur les biens dotaux, et la dissolution du mariage, qui rend ces biens dotaux
aliénables pour l'avenir, n'enlève pas au titre des
créanciers devenus tels pendant le mariage, le vice
dont il était frappé dès sa naissance (2). — Pour ce
qui est des héritiers de la femme, on a contesté également qu'ils puissent soustraire aux engagements
contractés par la femme durant le mariage les anciens immeubles dotaux, sous prétexte que le vice
qui les frappait était une incapacité purement personnelle à la femme ; mais la jurisprudence (3) a

1. Aubry et Rau, V, § 538, p. 607, note 13.
2. Bordeaux, 25 mars 1865, S. 65-2-333.—Cass. 18 août 1869, S.
70-1-69.
3. Cass., 16 décembre 1846, S. 47-1-194.—Paris, 16 janvier 1858,
S. 58-2-502.

rejeté cette opinion par ce double motif que s'il s'agit d'une incapacité personnelle, elle n'en a pas moins marqué les engagements pris par la femme, au cours du mariage, d'un vice indélébile, qui leur soustrait pour toujours les biens dotaux, quel qu'en soit le propriétaire, — et que, d'autre part, l'inaliénabilité des immeubles dotaux est, ainsi que le prouve l'art. 1560, tout aussi bien établie dans l'intérêt des héritiers de la femme dotale, que dans le sien propre.

Les immeubles dotaux resteraient insaisissables pour les créanciers chirographaires devenus créanciers au cours du mariage, alors même que le contrat de mariage permettrait expressément à la femme d'aliéner et d'hypothéquer les immeubles dotaux (1). Car ce droit exceptionnel que le contrat de mariage donne à la femme ne regarde en rien les créanciers chirographaires.

En principe, l'inaliénabilité implique donc l'insaisissabilité des immeubles dotaux pour les obligations contractées par la femme durant le mariage. Et peu importe, à cet égard, la nature ou l'origine de l'obligation. Peu importe, par exemple, qu'elle représente des dommages-intérêts dus par la femme à raison de l'inexécution d'une obligation préexistante au mariage : il en serait ainsi, notamment, de la différence de prix dont la femme serait tenue, en

1. Aubry et Rau, V, § 538, p. 607.

vertu de l'art. 710 du Code de procédure, en cas de revente sur folle enchère, au cours du mariage, d'un immeuble dont elle s'était rendue adjudicataire avant le mariage (1); car il s'agit là d'une dette comme une autre, née pendant le mariage, c'est-à-dire à une époque où les biens dotaux sont inaliénables. — De même, les dépens auxquels la femme a été condamnée dans une instance engagée avec un tiers, même au sujet de biens dotaux, ne peuvent permettre la saisie des immeubles dotaux, à moins qu'elle n'y ait été condamnée « à titre de dommages-intérêts », comme ayant agi de mauvaise foi (car, alors, il y aurait un délit). — Peu importe, enfin, que l'obligation de la femme dérive d'un contrat ou d'un quasi-contrat, et, dans ce dernier cas, peu importe que les faits constitutifs du quasi-contrat émanent de la femme elle-même ou d'un tiers. Ainsi dans le quasi-contrat de gestion d'affaires, le créancier n'aura pas d'action sur les immeubles dotaux, soit que la femme ait géré l'affaire d'autrui, soit même qu'un tiers ait géré le fonds dotal. Par application de cette idée, M. Guillouard, lorsqu'un tiers a élevé sur le fonds dotal des constructions qui en ont augmenté la valeur, refuse à ce créancier, sur l'immeuble ainsi agrandi, amélioré, l'action de *in rem verso*, c'est-à-dire limitée à la seule

1. Agen, 17 décembre 1847. S. 48, 2, 96. —Cass. 15 juin 1864, S. 64, 1, 363. — Aubry et Rau, V, § 538, p. 612.

plus-value conférée à l'immeuble par les constructions. En effet, ces constructions se sont incorporées
à l'immeuble, elles en ont pris la nature juridique ;
elles sont donc soumises au même régime (1). En
conséquence, le tiers n'a qu'une action personnelle
contre la femme, inexécutable sur les immeubles
dotaux.

Toutefois si, en règle générale, les immeubles dotaux sont insaisissables, quelle que soit la nature
ou l'origine de l'obligation, cette règle, cependant,
souffre 4 restrictions :

1. — La première et la plus importante est celle
qui concerne les délits ou quasi-délits de la femme.
Les créanciers, à raison de ces délits ou quasi-délits, peuvent poursuivre l'exécution de leur créance
sur la nue-propriété des immeubles dotaux, tant que
dure le mariage, car, pendant ce temps, le droit de
jouissance du mari doit être respecté (2), et, après
la dissolution du mariage ou après la séparation de
biens, sur la pleine propriété de ces immeubles. —
En effet, la femme ne peut s'assurer, par la stipulation du régime dotal, le droit de nuire impunément
à autrui : on doit donc supposer qu'il a été sous-en-
tendu dans le contrat qu'il y aurait, pour ce cas, exception à la règle de l'inaliénabilité.

---

1. Cass., 10 juin 1885, Dal. 86, 1, 206. — Guillouard, *Contrat de
mariage*, IV, n° 1733.

2. Cass., 16 février 1880, S. 81, 1, 351. — Rouen, 28 mars 1881.
S. 82, 2, 41.

La jurisprudence admet d'ailleurs que la femme n'est tenue, sur ses immeubles dotaux, que de sa faute délictuelle, mais non point de sa faute contractuelle. Si donc elle s'est obligée, au cours du mariage, par un contrat passé de bonne foi, et que, dans l'exécution de ce contrat, elle commette un dol, elle ne sera point tenue sur ses immeubles dotaux d'en réparer les conséquences, car il y a là une faute contractuelle : la source de son obligation est dans le contrat lui-même, et ce contrat ne présente aucun caractère dolosif (1). — Mais si elle avait provoqué, déterminé le contrat lui-même par des manœuvres dolosives destinées à dissimuler au tiers contractant sa qualité de femme dotale, ou l'inaliénabilité du bien objet du contrat, le tiers aurait action sur les immeubles dotaux, car il ne s'agit plus ici d'une faute contractuelle : les manœuvres qui ont déterminé le contrat constituent, par elles-mêmes, un délit civil suffisant pour permettre la saisie des immeubles dotaux (2), aussi bien que s'il s'agissait d'un délit commis par la femme en dehors de tout contrat ; l'art. 1310 du Code civil va donc recevoir son application. Seulement, dans notre hypothèse, il faut que des manœuvres dolosives aient été employées : le simple fait, par la femme, de dé-

1. Cass., 23 novembre 1885, S. 86, 1, 5.
2. Guillouard, *Contrat de mariage*, IV, n° 2096 *bis*.—*Contrà*, Labbé, Sirey, *Bulletin bibliographique*, 1888, 17.

clarer qu'elle s'est mariée sans contrat ne suffirait pas pour constituer un délit ou quasi-délit permettant au tiers de saisir les immeubles dotaux (1) (Arg. Art. 1307).

2. — La seconde restriction concerne les obligations légales. Celles-ci, même lorsqu'elles naissent à la charge de la femme au cours du mariage, peuvent être exécutées sur les immeubles dotaux comme sur tout autre bien. Il en est ainsi du payement de la contribution foncière due pour les immeubles dotaux eux-mêmes (2), ou des droits de mutation dus par la femme à l'occasion d'une succession qui lui est échue (3). Il semble même que, dans ces cas, la pleine propriété de l'immeuble dotal soit saisissable au cours du mariage, à la différence de ce qui se passe en cas de délit ou quasi-délit de la femme : car la dotalité, qui est de droit privé, ne peut faire obstacle à la nécessité de droit public du recouvrement des impôts (4).

3. — Les créanciers de la femme pourront encore poursuivre les immeubles dotaux pour les dettes contractées par elle, avec autorisation de justice, dans les cas exceptionnels prévus par les art. 1555, 1556 et 1558.

---

1. Toulouse, 12 juin 1860, S. 60, 2, 545. —Lyon, 19 mai 1886. S. 88, 2, 132.

2. Limoges, 28 mai 1863, S. 63, 2, 140.

3. Caen, 18 juin 1880, S. 81, 2, 1.

4. Guillouard, *Du contrat de mariage*, IV, n° 2097.

4. — Enfin, les dettes grevant une succession échue
à la femme peuvent être poursuivies sur la pleine
propriété des biens héréditaires recueillis par la
femme, encore qu'ils soient dotaux parce que la
femme s'est constitué en dot tous ses biens présents
et à venir, et que la femme n'ait accepté la succession qu'avec l'autorisation de justice (1). Mais les immeubles dotaux autres que ceux provenant de la
succession, ne pourront être saisis pour le paiement
de ces dettes.

En dehors de ces quatre restrictions, les immeubles dotaux ne peuvent être saisis, même après la
dissolution du mariage, pour l'exécution des obligations contractées pendant son cours par le mari ou
par la femme ou par les deux conjointement. Qu'ar-
riverait-il, cependant, si un immeuble dotal avait
été saisi dans ces conditions? La femme serait en
droit, quoique non séparée de biens, d'opposer la
nullité de cette saisie; et elle est même tenue de le
faire trois jours au plus tard avant la publication
du cahier des charges, sous peine de déchéance de
toute action ultérieure en revendication contre le
tiers adjudicataire de son immeuble dotal, car les
motifs d'ordre public, sur lesquels repose l'art. 728
C. pr., repoussent toute distinction tirée de la nature de la nullité dont se trouve entachée la saisie :

1. Cass., 28 février 1834, S. 34-1-208.

la règle de l'inaliénabilité des immeubles dotaux doit donc s'effacer devant la nécessité d'assurer la sécurité des ventes judiciaires (1). — Ceci n'est vrai, toutefois, que si la femme dotale a été mise en cause dans la procédure de saisie ; si, au contraire, la poursuite a été dirigée contre le mari seul, la femme, n'ayant pas été mise en cause, pourra revendiquer ensuite son immeuble entre les mains de l'adjudicataire (2), comme le ferait un tiers dont l'immeuble aurait été indûment saisi.—Même au cas où la femme, ayant été mise en cause, serait déchue du droit de revendiquer, elle pourrait d'ailleurs, même après la vente de l'immeuble saisi, et tant que l'adjudicataire n'a pas payé son prix, demander que ce prix lui soit attribué, comme représentant un bien dotal non affecté à l'exécution de l'obligation par elle contractée (3), car si elle a perdu le droit de revendiquer son immeuble, à raison du caractère d'ordre public de l'art. 728 C. pr., elle n'a pas perdu pour cela son droit de préférence sur le prix.

Telle est l'insaisissabilité, en ce qui concerne les immeubles dotaux eux-mêmes. Remarquons que, dans le système de la jurisprudence sur l'inaliénabilité de la dot mobilière, les principes sont les

---

1. Cass., 20 août 1861,S.62-1-17.— Cass., 9 mars 1870,S.70-1-285·
2. Bordeaux, 29 juillet 1857, S. 58-2-65.
3. Cass., 21 janvier 1856, S. 56-1-329, — Aubry et Rau, V, § 358, p. 610.

mêmes en ce qui concerne les meubles dotaux : les créanciers envers lesquels la femme s'est engagée durant le mariage, ne peuvent, même après sa dissolution, saisir ces meubles pour se payer ; car, pour la jurisprudence, l'inaliénabilité des meubles dotaux s'adressant spécialement à la femme, celle-ci ne peut faire servir, par une voie quelconque, sa dot mobilière au paiement des obligations qu'elle aurait contractées durant le mariage. Quant aux créanciers du mari, c'est une question très discutée que celle de savoir s'ils peuvent saisir les meubles dotaux? M. Troplong (1) soutient qu'ils le peuvent, par cette raison que la jurisprudence permet au mari de vendre ou céder ces meubles dotaux. Mais l'opinion la plus générale admet, au contraire, que les créanciers du mari ne peuvent pas plus saisir les meubles dotaux que les immeubles (2), car ce droit, le mari ne l'a qu'en qualité d'administrateur, et point du tout en qualité de propriétaire.

II. — *Fruits et revenus des immeubles dotaux.*

Lorsqu'il s'agit des fruits et revenus des immeubles dotaux, l'inaliénabilité ne s'adresse plus exclu-

1. Troplong, *Contrat de mariage*, IV, nos 3243 à 3245.
2. Aubry et Rau, V, § 356, p. 555, note 3.

sivement à la femme. Il y a donc lieu, maintenant, de distinguer suivant que l'obligation a été contractée par la femme ou par le mari.

1° Obligations contractées par la femme.

1. — Droits des créanciers à raison d'obligations contractées avant le mariage.

Lorsqu'il s'agit de créanciers privilégiés ou hypothécaires, nous avons vu qu'ils peuvent saisir la pleine propriété des immeubles dotaux, comme si leur débitrice ne s'était pas mariée sous le régime dotal : ils ont donc action sur les fruits et revenus des immeubles dotaux, comme sur les immeubles eux-mêmes.

Il en est de même des créanciers chirographaires dont le titre a date certaine antérieure au mariage, — ou, dans la théorie de MM. Aubry et Rau (1), au contrat de mariage, — lorsque la constitution de dot est universelle.

Au contraire, lorsque la constitution de dot ne comprend qu'un ou plusieurs immeubles déterminés, nous avons vu que ces créanciers chirographaires ne peuvent saisir que la nue-propriété desdits immeubles : par conséquent, pour eux, les fruits et revenus en sont insaisissables, comme devant rester entre les mains du mari. On a contesté cette insaisissabilité : la loi, a-t-on dit, n'attribue nulle part

1. Aubry et Rau, V, § 538, p. 604, note 3.

l'usufruit des biens dotaux au mari. Celui-ci n'est autorisé à percevoir les fruits et revenus des immeubles dotaux que pour les faire servir aux charges du mariage ; ce n'est qu'un droit d'administrateur, et non point un démembrement de la propriété à son profit, un usufruit : à tel point que tout le monde refuse au mari le pouvoir d'aliéner ou d'hypothéquer cette jouissance des fruits et revenus à venir des immeubles dotaux. Donc, conclut-on, le droit de propriété de la femme sur ces immeubles qu'elle s'est constitués en dot, reste intact ; et puisque les créanciers dont nous nous occupons peuvent saisir le fonds lui-même, ils doivent pouvoir le saisir tout entier (1).—A cette objection, MM. Aubry et Rau (2) répondent que la jouissance du mari sur les immeubles dotaux, si elle ne constitue pas un usufruit proprement dit, y est du moins assimilable ; qu'en effet c'est comme chef de l'association conjugale, c'est-à-dire en une qualité qui lui est propre, et non point comme simple administrateur, que le mari est autorisé à percevoir les fruits et revenus : c'est donc en son nom personnel qu'il est appelé à profiter éventuellement de l'excédant de ces revenus sur les besoins du ménage. Voilà pourquoi il faut respecter cette jouissance du mari, et pourquoi les

1. Sériziat, *Du régime dotal*, nᵒ 167.
2. Aubry et Rau, V, § 538, p. 606, note 8.

fruits et revenus des immeubles dotaux seront, en ce cas, insaisissables.

2. — Droits des créanciers à raison d'obligations contractées au cours du mariage.

Au cours du mariage, la femme s'étant obligée seule, avec l'autorisation du mari, les créanciers avec qui elle a traité ne pourront pas plus saisir les fruits et revenus des immeubles dotaux, que les immeubles eux-mêmes, pas même pour la portion de ces fruits et revenus excédant les besoins du ménage (1), puisque nous venons de voir que c'est le mari qui, en son nom personnel, est appelé à profiter éventuellement de cet excédant. La femme s'étant dessaisie de ces revenus au profit du mari, pour l'aider à supporter les charges du ménage, ses créanciers, devenus tels au cours du mariage, ne peuvent les frapper de saisie-arrêt, pour n'importe quelle portion. — Nous verrons au Chapitre III qu'en cas de séparation de biens, la jurisprudence admet que les fruits et revenus des immeubles dotaux peuvent être, au contraire, saisis par les créanciers envers lesquels la femme s'est engagée « depuis » la séparation, jusqu'à concurrence de l'excédant des besoins du ménage.

Ces fruits et revenus ne peuvent pas même être saisis après la dissolution du mariage, sur les hé-

1. Cass., 15 mars 1853, S. 53-1-465. — Cass., 13 février 1884, Dal., 84-1-325.

ritiers de la femme, pour le paiement des dettes contractées par elle au cours du mariage.

Ce que nous venons de dire, de l'insaisissabilité des fruits et revenus des immeubles dotaux, pour dettes contractées par la femme au cours du mariage, n'est d'ailleurs vrai que dans l'hypothèse, la plus ordinaire, où tous les revenus de la dot sont apportés au mari pour l'aider à subvenir aux charges du ménage. Mais si, conformément à l'art. 1549, la femme a stipulé au contrat de mariage qu'elle pourra toucher annuellement, sur ses seules quittances, une portion de ses revenus dotaux, cette portion sera saisissable, même durant le mariage, dans la mesure de ce qui ne serait pas indispensable aux besoins du ménage ; car cette portion des fruits et revenus n'est plus dotale (1).

Le principe est donc le même pour les fruits et revenus que pour les immeubles dotaux : insaisissabilité pour les obligations contractées par la femme durant le mariage.— Mais nous savons que, pour les immeubles, ce principe souffre quatre exceptions : que devient, dans ces quatre cas exceptionnels, l'insaisissabilité des fruits et revenus ?

D'abord lorsqu'il s'agit de délits ou quasi-délits commis par la femme au cours du mariage, les fruits et revenus des immeubles dotaux restent

<hr>

1. Cass., 13 janvier 1851, S. 51-1-109. — Cass., 17 mars 1856, S. 56-1-515.

pourtant insaisissables pour les créanciers à l'égard desquels elle est obligée par son délit ou quasi-délit, tant que le mariage dure, car le droit de jouissance du mari doit être respecté. Mais, après la dissolution du mariage ou la séparation de biens, ils peuvent saisir les fruits et revenus des immeubles dotaux pour le paiement de leur créance, quoiqu'elle soit née au cours du mariage.

Au contraire, l'exécution des obligations légales nées à la charge de la femme au cours du mariage peut être poursuivie, même pendant le mariage, sur les fruits et revenus des immeubles dotaux comme sur ces immeubles eux-mêmes, aux dépens du droit de jouissance du mari, et cela en raison de motifs d'ordre public.

De même, dans le troisième et le quatrième cas d'exception, c'est-à-dire lorsqu'il s'agit de dettes contractées par la femme avec autorisation de justice, dans les cas des art. 1555, 1556 et 1558, ou de dettes grevant une succession échue à la femme, les créanciers ont action sur la pleine propriété des immeubles dotaux engagés avec autorisation de justice, ou des immeubles dotaux héréditaires : les fruits et revenus sont donc saisissables.

Notons en terminant que si, en principe, les fruits et revenus des immeubles dotaux sont insaisissables pour les obligations contractées par la femme durant le mariage, il faut, dans le système de la jurisprudence sur l'inaliénabilité de la dot mobilière, en dire autant des revenus de cette dot. Les créanciers envers lesquels la femme s'est engagée durant le mariage ne peuvent, même après sa dissolution, saisir les intérêts de la dot mobilière pour se payer, ni même retenir ces intérêts par voie de compensation.

2° Obligations contractées par le mari.

Quant à la propriété des immeubles dotaux, l'inaliénabilité n'a pas de sens en ce qui concerne le mari, car celui-ci n'est qu'un administrateur, et le droit commun lui interdisait déjà de disposer de biens qui ne sont pas les siens : la prohibition d'aliéner s'adresse donc uniquement à la femme. Au contraire, les fruits et revenus des immeubles dotaux appartiennent au mari, puisque le but même de la dot, apport de la femme, est de procurer au mari ces fruits et revenus. Le mari qui les a reçus peut donc en disposer et les aliéner à son gré.

Aussi, lorsque les fruits des immeubles dotaux ont été perçus, les revenus échus, on s'accorde à reconnaître (1) qu'ils sont définitivement entrés dans le patrimoine du mari, qu'ils peuvent être saisis pour l'exécution des obligations par lui contractées et que la femme n'a d'autre ressource contre leur

1. Rodière et Pont, III, n. 1765. — Aubry et Rau, V, § 535, p. 554. — Guillouard, IV, n° 1819.

dissipation que le droit de demander la séparation de biens.

Mais que décider des fruits et revenus à échoir, c'est-à-dire du droit de jouissance du mari constituant une sorte d'usufruit sur les biens dotaux? En principe, comme ce droit de jouissance est concédé au mari bien moins dans son intérêt personnel qu'en sa qualité de chef de l'association conjugale, pour lui fournir les moyens de pourvoir à l'entretien de la femme et des enfants (1), il faut dire que ce droit de jouissance est inaliénable, aussi bien que les immeubles eux-mêmes, qu'il ne peut être cédé par le mari, ni saisi par ses créanciers. On a soutenu (2), cependant, que le mari a l'entière disposition même des revenus dotaux à échoir, de telle sorte que l'effet des saisies pratiquées par les créanciers du mari sur son droit de jouissance, ne pourrait être paralysé qu'au moyen d'une demande en séparation de biens formée par la femme. « L'inaliénabilité des immeubles dotaux, dit M. Laurent, n'implique point l'inaliénabilité ni l'insaisissabilité de la jouissance du mari sur ces immeubles ; car l'art. 1554 a pour but de défendre à la femme d'aliéner ses biens, or la jouissance n'est pas dans son domaine, elle est dans le do-

1. Rodière et Pont, III, n° 1714.
2. Troplong, IV, n°s 3287 et 3288. — Laurent, XXIII, n° 484.

maine du mari : cet article est donc étranger à la
jouissance et il n'y en a pas d'autre d'où on puisse
induire qu'elle soit inaliénable. » « Si le fonds dotal est inaliénable, dit aussi M. Troplong, il est au
contraire dans la destination et la nature des fruits
et revenus d'être aliénés. Ce n'est qu'en les aliénant qu'on leur fait remplir leur destination.
Ils sont donc séparés par une distance incommen-
surable du fond même de la dot, lequel seul doit
demeurer immobile ». Cette théorie est exagérée :
il ne s'agit pas, ici, rappelons-le, de la saisie des
fruits et revenus échus, qui est certainement permise
aux créanciers du mari, mais de la saisie de cette
espèce d'usufruit que l'art. 1549 accorde au mari
sur les biens dotaux. L'admettre, ce serait réduire
l'inaliénabilité à la nue-propriété des immeubles
dotaux, puisque leur jouissance serait ainsi aliénable
par le mari et saisissable par ses créanciers : or c'est
là une distinction que n'autorise nullement l'art.
1552, qui parle de l'inaliénabilité des immeubles,
et point de leur nue-propriété seulement, d'autant
plus que les fruits non perçus et les revenus non
échus sont immeubles comme le bien qui les produit,
et doivent participer de sa condition juridique.

Donc, en principe, ce droit de jouissance du mari
sur les fruits et revenus à écheoir des immeubles
dotaux, ne peut être cédé par le mari, ni saisi pour

l'exécution des obligations contractées par lui (1),
et si la saisie en a été opérée, la femme n'aura pas
besoin, pour y mettre obstacle au cas où cette jouissance serait indispensable à l'entretien de la famille,
de provoquer au préalable la séparation de biens :
le mari pourra, en sa qualité de gardien de la dot,
provoquer lui-même la nullité de la saisie.

Toutefois, ce principe n'est pas absolu. Comme
l'excédent éventuel des fruits et revenus dotaux sur
les besoins de la famille constitue pour le mari un
émolument dont il est appelé à profiter personnellement, la jurisprudence (2) admet que cet excédent
des fruits et revenus dotaux peut, même avant leur
échéance ou leur perception, être cédé par le mari
ou saisi par ses créanciers. En effet, pourquoi, en
règle, ces fruits et revenus à venir sont-ils inaliénables ou insaisissables ? C'est qu'ils sont destinés,
dans la pensée même qui a inspiré la constitution
de dot, à subvenir aux besoins du ménage, et qu'en
conséquence, si le mari pouvait les aliéner, si ses
créanciers pouvaient les saisir par avance, ils fe-
raient défaut au moment de leur échéance : perdus
pour la famille avant même d'être nés, ils laisse-
raient les époux sans ressources, et les mettraient
dans la nécessité d'aliéner l'immeuble dotal lui-

1. Montpellier, 1er février 1828, S. 28-2-194.
2. Cass., 3 juin 1839, S. 39-1-583. — Cass., 14 août 1883, S.
86-1-5.

même, pour procurer des aliments nécessaires à leur subsistance et à celle des enfants. Mais tout ceci n'est vrai que de la portion des fruits et revenus des biens dotaux nécessaire aux besoins du ménage ; s'il y en a davantage, comme le mari serait appelé, après avoir fait face à ces besoins, à en bénéficier personnellement, la jurisprudence permet d'aliéner cet excédent, même par anticipation et aux créanciers du mari de saisir une valeur qui, certainement, appartiendra à leur débiteur. Qu'importe ? Les besoins de la famille sont assurés ; donc le but de la dot est rempli.

On a vivement critiqué cette jurisprudence : « Toute la dot est inaliénable, a objecté M. Colmet de Santerre (1), alors même qu'elle est plus considérable qu'il n'est nécessaire pour subvenir aux besoins présents et à venir de la famille. Car si l'usufruit de la dot est inaliénable, ce ne peut être qu'en vertu de l'art. 1554, et cet article ne connaît pas les distinctions arbitraires entre l'utile et le superflu. »

A ces critiques, M. Guillouard (2) répond par deux arguments, qui justifient bien la jurisprudence.

En premier lieu, si toute la dot est inaliénable,

1. Colmet de Santerre, VI, n° 226 *bis*, IX.
2. Guillouard, *Du contrat de mariage*, IV, n° 1818.

aux termes de l'art. 1554, c'est qu'elle reste la propriété de la femme, et que, ni elle, ni le mari, ni
par suite leurs ayants-cause, n'y peuvent toucher ; —
au contraire, les revenus en sont donnés au mari,
et en dehors de la destination que l'art. 1540 leur
assigne, le surplus entre dans son patrimoine. On
peut donc parfaitement limiter l'article 1554 par
l'art. 1540, lorsqu'il s'agit des revenus de la dot,
et fixer comme borne à l'inaliénabilité de ces revenus, la destination que la loi leur a donnée.

Quant à la distinction entre l'utile et le superflu,
que l'on accuse ici d'être arbitraire, tout le monde
s'accorde à la faire lorsqu'il s'agit, pour les créanciers
du père ou de la mère, de saisir les fruits et revenus
des biens soumis à l'usufruit légal. On admet qu'ils
ne peuvent les saisir que pour la portion superflue
à l'entretien et à l'éducation des enfants.

— Nous avons vu les droits des créanciers à raison
d'obligations contractées par le mari, sur les fruits
et revenus des immeubles dotaux.

Les créanciers à raison d'obligations contractées
par la femme au cours du mariage, ne peuvent, eux,
saisir en aucune façon ces fruits et revenus. Sans
doute il a fallu à la femme l'autorisation de son mari,
pour contracter une obligation valable. Mais cette autorisation ne permet cependant point aux créanciers
de poursuivre l'exécution de l'obligation sur les fruits
et revenus des immeubles dotaux, pas même sur la

portion excédant les besoins de la famille, à moins qu'il ne s'agisse de dettes qui aient tourné au profit du mari ou du ménage.— Hors ce cas, l'autorisation donnée par le mari à l'engagement contracté par sa femme, ne peut être considérée comme emportant, de sa part, renonciation à son droit de jouissance sur les biens dotaux ; car on ne saurait appliquer au régime dotal les règles que les art. 1413 et 1419 n'ont édictées que pour le régime de communauté (1).

1. Nimes, 26 février 1851, S. 51-2-113.

CHAPITRE III

DURÉE DE L'INALIÉNABILITÉ.

Quand commence, quand cesse l'inaliénabilité dotale? Il n'y a aucune difficulté pour déterminer
quand elle commence. Ce n'est qu'après le mariage
célébré; car, jusque là, il n'y a point de dot à proprement parler. Dès lors, le sort des aliénations qui
seraient faites même des immeubles constitués en
dot et dans l'intervalle du contrat à la célébration,
se règle d'après les principes du droit commun. La
vente a-t-elle été faite par le mari seul? Elle est nulle,
comme vente de la chose d'autrui; et le mari lui-
même, une fois le mariage célébré, pourra revendiquer l'immeuble contre l'acquéreur, puisque l'art.
1549 le charge de poursuivre les détenteurs de la
dot, sauf à être condamné envers lui à des dommages-intérêts. La vente a-t-elle, au contraire, été faite
par la femme? Elle est pleinement valable comme
consentie par un propriétaire qui avait encore son
libre droit de disposition, et cela quand même la
vente aurait été faite, avant le mariage, par un acte
sous-seing privé, et quand même l'enregistrement

de cet acte n'aurait eu lieu que depuis le mariage
de la venderesse (1). Le mari ne peut cependant l'attaquer comme étant une aliénation d'un immeuble
dotal, à moins qu'ils ne résulte des circonstances de
la cause qu'il y a eu connivence entre la venderesse
et l'acquéreur pour rendre vaine la stipulation du
contrat de marirge constituant en dot l'immeuble
vendu. Hors ce cas, la vente est à l'abri, pnisqu'à
l'époque où elle a été passée, l'inaliénabilité n'avait
pas encore commencé : seulement la femme devra
indemniser le mari de la privation d'une jouissance
sur laquelle il était en droit de compter, l'aliénation
ayant eu lieu à son détriment (2).

Il est, au contraire, moins facile de déterminer
quand cesse l'inaliénabilité, ou plutôt quelles sont
ses conséquences qui subsistent encore après que le
régime dotal a pris fin. Distinguons, pour les étudier, entre le cas de la dissolution du mariage et le
cas de la séparation de biens.

SECTION I. — Effets de la dissolution du mariage sur l'inaliénabilité.

L'inaliénabilité dotale cesse après la dissolution
du mariage ; la dot perd alors sa nature et se con-
fond avec les autres biens de la femme, qui reprend

1. Grenoble, 13 mai 1831, S. 1832-2-582.
2. Tessier, *Traité de la dot*, I, p. 290.

en conséquence la libre disposition de ses biens dotaux. Voilà le principe.

Est-ce à dire qu'aussitôt le mariage dissous, aucune conséquence de l'inaliénabilité ne subsistera,
et que les anciens immeubles dotaux seront, à tous
égards, traités comme des immeubles ordinaires ?
Non : si, d'une part, la raison d'être de l'inaliénabilité cesse avec la dissolution, puisqu'il n'y a plus
de dot, la femme, d'autre part, n'en a pas moins,
pendant le mariage, été frappée, quant à ses immeubles dotaux, d'une incapacité dont les suites se
font sentir même quand il est dissous. Les effets de
la dissolution du mariage sur l'inaliénabilité peuvent donc se résumer dans ces deux règles :

L'inaliénabilité cesse pour l'avenir ;

Elle subsiste dans le passé.

I. — *La dissolution du mariage fait cesser les effets de
l'inaliénabilité pour l'avenir.*

Nous avons déjà vu (chapitre II, section II, paragraphe 1), comme conséquence de cette règle, que
la femme peut, même au cours du mariage, disposer
de ses biens dotaux, immeubles et meubles, par testament. En effet, l'aliénation par testament n'est
censée consommée que par la mort du testateur :
elle est donc postérieure ou tout au moins conco-
mitante à la dissolution du mariage, c'est-à-dire à

une époque où les biens dotaux sont devenus aliénables (1).

Une autre conséquence, c'est que l'inaliénabilité
ne peut jamais frapper les immeubles que la femme
n'acquiert qu'après la dissolution du mariage, en
sorte que ceux même de ses créanciers qui ont traité
avec elle pendant le mariage pourront poursuivre
sur ces immeubles l'exécution de l'obligation. On a
pourtant contesté cette solution dans le cas où la
femme, s'étant constitué en dot tous ses biens présents et à venir, ne recueille la succession de ses
père et mère qu'après la dissolution du mariage.
Alors, dit-on, les biens de cette succession ne doivent pas être la garantie des créanciers envers qui
la femme s'est obligée pendant le mariage, car si,
au moment du contrat, on a stipulé la dotalité de
tous les biens présents et à venir, c'est, sans doute,
que les parents de la femme avaient précisément en
vue les biens à recueillir par leur fille dans leur
propre succession, et ne voulaient pas que ces biens
fussent compromis par des obligations contractées
peut-être au profit du mari, et en tous cas sous son
influence : dans l'espèce, cette prévoyance sera donc
déjouée ? Cette objection ne peut nous arrêter : sans
doute, ces inconvénients peuvent se produire ; mais
il n'y a aucun texte permettant de soustraire les

1. Bordeaux, 20 décembre 1832, S. 33. 2. 279. — Caen, 15 juin
1835, S. 38. 2. 522.

biens de cette succession à l'action des créanciers dont il s'agit; car l'inaliénabilité ne s'applique qu'aux biens dotaux : or, la dot est le bien que la femme apporte au mari pour l'aider à supporter les charges du ménage; comme, dans notre hypothèse, les biens de la succession ne peuvent être apportés par la femme au mari, puisque le mariage est dissous, ils ne sont pas dotaux et ne peuvent être protégés ni par l'inaliénabilité, ni par l'insaisissabilité.

Puisque l'inaliénabilité ne s'applique pas aux immeubles acquis par la femme seulement après la dissolution du mariage, il faut en conclure que les immeubles qui lui adviennent à titre de gain de survie, stipulé à son profit dans le contrat de mariage, ne sont pas inaliénables. En effet son droit sur ces biens ne peut naître qu'à la dissolution du mariage (1).

Mais que décider dans le cas où, postérieurement à la dissolution du mariage, la femme devenue veuve, ou ses héritiers ou légataires vendent les anciens immeubles dotaux ? La créance du prix de cette vente, ou les immeubles qui ont pu être ensuite achetés avec ce prix vont-ils être considérés comme des biens nouveaux, saisissables par conséquent même par les créanciers envers lesquels la femme

1. Bordeaux, 30 août 1850, S. 51. 2. 65.Limoges, 15 juillet 1850, S. 52. 2. 670.

s'est obligée au cours du mariage, ou seront-ils, au contraire, soustraits à l'action de ces créanciers, comme subrogés aux anciens immeubles dotaux qu'ils représentent? La question est très discutée. Pour soutenir que les créanciers qui ont traité avec la femme dotale au cours du mariage peuvent former une saisie-arrêt valable sur la créance du prix de la vente de l'immeuble dotal, faite postérieurement à la dissolution du mariage, on soutient que la protection du régime dotal, et l'insaisissabilité qui en dérive, ne couvrent que les biens dotaux, et ne peuvent survivre à la transformation de ces biens, survenue après que le mariage est dissous, puisqu'alors les motifs sur lesquels est fondée l'inaliénabilité ne subsistent plus (1).— Nous pensons au contraire que la créance du prix, ou l'immeuble acheté avec ce prix sont subrogés à l'ancien immeuble dotal, et sont soustraits, par conséquent, aux poursuites du créancier qui a contracté avec la femme dotale au cours du mariage.

D'abord, en ce qui concerne la créance du prix, nous disons qu'elle ne peut être frappée de saisie-arrêt par ce créancier, — surtout si on tient compte de la jurisprudence actuelle, qui consacre le principe de l'inaliénabilité de la dot mobilière. « D'après cette jurisprudence, écrit M. Labbé (2), ce qui est

1. Paris, 9 juin 1856, S. 56. 2. 330.
2. Labbé, *Revue Critique*, tome 9, p. 14 et suiv.

inaliénable et par suite insaisissable, c'est la dot,
c'est la valeur affectée à ce titre au soutien de la famille. Peu importe que cette valeur soit mobilière ou
immobilière ; peu importe, par conséquent, que d'immobilière elle devienne mobilière. Ce qu'il faut considérer pour arrêter la poursuite du créancier, ce
n'est pas la nature du bien saisi, c'est son affectation directe ou son origine. » Or, ici, l'origine est manifeste, puisqu'il s'agit du prix encore dû, moyennant lequel un immeuble dotal a été vendu : le créancier vis-à-vis duquel la femme dotale avait pris un
engagement dénué d'efficacité, sera donc désarmé
devant la créance du prix qui représente l'ancien immeuble dotal, comme il le serait devant cet immeuble lui-même (1). — Sans doute, désormais, le mariage étant dissous, il n'y a plus de dot ; les biens
n'ont plus la même destination, et tous les actes de
leur propriétaire postérieurs à cette dissolution, sont
régis par les principes ordinaires. « Mais, ajoute M.
Labbé, en est-il de même des actes accomplis durant le mariage ? Pour régler l'effet de ces actes, ne
faut-il pas conserver aux biens le caractère qu'ils
avaient au moment où sont nés les droits des tiers ?
Comme une nullité ne dépend pas en général de
faits postérieurs au contrat, ne faut-il pas décider
que ce qu'il est interdit actuellement au créancier

1. Aubry et Rau, V, § 538, note 15, p. 608.

de saisir, c'est ce qu'il n'aurait pas pu saisir durant le mariage, et que tout ce qui serait dotal et insaisissable si le mariage existait encore, doit être soustrait à l'action du créancier dont le titre est contemporain du mariage ? Pour ce créancier, la dot subsiste toujours avec son caractère d'unité abstraite, susceptible de transformation dans ses éléments ; car les conséquences de l'incapacité de la femme dotale ne doivent pas être affaiblies par la dissolution du mariage. »

Ce que nous venons de dire de la créance du prix est vrai également de l'immeuble acheté avec ce prix : le créancier qui a contracté avec la femme dotale au cours du mariage ne pourra pas saisir cet immeuble. En effet la règle, c'est qu'il faut agir à l'égard de ce créancier, comme si le mariage existait encore : si donc le prix de l'immeuble dotal aliéné est remployé en achat d'immeuble, et qu'il n'y ait pas de doute sur l'origine du prix d'achat, l'action du créancier sera encore entravée.

Au contraire, les obligations que la femme dotale, divorcée ou devenue veuve, contracte après la dissolution du mariage, sont exécutoires sur ses anciens immeubles dotaux, comme sur tous ses autres biens. C'est ce qu'a décidé formellement la Cour de cassation : « Quand, le mariage une fois dissous, la femme est redevenue libre de sa personne et de ses biens... dans ce cas, l'exception de dotalité ne peut plus

soustraire les biens qui formaient la dot au paiement
des dettes qui n'ont été contractées que quand le
régime dotal a cessé d'exister avec le mariage lui-
même. » (1)

II. — *La dissolution du mariage laisse subsister les effets
de l'inaliénabilité dans le passé.*

Pour ce qui concerne l'aliénation directe, cette
proposition est de toute évidence. Il est bien certain
que celui auquel un immeuble dotal a été vendu
pendant le cours du mariage, en dehors des cas exceptionnels où cette aliénation est permise, et qui
a fait, par conséquent, un acte nul et inexécutable,
ne peut pas davantage exiger l'exécution du contrat
après la dissolution du mariage. La femme est libre
de consentir une nouvelle vente, si elle le veut ;
mais l'ancienne était et reste nulle.

Mais notre proposition est exacte aussi pour l'insaisissabilité des immeubles dotaux, en raison des
dettes contractées par la femme au cours du mariage. Nous avons vu au chapitre premier que la jurisprudence considère avec raison l'inaliénabilité
comme une incapacité dont est frappée la femme
relativement à ses immeubles dotaux : ceci étant
admis, les effets de cette incapacité doivent survivre

1. Cass., 7 juin 1882, S., 85, 1, 220.

au mariage et durer aussi longtemps que l'obligation contractée (1). Voilà pourquoi nous avons eu
occasion de constater, au chapitre II, que les créanciers dont la créance est née pendant le mariage, ne
peuvent pas plus saisir les immeubles dotaux, pour
obtenir le paiement de leur créance, entre les mains
de la femme dotale devenue veuve ou divorcée, ou
entre les mains de ses héritiers, qu'ils ne pouvaient
le faire au cours du mariage. Sans doute la dissolution du mariage rend désormais les biens dotaux
libres entre les mains de la femme ou de ses héritiers, mais elle n'efface point l'inaliénabilité dans le
passé ; elle ne change pas les conditions dans lesquelles ont été contractés les engagements pris par
la femme, alors qu'elle était sous la puissance du
mari.

La dissolution du mariage ne fait donc pas cesser
l'inaliénabilité des immeubles dotaux, par rapport
aux obligations que la femme aurait contractées
pendant le mariage. Elle ne fait que changer, en
certains cas, la condition des fruits et revenus de
ces immeubles. Nous savons que lorsque la constitution de dot ne comprend qu'un ou plusieurs immeubles déterminés, les créanciers chirographaires
de la femme à raison d'obligations contractées avant

1. Bordeaux, 25 mars 1865, S. 65-2-333 ; — Cass., 18 août 1869,
S. 70-1-69.

le mariage, qui peuvent, eux, saisir les immeubles
dotaux, ne peuvent en saisir que la nue-propriété ;
mais que les fruits et revenus de ces immeubles
restent, même pour eux, insaisissables, en raison du
droit de jouissance du mari : au contraire, aussitôt
le mariage dissous, comme ce droit de jouissance
n'existe plus, ces fruits et revenus redeviennent leur
gage.—De même, les créanciers à raison d'obligations
contractées par la femme pendant le mariage peuvent par exception saisir les immeubles dotaux, lorsque l'obligation de la femme a sa source dans un
délit ou un quasi-délit, mais ils ne peuvent saisir
que leur nue-propriété, tant que le mariage dure :
ici encore, une fois le mariage dissous, ces créanciers peuvent saisir les fruits et revenus comme les
immeubles eux-mêmes.

SECTION II. — Effets de la séparation de biens sur l'inaliénabilité.

L'inaliénabilité qui, nous l'avons vu, cesse avec
le mariage, dure en revanche autant que lui. Elle
continue donc malgré la séparation de biens, soit
prononcée principalement, soit résultant de la séparation de corps. En effet l'art. 1552 dit : les immeubles constitués en dot ne peuvent être aliénés
ou hypothéqués « pendant le mariage » ; or la séparation de biens ne rompt pas le mariage, et par

conséquent, n'efface pas le caractère de dotalité. Quoiqu'elle déplace l'administration et la jouissance des immeubles dotaux, elle en laisse donc subsister l'inaliénabilité. — Cependant la séparation de biens n'est point sans effets sur la condition des immeubles dotaux ; et nous allons étudier ces effets, en distinguant l'inaliénabilité, l'insaisissabilité et l'imprescriptibilité.

§ 1. — *Quels sont les effets de la séparation de biens sur l'inaliénabilité des immeubles dotaux ?*

« L'administration de la dot est reprise par la femme séparée au même titre que la femme commune en biens reprend, après la séparation, l'administration de ses biens propres. Cette reprise constitue en effet, sous tous les régimes, le but principal de la séparation : le mari administre mal la dot, il la compromet par sa mauvaise gestion ; la séparation de biens intervient pour rendre à la femme l'administration de son patrimoine, et séparer ses biens de ceux du mari » (1).

Mais si la femme dotale, une fois séparée, reprend l'administration de sa dot, elle la reprend comme le mari l'exerçait lui-même, avec les conditions que le contrat de mariage avait fixées pour la garantie

1. Guillouard, *Du Contrat de Mariage*, IV, n° 2102.

de la dot. En un mot, la séparation de biens ne change pas le régime de la dot : elle en déplace seulement l'administration. Si donc la femme dotale peut, désormais, louer ses immeubles dotaux, toucher ses revenus et exercer en son propre nom, avec l'autorisation de son mari, les actions relatives à la dot, — cependant les immeubles dotaux restent inaliénables entre ses mains comme ils l'étaient entre les mains du mari (1). Cela ressort d'ailleurs, nous l'avons dit tantôt, de l'art. 1554, aux termes duquel les immeubles ne peuvent être aliénés « pendant le mariage. » On a vainement objecté (2) que l'art. 1561 déclare les immeubles dotaux prescriptibles après la séparation de biens. — D'abord toute chose prescriptible n'est point, par cela même, aliénable (3) ; et ensuite il est inadmissible que la protection de l'inaliénabilité vienne à manquer à la femme et aux enfants, précisément à l'instant où le mauvais état des affaires du mari a sans doute réduit à la dot les ressources de la famille.

La femme, même séparée de biens, ne peut donc, avant la dissolution du mariage, confirmer ou ratifier l'aliénation des immeubles dotaux faite en contravention à l'art. 1554 ; et elle peut revendiquer

1. Cass. 19 août 1819, S. 1820. 1. 19. — Cass. 7 juillet 1830, S. 31. 1. 68.

2. Delvincourt, t. III, p. 114.

3. Aubry et Rau, V, § 539, note 3.

ces immeubles même contre les tiers détenteurs auxquels ils auraient été revendus (1).

L'inaliénabilité subsiste exactement dans les mêmes conditions qu'avant la séparation de biens : si donc le contrat de mariage avait exceptionnellement permis l'aliénation des immeubles dotaux, mais à charge de remploi, le remploi reste possible après la séparation de bien ; mais, s'il n'est pas effectué, l'aliénation est nulle (2).

Ce qui vient d'être dit pour l'inaliénabilité des immeubles dotaux est vrai, naturellement, pour l'inaliénabilité de la dot mobilière (3), telle que l'admet la jurisprudence, en ce sens que la femme ne peut, même après la séparation de biens, renoncer à ses reprises dotales, ni en compromettre en aucune façon le remboursement intégral, par exemple en cédant son hypothèque légale, ou en y subrogeant ou en y renonçant.—Remarquons toutefois, en passant, que la jurisprudence n'accorde pas à la femme, après la séparation de biens, les droits qu'elle accorde, avant, au mari, sur les meubles dotaux. La jurisprudence étend donc l'inaliénabilité : tandis qu'elle permet au mari, en vertu de ses pouvoirs d'administrateur, de disposer des meu-

1. Cass., 19 août 1819, S. 1820, 1, 19.
2. Aubry et Rau. V, § 539, p. 618.
3. Cass., 14 novembre 1846, S. 46, 1, 824 ; Cass., 29 juillet 1862, S. 63, 1, 443.

bles dotaux, de céder des rentes ou des créances dotales, elle refuse, au contraire, ce droit à la femme, après la séparation de biens, et décide que la dot mobilière reste absolument inaliénable entre ses mains, comme la dot immobilière l'était entre les mains du mari (1).

En ce qui concerne les immeubles dotaux, le principe est donc certain : l'inaliénabilité survit à la séparation, jusqu'à la dissolution du mariage, dans les mêmes conditions exactement qu'avant la séparation. — Mais faut-il considérer comme dotal et soumettre à ce principe l'immeuble que le mari abandonne à sa femme pour la payer des reprises auxquelles elle a droit après la liquidation qui suit la séparation de biens ? Non, car, alors même que les reprises en raison desquelles l'immeuble est cédé à la femme seraient la représentation de sa dot mobilière, l'immeuble ne serait pourtant pas dotal, puisqu'il serait acquis en payement de deniers dotaux. Par suite, cet immeuble est aliénable entre les mains de la femme séparée, et peut être saisi par ses créanciers. Cependant, comme il représente, en ce cas, des valeurs dotales mobilières, et que la dot mobilière est inaliénable pour la femme, la jurisprudence décide que, d'une part, bien que l'aliénation de cet immeuble soit valable, la femme peut

1. Cass., 3 février 1879, S., 79, 1, 353.

répéter contre l'acquéreur les deniers dotaux qu'il représente (1), et que, d'autre part, s'il a été saisi par les créanciers de la femme, ceux-ci doivent faire ressortir du prix à provenir de la vente, la partie de la dot mobilière qu'il représente, pour la rembourser à la femme.

Après avoir étudié les effets de la séparation de biens sur l'inaliénabilité des immeubles dotaux, recherchons ce que devient l'inaliénabilité de leurs fruits et revenus. Avant la séparation de biens, ces fruits et revenus n'appartenaient point à la femme, qui ne pouvait donc aucunement les aliéner ; ils devenaient la propriété du mari qu'ils aidaient à soutenir les charges du ménage, et nous avons constaté (chapitre II, section II, paragraphe 2) qu'entre ses mains les revenus échus étaient pleinement aliénables, et les revenus à échoir jusqu'à concurrence seulement de l'excédent sur les besoins du ménage. Maintenant que la séparation de biens est prononcée, la femme, substituée au mari dans l'administration, lui est également substituée dans la jouissance : les fruits et revenus des immeubles dotaux lui appartiennent, à charge de les faire servir aux dépenses du ménage proportionnellement à ses facultés comparées à celles de son mari, suivant la règle de l'art. 1448, qu'il faut appliquer ici, puisque

1. Cass., 12 avril 1870, S. 70, 1, 185.

l'art. 1563 renvoie, pour la séparation de biens sous
le régime dotal, aux art. 1443 et suiv. Or, ces fruits
et revenus, après la séparation de biens, sont inaliénables, entre les mains de la femme, dans la mesure où ils l'étaient, avant la séparation, entre les
mains du mari (1). Le principe est donc le même
que pour les immeubles eux-mêmes : modification
dans l'administration, la jouissance, — pas de modification dans l'inaliénabilité. En conséquence, la
femme séparée a la libre disposition des fruits et
revenus échus des immeubles dotaux ; mais, pour
les revenus à échoir, elle ne peut les céder que pour
la partie qui excède les besoins du ménage (2).

Toutefois, l'inaliénabilité, même dans cette mesure, ne subsiste que pour les fruits et revenus qui
étaient dotaux avant la séparation de biens. Si donc
la femme, par son contrat de mariage, s'est réservé,
conformément à l'art. 1549, le droit de toucher annuellement sur ses seules quittances une partie de
ses revenus, cette partie, n'ayant jamais été inaliénable, est à la libre disposition de la femme après
comme avant la séparation de biens (3).

<hr>

1. Guillouard, *Du contrat de mariage*, IV, n° 2112.
2. Rouen, 15 avril 1869, S. 70, 2, 149.
3. Cass., 14 août 1883, S. 86, 1, 37.

§ 2. — Quels sont les effets de la séparation de biens sur l'insaisissabilité des immeubles dotaux, en raison des engagements contractés par la femme?

Puisque l'inaliénabilité dotale survit à la séparation de biens et dure autant que le mariage, l'insaisissabilité subsiste également, sinon la femme aliénerait indirectement, par ses obligations, des biens qu'elle ne peut aliéner directement, ce qui est impossible. Il faut donc décider que les créanciers de la femme ne peuvent pas plus saisir les biens dotaux, immeubles ou meubles, même une fois le mariage dissous, pour les obligations contractées par elle après la séparation de biens, que pour les obligations contractées avant. —Les règles que nous avons étudiées au chapitre II, sur l'insaisissabilité des immeubles dotaux, restent identiquement les mêmes et souffrent, naturellement, les mêmes exceptions. Toutefois, il faut en ajouter une : nous avons vu au paragraphe précédent que les meubles ou immeubles cédés par le mari à sa femme en paiement des reprises dotales dont elle est créancière en vertu de la liquidation qui a suivi la séparation de biens, sont saisissables par les créanciers de la femme, car ils ne peuvent être considérés commè biens dotaux (1). Mais ceux-ci ne peuvent les faire vendre

1. Caen, 6 juillet 1866, S. 67, 2, 317. — Grenoble, 4 mars 1868, S. 68, 2, 207.

qu'à charge de faire ressortir la partie de la dot mobilière qu'ils représentent.

La solution, très simple, par conséquent, pour le
fond de la dot, l'est au contraire beaucoup moins
en ce qui concerne les fruits et revenus de la dot.
— Quels sont les effets de la séparation de biens
sur leur insaisissabilité ?

Nous savons que les créanciers en raison d'engagements contractés par la femme au cours du mariage, avant la séparation de biens, ne peuvent pas
plus saisir les fruits et revenus des biens dotaux
que ces biens eux-mêmes, pas même pour la portion excédant les besoins du ménage, car la femme
s'était dessaisie de la jouissance au profit du mari.
Mais, maintenant que la séparation de biens est
prononcée, la femme reprend cette jouissance : que
faut-il donc décider ?

Il est d'abord un point qui, malgré de vives con-
troverses, a été admis d'une manière définitive en
jurisprudence : c'est que ces créanciers dont nous
venons de parler, dont le titre est antérieur à la séparation de biens, n'ont, même après que la séparation de biens a été prononcée, aucun droit sur les
revenus. — Qu'ils ne puissent saisir en totalité ces
fruits et revenus des immeubles dotaux, tout le
monde s'accorde à le reconnaître (1). Au contraire

1. Bordeaux, 10 avril 1845, S. 47-2-166. — Cass. 15 mars 1853,S.
53-1-465.

plusieurs auteurs ont soutenu et des arrêts ont admis que ces créanciers de la femme antérieurs à la séparation peuvent, une fois la séparation prononcée, saisir ces fruits et revenus jusqu'à concurrence de la portion excédant les besoins du ménage (1). En effet, dit-on, l'excédent des revenus sur les besoins du ménage, disponible entre les mains du mari, tant qu'il conserve la jouissance de ces revenus, devient également disponible entre les mains de la femme après séparation de biens : rien ne s'oppose donc à ce que la femme puisse, même avant la séparation de biens, engager cet excédent (2). « Par la séparation, la femme, dit M. Troplong, reprend son droit de propriété sur les fruits des biens dotaux. Si, déduction faite des besoins de la famille, il y a un superflu, la femme est maîtresse de le consommer : elle peut le dissiper en objets de luxe, en frivolités. En un mot, on admet que l'épouse séparée a la disposition de ce superflu, sans qu'on puisse lui opposer l'inaliénabilité de la dot : et on ne veut pas que ce superflu puisse servir à payer des dettes sérieuses et contractées de bonne foi ! Mais pourquoi ? Parce que, à l'époque où l'obligation a été contractée, les fruits appartenaient au mari et que la femme n'y avait pas droit. Soit : mais est-ce donc qu'il s'agit

1. Bordeaux, 21 août 1835, S. 36-2-49. — Paris, 15 juillet 1856, S. 57-2-433.

2. Marcadé, tome VI, sur l'art. 1554, n° 4.

ici de fruits appartenant au mari ? est-ce que l'action du créancier ne s'exerce pas sur des fruits appartenant désormais à la femme, puisqu'ils sont
échus depuis la séparation (1) ? » Malgré ces objections, des auteurs considérables professent que ces
créanciers antérieurs à la séparation de biens ne
peuvent même pas saisir la portion des revenus dotaux, échus depuis la séparation, qui excède les
besoins du ménage (2), — et la jurisprudence, avec
grande raison, s'est rangée, nous l'avons vu, à cet
avis (3). L'opinion adverse perd de vue la vraie nature juridique de l'inaliénabilité dotale, qui constitue
non une indisponibilité des biens dotaux, en raison
de leur destination, mais une incapacité personnelle
pour la femme. Non, peut-on répondre à M. Troplong,
si on refuse aux créanciers dont il s'agit le droit de
saisir les fruits des biens dotaux, même après la séparation, ce n'est parce qu'à l'époque où l'obligation
a été contractée, les fruits appartenaient au mari et
que la femme n'y avait point droit, — c'est parce
que la femme dotale, étant incapable d'aliéner ou de
s'obliger quant à ses biens dotaux, est incapable,
tant qu'il n'y a pas séparation de biens, d'engager
leurs revenus, tout comme ces biens eux-mêmes. La

1. Troplong, IV, nos 3306 et 3307.
2. Aubry et Rau, V, § 538, p. 608 et note 16. — Guillouard, IV,
no 2084.
3. Cass., 4 novembre 1846, S. 47-1-201.— Ch. réun. cass., 7 juin
1864, S. 64-1-201.

séparation de biens qui, nous allons le voir, donne à
la femme le pouvoir de disposer de ces revenus pour
l'avenir, ne change au contraire nullement sa situation pour le passé, et ne modifie point le droit de
ses créanciers antérieurs. Or, à l'égard de ces créanciers, la femme a contracté un engagement valable
sans doute, mais qui ne porte point sur la dot : pour
eux c'est comme si la dot n'existait pas, et en conséquence ils ne peuvent avoir aucun droit non seulement sur les biens constitués en dot, mais sur les
revenus que ces biens produiront soit après la séparation, soit même après la dissolution du mariage.

Au contraire, pour les créanciers de la femme
dont le titre est postérieur à la séparation de biens,
la jurisprudence admet qu'ils ont des droits sur les
fruits et revenus des immeubles dotaux, et des biens
dotaux en général. Mais, à ces droits, elle apporte
deux limitations, l'une fort naturelle, l'autre plus
contestable.

1. D'une part elle admet que ces créanciers
envers qui la femme ne s'est obligée que depuis la
séparation de biens, ne peuvent cependant saisir les
revenus des biens dotaux, entre ses mains, pour
l'exécution de l'obligation, que dans la mesure où
ils excèdent les besoins du ménage.—Ce n'est point
sans hésitation que la jurisprudence a admis cette
limitation. Après l'avoir prononcée une première

fois (1), elle a ensuite penché vers la saisissabilité totale de ces revenus (2) ; — mais enfin elle est définitivement (3) revenue à sa première solution, qui est très naturelle, car si la dot a changé de mains, en vertu de la séparation, du moins elle n'a pas changé de fonctions : ses revenus sont toujours destinés à faire face aux besoins du ménage ou au moins à y contribuer, — et ce n'est que l'excédant qui est saisissable par les ayant-cause de l'administrateur de la dot, aujourd'hui la femme, comme il l était, avant la séparation, par les ayant-cause du mari.

2. D'autre part elle décide que ces créanciers ne peuvent saisir les revenus des biens dotaux, même dans la mesure que nous venons de voir, qu'autant qu'ils agissent avant la dissolution du mariage.— Le mariage une fois dissous, tandis que ces revenus deviennent, comme les anciens biens dotaux eux-mêmes, pleinement aliénables pour la femme, et saisissables par les créanciers envers qui elle s'obligera désormais, au contraire ils deviennent entièrement insaisissables, entre les mains de la femme ou de ses héritiers, pour les engagements qu'elle a contractés en état de séparation, comme ils l'ont toujours été pour les engagements qu'elle a contractés

---

1. Cass., 10 janvier 1820, S. 20-1-152.

2. Cass., 9 avril 1823, S. 23-1-331, — Cass., 28 mars 1827, S. 27-1-299.

3. Cass., 26 février. 1834, S. 34-1-176. — Cass., 27 février 1880, S. 80-1-360.

avant la séparation (1). — Cette seconde limitation
paraît tout à fait bizarre : voilà des fruits que, durant
le mariage, les créanciers postérieurs à la séparation de biens peuvent saisir pour leur excédent sur
les besoins du ménage; et, une fois le mariage dissous, ils ne vont plus pouvoir être saisis pour aucune
partie ! L'étendue de l'insaisissabilité va donc
augmenter alors que l'inaliénabilité dont elle est la
conséquence à complètement disparu !

Pour justifier cette anomalie apparente, on donne
souvent ce motif que, par le fait de la séparation
de biens, la femme reprend l'administration même
qu'avait le mari, et qu'en conséquence elle a les
mêmes droits sur les revenus des biens dotaux,
qu'avait le mari, mais point d'autre, — que si elle
pouvait valablement les engager pour la portion excédant les besoins du ménage, elle ne le pouvait
donc que pour la durée de son administration, et
qu'enfin cette administration d'emprunt ayant cessé
avec le mariage, la dot n'a pu être engagée au-
delà (2). — Ce motif est inexact, car la femme, par la
séparation de biens, ne reprend point l'administration du mari, mais administre désormais en son nom
personnel, comme propriétaire. Si donc il n'y avait
point d'autre argument en faveur de la jurisprudence,

1. Cass., 24 août 1836, S. 36-1-913. — Caen, 21 avril 1875, S.
75-2 281.
2. Guillouard, IV, n° 2086.

il faudrait la condamner, car la femme, pouvant, comme propriétaire, engager une fraction de ses revenus, l'engagement, normalement, devrait être valable après comme avant la dissolution du mariage.

Mais il est une autre raison qui justifie pleinement cette limitation de la jurisprudence, et elle se tire du but même de l'inaliénabilité dotale. « L'inaliénabilité a été admise pour assurer la restitution intacte de la dot à la femme ou à ses héritiers après la dissolution du mariage. Cette restitution serait compromise si, par des obligations contractées par elle après la séparation de biens, la femme dotale conférait à ses créanciers le droit de saisir la totalité des fruits des biens dotaux perçus après la dissolution du mariage. Quel avantage la femme ou ses héritiers tireraient-ils, pour subvenir à leurs besoins, une fois le mariage dissous, d'un immeuble dont tous les fruits seraient saisis et vendus au profit des créanciers de la femme? — Il ne faut pas, d'ailleurs, s'étonner que l'insaisissabilité des fruits subsiste, alors que l'inaliénabilité a disparu. N'est-il pas aujourd'hui généralement admis que les créanciers envers lesquels une femme dotale s'est obligée pendant le mariage, ne peuvent pas saisir les immeubles dotaux, même après sa dissolution? En décider autrement, ce serait valider une aliénation indirecte à une époque où l'aliénation directe des immeubles dotaux ne serait pas possible. — Enfin, le vice qui s'oppose à l'aliénation des immeubles dotaux sous le régime dotal, ayant son siège dans la personne de la femme, constituant une sorte d'incapacité, c'est au moment où l'obligation est contractée, et non à celui où son exécution est poursuivie par voie de saisie, qu'il faut se placer pour savoir si cette exécution peut être ou non poursuivie sur les immeubles dotaux. Toutes ces raisons qui justifient la persistance de l'insaisissabilité des immeubles dotaux, quant au fonds, à l'égard des créanciers antérieurs à la dissolution du mariage, après que leur inaliénabilité a cependant cessé avec cette dissolution, s'appliquent pour faire repousser la saisie des fruits de ces immeubles (1). » Il est vrai que les immeubles, eux, n'ont jamais été saisissables pour ces créanciers dont le titre est né au cours du mariage, tandis que les créanciers postérieurs à la séparation de biens pouvaient saisir les fruits et revenus pour leur excédent sur les besoins de la famille : c'est donc leur retirer un droit qu'ils avaient avant la dissolution. Mais si on ne leur retire pas ce droit, il faut nécessairement décider que leur créance est désormais susceptible d'être poursuivie sur l'intégralité des revenus des biens dotaux, puisqu'il n'y a plus de ménage (2), et par conséquent plus de

1. Lyon-Caen, note, S. 75, 2, 281.
2. Aubry et Rau, V, § 539, 2o, note 20, p. 623.

base pour fixer la portion des fruits qui est insaisissable. Si donc on n'admet pas la limitation de la jurisprudence, on arrive fatalement à supprimer la raison d'être de la dotalité, puisque reconnaître aux créanciers postérieurs à la séparation de biens le droit de saisir tous les fruits après la dissolution du mariage, c'est, nous venons de le voir, rendre illusoire le principe de l'inaliénabilité dotale.

Ces diverses limitations apportées à la saisissabilité des fruits et revenus, pour les dettes contractées par la femme séparée de biens, ne s'appliquent d'ailleurs qu'aux fruits et revenus qui sont vraiment dotaux, c'est-à-dire apportés par la femme au mari pour l'aider à subvenir aux charges du ménage. Mais si le contrat de mariage a décidé que la femme pourra en toucher une portion sur ses seules quittances, nous avons constaté au paragraphe I que cette portion, avant même la séparation de biens, est aliénable par la femme et par conséquent saisissable par ses créanciers : à plus forte raison est-elle pleinement saisissable pour les obligations contractées par la femme après la séparation de biens.

§ 3. — *Quels sont les effets de la séparation de biens sur l'imprescriptibilité des immeubles dotaux ?*

Nous avons vu, au chapitre II, que l'une des deux exceptions apportées par l'art. 1561 lui-même à la

règle de l'imprescriptibilité des immeubles dotaux,
est le cas de la séparation de biens. En ce cas, en
effet, par dérogation à la règle que la séparation
de biens ne modifie pas la dotalité ni ses conséquences, les immeubles dotaux, quoique restant inaliénables tout comme avant la séparation, deviennent
prescriptibles. L'explication généralement donnée
de cette dérogation, c'est que la femme, par la séparation de biens, recouvre l'exercice des actions
relatives aux immeubles dotaux : tant que la séparation n'a pas été prononcée, la femme, dit-on, est
dans l'impossibilité d'agir contre le tiers qui détiendrait un de ces immeubles, puisque, aux termes de
l'art. 1549, toute action relative aux biens dotaux
appartient au mari seul; et voilà pourquoi aucune
prescription ne peut courir; mais, une fois que la séparation de biens a été prononcée, la femme reprenant l'exercice des actions dotales, il est tout naturel que la prescription puisse avoir son cours, puisque la femme peut l'interrompre elle-même. Cette
explication est bien celle qui semble avoir inspiré la
section de législation du Tribunat, lors de la rédaction de l'art. 1561 (1) ; mais nous avons remarqué
au chapitre II qu'elle ne concorde point avec la disposition même de l'article qui décide que seuls sont
imprescriptibles les immeubles dotaux non déclarés
aliénables par le contrat de mariage. Si donc la

1. Fenet, XIII, p. 619-620.

véritable raison de l'imprescriptibilité était l'impossibilité pour la femme d'agir contre les tiers détenteurs, en sorte que la séparation de biens la ferait tout naturellement cesser, comment l'imprescriptibilité ne s'appliquerait-elle point aussi à l'immeuble déclaré aliénable, puisque les actions relatives à cet immeuble appartiennent également au mari seul, tant qu'il n'y a pas eu séparation de biens ? — D'ailleurs, que l'on puisse ou non expliquer logiquement la règle et la dérogation, elles n'en sont pas moins certaines, car l'art. 1561 est formel : les immeubles dotaux, imprescriptibles avant la séparation de biens, deviennent prescriptibles après qu'elle a été prononcée.

Remarquons toutefois que si l'action de la femme séparée contre le tiers détenteur était de nature à réfléchir contre le mari, la prescription ne pourrait commencer à courir, malgré la séparation de biens, avant la dissolution du mariage, car ici l'exception de l'art. 1561 se heurte à la règle, plus forte, de l'art. 2256, 2° : « La prescription est suspendue pendant le mariage.... dans les cas où l'action de la femme réfléchirait contre le mari. » C'est qu'alors, le mari ayant trop d'intérêt à empêcher la femme d'agir, on ne peut plus dire proprement que celle-ci a recouvré l'exercice de son action (1).

---

1. Cass., 17 novembre 1835, S. 35-1-902.

CHAPITRE IV

EXCEPTIONS A L'INALIÉNABILITÉ

L'inaliénabilité des immeubles dotaux n'est point absolue. Le Code civil, après l'avoir proclamée dans l'art. 1554, y apporte lui-même une série d'exceptions dans les art. 1555 à 1559, et nous verrons que ce ne sont point les seules. Mais, avant de traiter ces exceptions elles-mêmes, une question importante se pose : ces exceptions sont-elles limitatives? Un texte de loi, — à part les cas où la nature des choses même veut que la dot soit engagée, — est-il indispensable pour que les immeubles dotaux puissent être valablement aliénés ; ou bien la nécessité ou l'utilité évidente de la famille suffisent-elles, en dehors des cas spécialement prévus, à valider l'aliénation de l'immeuble dotal ?

Nous croyons qu'en principe il faut décider que les exceptions apportées par des textes de lois à la règle de l'inaliénabilité, sont limitatives : la simple utilité, la nécessité même ne sauraient valider l'aliénation des immeubles dotaux en dehors des cas

prévus par la loi, car admettre de pareilles aliénations, ce serait violer directement le principe supé-
rieur de la conservation de la dot, et tourner en dé-
rision le Code qui s'est donné la peine de déterminer expressément un certain nombre d'hypothèses
où l'aliénation sera permise, et a terminé son énumération en disant dans l'art. 1560 : « Si, hors les
cas d'exception qui viennent d'être expliqués,.... le
fonds dotal est aliéné, la femme ou ses héritiers
pourront faire révoquer l'aliénation. » —D'ailleurs les
cas où l'absolue nécessité de l'aliénation se fait sentir, ont été tous prévus par la loi, et les exceptions
qu'elle a elle-même apportées permettent aux époux
mariés sous le régime dotal d'aliéner les immeubles
dotaux dans toutes les circonstances répondant aux
obligations que la nature leur impose. Il faut donc
décider qu'en principe ces exceptions sont limitatives. La Cour de cassation a constamment jugé en
ce sens (1).

Ce principe ne doit fléchir, dans les cas non prévus, que devant les considérations d'intérêt public.
C'est ainsi que, bien qu'il n'y ait pas de texte, il faut
certainement admettre que la femme engage sa dot
par ses délits et ses quasi-délits.

Cette distinction nous conduit à diviser les exceptions à l'inaliénabilité en quatre catégories :

1. Cass., 28 février 1834, S. 34-1-208. — Cass., 25 janvier 1887,
Dal., 87-1-473.

1° Exceptions résultant de la convention.

2° Exceptions résultant du Code civil.

3° Exceptions résultant d'autres lois.

Ce sont les différents cas d'exception formellement établis par un texte de loi.

4° Exceptions non expressément établies.

Ce sont les exceptions qui résultent, sans texte exprès, de considérations d'intérêt public.

SECTION I. — Exceptions résultant de la convention.

L'art. 1557 décide que « l'immeuble dotal peut être aliéné lorsque l'aliénation en a été permise par le contrat de mariage. » Ainsi la stipulation d'aliénabilité est permise, mais elle ne se présume point. Lorsque les époux déclarent adopter le régime dotal sans rien ajouter, les immeubles dotaux sont inaliénables : et cela est bien naturel, puisque l'inaliénabilité est, en réalité, la raison d'être du régime. Toute clause du contrat de mariage qui y déroge doit donc être interprétée restrictivement, car elle a pour résultat d'enlever à la femme une partie des garanties que celle-ci a voulu s'assurer en stipulant le régime dotal : on doit donc, dans le doute, interpréter cette clause dans le sens le moins défavorable à la femme, c'est-à-dire dans le sens restrictif.—Nous allons faire l'application de cette interprétation restrictive en étudiant la portée de la faculté d'aliénation stipulée dans le contrat de mariage.

§ 1. — *Portée de la faculté d'aliénation stipulée dans le contrat de mariage.*

D'abord, l'art. 1557 ne parlant que de la faculté d'aliéner, faut-il admettre que le contrat de mariage peut permettre aux futurs époux d'hypothéquer l'immeuble dotal? La jurisprudence, poussant trop loin cette idée que l'art. 1557 est une dérogation au principe général de l'inaliénabilité qui découle naturellement de l'adoption du régime dotal, avait commencé par décider que non (1); mais, depuis, elle est revenue avec raison sur cette opinion (2), en vertu de la liberté des conventions matrimoniales, proclamée par le Code lui-même dans l'art. 1387. « Les époux peuvent se marier sous le régime de la communauté, sous lequel la femme peut, non seulement aliéner, mais hypothéquer ses propres; pourquoi donc ne pourrait-elle pas, en adoptant le régime dotal, se réserver le droit d'hypothéquer le fonds dotal? » (3).

1. Cass., 16 août 1837, S. 37-1-800.
2. Cass., 13 décembre 1853, S. 54-1-17; — Cass., 18 novembre 1862, S. 63-1-5.
3. Guillouard, *Du contrat de mariage*, IV, n° 1942.

Mais, ceci étant admis, le principe d'interprétation restrictive de la clause du contrat de mariage portant faculté d'aliéner, conduit à décider que :

1.—Si cette clause porte simplement que l'immeuble dotal pourra être aliéné, cette faculté n'emportera ni celle de compromettre sur les contestations relatives à l'immeuble, ni même celle de l'hypothéquer. — Pour ce qui concerne l'hypothèque, on peut d'ailleurs ajouter une autre raison, c'est que la faculté d'hypothéquer est plus dangereuse que celle d'aliéner, car on n'aperçoit pas aussi bien le danger de l'hypothèque, qui apparaît dans un avenir lointain, que celui de l'aliénation, dont les conséquences se font immédiatement sentir : il n'est donc point du tout sûr que les époux, par cela seul qu'ils se sont réservé le droit d'aliéner l'immeuble dotal, aient entendu se réserver le droit beaucoup plus périlleux de l'hypothéquer; or, dans le doute, l'interprétation restrictive s'impose (1).

2. — Si, à l'inverse, elle donne seulement aux futurs époux le droit de compromettre au sujet de l'immeuble dotal ou bien le droit de l'hypothéquer, ils n'auront pas le droit de le vendre. Le droit d'hypothéquer ne comprend même pas le droit d'engager l'immeuble par les obligations personnelles de la femme, et le créancier envers lequel la femme

1. Cass., 1er décembre 1868, S. 69-1-59; — Caen, 1er avril 1876, S. 76-2-291.

viendrait à s'obliger sans lui conférer d'hypothèque, n'aurait pas d'action sur cet immeuble (1) : il faudrait une clause tout à fait formelle du contrat de mariage pour que les obligations personnelles de la femme, indépendamment d'une hypothèque, puissent engager le fonds dotal. En effet, l'incapacité d'obliger les immeubles dotaux est distincte de l'incapacité de les aliéner. L'insaisissabilité est sans doute un corollaire de l'inaliénabilité ; mais elle n'en est pas moins distincte, et peut subsister sans elle, en raison de la dotalité des biens. Si donc la clause en question a permis l'aliénation des immeubles dotaux, ou même leur hypothèque, sans dire que la femme aurait la capacité de s'obliger sur ces immeubles, il ne s'en suit nullement que les créanciers chirographaires de la femme, devenus tels au cours du mariage, aient le droit de les saisir. Et qu'on n'objecte point que le droit d'hypothéquer implique le droit général de s'obliger sur ces immeubles ! Le droit, réservé à la femme, de s'engager suivant un certain mode d'obligation, ne l'autorise pas à s'obliger suivant un autre mode qu'elle n'a pas prévu, et qui, surtout, est plus dangereux que le premier : or il est bien certain que les obligations dépourvues d'affectation hypothécaire ne soulèveront pas chez la femme les mêmes craintes, et par conséquent n'é-

1. Cass., 3 avril 1849, S. 49, 1, 385.

veilleront pas sa prudence au même degré que les obligations qui en sont accompagnées.

3. — Si elle autorise la vente de l'immeuble dotal, cette autorisation ne doit point être étendue à l'aliénation par voie d'échange (1), et réciproquement. — Si au contraire elle a permis, d'une façon générale, l'aliénation de l'immeuble dotal, ce mot comprend aussi bien l'échange que la vente.

4. — Enfin, même si une clause du contrat permet l'aliénation, l'hypothèque, l'engagement des immeubles dotaux, cette clause n'emporte pas, pour cela, faculté pour la femme de céder ses reprises ou de renoncer à son hypothèque légale. « En effet, disent MM. Aubry et Rau (2), cette faculté exceptionnellement stipulée au contrat de mariage, d'aliéner les immeubles dotaux, n'est pas incompatible avec le but même du régime dotal, qui est de protéger la femme contre les conséquences des engagements qu'elle contracterait sous l'influence de son mari. Car l'aliénation de ces immeubles donne ouverture, en faveur de la femme, à une action en reprise garantie par son hypothèque légale ; si donc elle ne peut ni céder cette action, ni renoncer à son hypothèque, sa dot lui demeurera assurée, quoique sous une autre forme. — Au contraire, la faculté laissée à la femme de céder ses reprises, ou de re-

1. Lyon, 9 juillet 1861, S, 62, 2, 15.
2. Aubry et Rau, V, § 537, note 65.

noncer à son hypothèque légale, irait directement
contre le but du régime dotal, dont elle serait, en
quelque sorte, la négation. Cette faculté ne saurait
donc être considérée comme comprise dans celle d'a-
liéner les immeubles dotaux, et il faudrait, pour
qu'elle fût admise, une clause spéciale et formelle»(1).

Maintenant que nous connaissons les clauses qui
sont nécessaires, dans le contrat de mariage, pour
permettre l'aliénation ou l'hypothèque de l'immeuble dotal, voyons quel est exactement l'effet d'une
pareille clause, quand elle a été insérée. — L'aliénation, par exemple, autorisée de la sorte, peut être
faite par les époux de gré à gré et sans autorisation
de justice, car le Code a soin de spécifier, dans les
exceptions qu'il prévoit à la règle de l'inaliénabilité,
celles qui ne peuvent être appliquées qu'avec l'autorisation de justice : or, pour l'exception résultant
d'une clause du contrat de mariage, l'art. 1557 dit
simplement: « L'immeuble dotal peut être aliéné...»
— Mais cette clause confère-t-elle à l'un des conjoints le droit d'aliéner ou d'hypothéquer l'immeuble dotal sans le consentement de son conjoint?
Non ; — à moins que le contraire n'ait été expressément stipulé, il faudra que le mari et la femme con-
courent à l'aliénation ou à l'hypothèque, celle-ci
comme propriétaire, et celui-là comme donnant son

_____

1. Cass., 17 décembre 1866, S. 67, 1, 114 ; — Cass., 7 avril 1868,
S. 68, 1, 270.

autorisation (1). Alors même que, dans le contrat de mariage, la femme, après avoir réservé la faculté d'aliéner ses biens dotaux, constituerait son mari pour son mandataire général et spécial, cette clause ne suffirait pourtant pas à conférer au mari le pouvoir d'aliéner ces biens sans le concours de sa femme, car ce n'est là qu'un mandat restreint aux actes d'administration (2). En conséquence, en dehors d'une permission tout à fait spéciale à cet égard, la vente de l'immeuble dotal qui serait passée par le mari seul serait nulle comme étant faite *a non domino*. Toutefois, cette nullité serait susceptible de se couvrir, même pendant le mariage, par la confirmation de la femme dûment autorisée; car la femme qui, en vertu de son contrat de mariage, pourrait, dans ces conditions, passer une autre vente, peut bien confirmer celle qui a été passée par son mari (3).

§ 2. — *Du remploi.*

Si le contrat de mariage a, conformément à l'art. 1557, permis l'aliénation de l'immeuble dotal, mais sans imposer le remploi du prix, le défaut de rem-

1. Cass., 12 août 1839, S. 39, 1, 840.
2. Troplong, IV, n° 3417 ; — Aubry et Rau, V, § 537, note 69.
3. Bordeaux, 21 août 1848, S. 48, 2, 271.— Cass., 1er mars 1870, S. 70, 1, 199.

ploi n'a aucune influence sur la validité de l'aliénation, et, par conséquent, l'acquéreur, sûr de n'être
point inquiété, ne peut, avant de payer son prix,
exiger qu'on lui justifie au préalable que l'emploi en
a eu lieu.— Mais presque jamais un contrat de mariage, en même temps qu'il stipule l'adoption du
régime dotal, n'autorise ainsi purement et simplement l'aliénation des biens dotaux : ce serait presque contradictoire, car c'est l'inaliénabilité, comme
nous l'avons déjà fait remarquer, qui constitue la
raison d'être du régime dotal. Aussi, d'ordinaire, le
contrat qui donne aux époux le droit d'aliéner l'immeuble dotal, ne le leur permet que moyennant
remploi ; seulement cette clause, pour être obligatoire, doit être absolument formelle et ne prêter à
aucun doute (1).

I. — *Dans quelle forme et à quelle époque doit avoir lieu*
le remploi ?

Avant tout, le remploi doit être fait de la manière
indiquée au contrat de mariage : c'est donc, s'il contient une mention relativement à la manière dont
le remploi doit être effectué, une question d'interprétation (2). — Mais, s'il ne contient aucune indica-

1. Cass., 1ᵉʳ août 1844, S. 45, 1, 71.— Cass., 9 février 1859, S. 60
1, 872.
2. Cass., 22 février 1859, S. 59-1-521.

tion, le remploi doit, en principe être fait en acquisitions d'immeubles offrant des garanties suffisantes. C'est là une solution généralement admise,
et que semble supposer l'art. 1553 lui-même, qui ne
parle que de « l'immeuble dotal » acquis à titre
d'emploi, et non des autres biens qui pourraient être
acquis au même titre. Cette solution répond, d'ailleurs, au but même dans le lequel est prescrit le
remploi du prix des immeubles dotaux, et qui est de
conserver à la dot sa nature immobilière. Cependant,
déjà sous l'empire du Code civil, on ajoutait aux immeubles par nature, comme pouvant faire l'objet du
remploi, les valeurs légalement immobilisées, telles
que les actions de la Banque de France immobilisées (1). De plus, les lois de finances du 2 juillet
1862, art. 46, et des 16 septembre-2 octobre 1871,
art. 29, ont décidé que le remploi des immeubles
dotaux pourra se faire en rentes Françaises, à moins
de clause contraire dans le contrat de mariage. Il
peut même être fait en rente 3 0/0 amortissables, car
l'art. 3 de la loi du 11 juin 1878 qui les a crées, décide que tous les privilèges attachés aux rentes sur
l'Etat sont assurés à celle-ci.

Au contraire, le mari ne peut être considéré comme
ayant fait un remploi valable du prix de l'immeuble
dotal aliéné, par une simple hypothèque donnée sur
ses biens pour la sûreté de ce prix. En effet, la clause

1. Caen, 8 mai 1838, S.48-2-657.—Aix, 17 novembre 1860, S.60-2-30.

du contrat qui a exigé le remploi, sans s'expliquer davantage, a voulu que le prix servît à l'acquisition d'un immeuble nouveau destiné à remplacer l'ancien. Sans doute les lois précitées ont considéré l'achat de rentes françaises comme l'équivalent d'une acquisition d'immeuble. Mais d'abord c'est là une disposition exceptionnelle, qui ne peut être étendue; puis ce remploi offre des garanties, car, dans les inscriptions, l'immatricule des rentes ainsi achetées pour la femme doit, aux termes de l'art. 46 de la loi de 1862, et sur la réquisition des parties, indiquer qu'elles sont la représentation de ses reprises dotales; et comme le bien acquis en remploi d'un immeuble dotal n'est, nous le verrons bientôt, aliénable lui-même qu'à charge de remploi, l'agent de change à qui le mari s'adressera s'il veut un jour aliéner ces rentes, aura soin, prévenu qu'il sera par la mention de l'immatricule, d'exiger et de surveiller le remploi du prix. — Au contraire une simple hypothèque sur les biens du mari ne remplacerait à aucun égard, pour la femme, la garantie d'un remploi en immeubles : la condition de remploi devra donc, en ce cas, être considérée comme non remplie (1).

Mais, tout au moins, la condition de remploi sera-t-elle remplie si l'on fait servir le prix de l'immeuble aliéné à l'acquittement de dettes grevant d'autres immeubles dotaux ? Non. Sans doute cet emploi du

____

1. Paris, 26 février 1833. S. 33-2-230. — Caen, 2 août 1851, S.52-2-182.

prix est valable lorsque, aux termes de l'art. 1558, al. 3, l'immeuble dotal a été aliéné avec permission de justice ; mais les époux ne peuvent de gré à gré, et sans observer cette formalité, aliéner l'immeuble et en faire servir le prix à désintéresser les créanciers. « Si cet article, disent MM. Aubry et Rau, autorise l'aliénation de l'immeuble dotal pour payer les dettes de la femme, d'une date certaine et antérieure au contrat de mariage, il ne l'autorise cependant qu'avec permission de justice, aux enchères et après affiches. Or il ne saurait dépendre des époux de s'affranchir de l'accomplissement de ces diverses conditions, en abusant de la faculté d'aliéner que le contrat de mariage ne leur a accordée qu'à charge de remploi (1). » Le remploi prévu par le contrat de mariage suppose donc nécessairement une acquisition nouvelle, et l'affectation du prix à l'acquittement de dettes ne constitue jamais un remploi (2).

Cette règle doit nous conduire également à rejeter, comme remploi valable, la constitution d'une rente viagère au profit des époux stipulée pour prix de l'aliénation de l'immeuble dotal. Nous venons de dire que le remploi suppose une acquisition nouvelle ; or cette constitution de rente viagère ne forme point une acquisition nouvelle qui puisse venir remplacer,

1. Aubry et Rau, V, § 537, note 80.
2. Pau, 5 mars 1859, S. 59-2-404. — *Contrà* Caen, 2 février 1851, S. 52-2-440.

dans la masse dotale, l'immeuble qui en est sorti.
« L'immeuble vendu, en ce cas, disparaît sans équivalent, seulement le revenu des crédi-rentiers est
augmenté. On objecte que les époux peuvent avoir
une sorte de nécessité à prendre cette forme pour
augmenter leurs ressources dans la vieillesse : sans
doute; mais alors ils le pourront, en vertu de l'art.
1558, al. 2, et en suivant les formalités prescrites
par ce texte. L'immeuble dotal peut être aliéné pour
fournir des aliments à la famille, et l'aliénation à
charge de rente viagère répond parfaitement à ce
but : mais cette aliénation devra être entourée des
garanties que la loi a exigées » (1).

Des explications qui précèdent, nous pouvons conclure que lorsque le contrat de mariage est muet
sur la manière dont le remploi doit être effectué, il
ne peut être fait qu'en immeubles soit par nature,
soit par la détermination de la loi, auxquels il faut,
en vertu de textes spéciaux, ajouter les rentes sur
l'État français.

Quant à la forme même du remploi, elle est iden-
tique à celle qui est réglée, pour le régime de la communauté, par les art. 1434 et 1435. — Il faut donc
d'une part, dans l'acte d'acquisition, une déclaration
que cette acquisition est faite des deniers provenant
de l'immeuble dotal vendu et pour lui servir de rem-

---

1. Guillouard, IV, n° 1964. — Cass., 23 juin 1846, S. 46-1-865. —
Contrà Caen, 17 juillet 1845, S. 48-2-134.

ploi ; et, d'autre part, conformément à l'art. 1435, une acceptation claire et formelle, par la femme, de l'immeuble nouveau en remplacement de l'immeuble dotal aliéné, à moins que le contrat de mariage n'ait donné au mari le pouvoir d'effectuer le remploi sans le concours de sa femme. Sans doute les art. 1434 et 1435 sont écrits à propos du régime de la communauté, et on ne peut, en principe, conclure d'une règle de communauté à une règle de régime dotal. Mais si nous étendons ici ces articles, c'est qu'ils posent des règles que le bon sens exige dans tous les cas où il s'agit de remploi. Pour que l'immeuble nouvellement acheté soit subrogé à l'immeuble vendu et devienne dotal à son tour, il faut bien qu'il soit constaté que l'achat de l'un est une conséquence directe de la vente de l'autre : d'où la nécessité de la déclaration prescrite par l'art. 1434. Et, d'un autre côté, la femme ne peut pas devenir propriétaire de l'immeuble nouveau sans en manifester clairement la volonté : d'où la nécessité de l'acceptation prescrite par l'article 1435 (1).

Après avoir vu quels biens peuvent former l'objet du remploi et la forme de ce remploi, étudions à quelle époque il doit être fait.

D'abord le remploi d'un immeuble dotal soumis à la clause d'inaliénabilité, conformément à l'article

1. Cass., 2 mai 1859, S.59-1-293,—Cass., 12 juin 1865, S.65-1-298.

1554, peut-il avoir lieu par anticipation? — La jurisprudence, après certaines hésitations, a fini par
admettre que oui ; (1) et c'est avec raison, car
qu'importe que l'acquisition du nouvel immeuble
précèdel'aliénation de l'immeuble dotal, si c'estavec
les deniers qui doivent provenir de la vente de celui-ci que le prix du premier doit être payé? Or une
pareille opération peut présenter pour la femme un
avantage incontestable, car elle lui permet d'acheter
immédiatement un immeublequi lui convient particulièrement ou qu'elle trouve à acheter à très bon
compte, et qu'elle ne veut point laisser échapper,
alors qu'aucune occasion favorable ne s'est peut-être
encore présentée pour l'aliénation de l'immeuble
dotal.

Mais, une fois que l'aliénation de l'immeuble dotal a eu lieu, dans quel délai devra être effectué le
remploi? — « Il ne doit pas, dit M. Guillouard (2),
être nécessairement fait aussitôt après la vente de
l'immeuble dotal ; et, sile contrat de mariage ne fixe
pas de délai, le mari peut le faire tant que dure le
mariage. Bien plus, si le contrat de mariage fixe un
délai, son expiration n'empêchera pas de faire encore
utilement le remploi : pour qu'il en fût autrement,
il faudrait une clause formelle dans le contrat de
mariage. »

1. Cass., 24 novembre 1852 S., 52, 1, 798. — Cass., 24 juillet
1884, Sirey, 1885, 1, 156.
2. Guillouard, IV, no 1968.

Donc, au sujet de ce délai du remploi, la règle est double. D'une part, et sauf réserve formelle du contrat de mariage, le remploi peut-être fait jusqu'à la dissolution du mariage; — d'autre part, le mariage une fois dissous, le remploi n'est plus possible.

1. — D'une part, avons nous dit, le remploi peut être fait jusqu'à la dissolution du mariage, à moins que le contrat n'ait expressément décidé que l'expiration d'un certain délai à partir de la vente de l'immeuble dotal, le rendrait impossible (1). Mais que décider si la séparation de biens est prononcée alors que le remploi n'a pas été encore opéré ? La femme, reprenant l'administration de ses biens, pourra opérer le remploi elle-même, puisque la dotalité subsiste avec tous ses effets (2).

2. — D'autre part, le mariage une fois dissous, le remploi n'est plus possible. Plusieurs auteurs, MM. Rodière et Pont (3) notamment, l'ont contesté, objectant qu'aucun texte ne fixe ce délai au remploi, et que par conséquent la femme ou ses héritiers doivent pouvoir l'effectuer même après la dissolution du mariage, car le but du remploi est d'éviter la perte du prix de l'immeuble dotal, et ce but peut être réalisé, même à ce moment. —En réalité cette

1. Rouen, 21 juin 1845, S., 46, 2, 334.
2. Limoges, 21 août 1840, S., 41, 2, 56.
3. Rodière et Pont, *Du Contrat de Mariage*, III, n° 1844.

solution ne peut prévaloir, car si le but du remploi
est bien d'éviter la perte du prix de l'immeuble dotal, c'est précisément afin de sauvegarder la dot, et,
dans notre hypothèse, la dot n'existe plus. Comme
le disent très bien MM. Aubry et Rau, « le remploi
suppose que l'immeuble acquis deviendra dotal,
comme l'était l'immeuble aliéné. Or c'est ce qui ne
peut plus avoir lieu pour les acquisitions faites après
la dissolution du mariage. » (1)

Les frais du remploi doivent tout naturellement
être supportés par la femme dotale, puisque c'est
dans son intérêt exclusif qu'il est fait(2). Elle les paiera
sur ses paraphernaux et, à défaut, sur la somme
même à remployer (3).

II. — *Effets du remploi; conséquences du défaut de
remploi.*

L'immeuble acquis en remploi prend la place, dans
la dot, de l'immeuble aliéné et devient, par conséquent, dotal à son tour. Cela résulte, par analogie,
de l'art. 1553 qui déclare dotal l'immeuble acquis
des deniers dotaux, si la condition de l'emploi a été
stipulée par le contrat de mariage: de même, si ce

1. Aubry et Rau, V. § 537, note 86.
2. *Contra*: Caen, 18 décembre 1837, S., 37, 2, 186.
2. Caen, 19 juin 1852, S., 56, 2, 129. — Cass., 16 novembre 1859,
S., 60, 1, 22.

contrat permet l'aliénation d'un immeuble dotal, mais en stipulant la condition du remploi du prix, l'immeuble acquis avec ce prix doit être dotal : il devient donc, ainsi que tous les immeubles dotaux, inaliénable et insaisissable.

Toutefois, cet immeuble n'étant que la représentation de l'immeuble dotal aliéné, il en résulte qu'il entre dans la dot avec le même caractère, et que, comme lui, il est aliénable sous la condition de remploi, en raison de la règle: « *subrogatum capit naturam subrogati.* » — Cette réserve d'aliénabilité, à charge de remploi, s'applique, aux termes du contrat de mariage, à tous les immeubles dotaux, et à moins que les époux ne l'aient déclaré expressement, on ne peut supposer qu'ils aient entendu borner à une première aliénation leur faculté d'aliéner (1).

Le remploi accompli, en un mot, a pour effet de mettre l'immeuble nouveau dans la place de l'immeuble aliéné, de le lui subroger.—Mais quelles sont les conséquences du défaut de remploi? Ici apparaît une grande différence entre la clause de remploi sous le régime de communauté, et la clause de remploi sous le régime dotal. Sous le régime de communauté, la clause de remploi ne fait qu'imposer une obligation au mari; mais la jurisprudence admet qu'elle est sans effets à l'égard des tiers, à moins

1. Aubry et Rau, V, § 527, note 99. — Cass., 9 mars 1870, S., 70, 1.285.

que les termes du contrat de mariage qui les ren-
dent responsables ne soient absolument formels et
ne les avertissent d'une manière certaine (1). Au
contraire, sous le régime dotal, la clause qui permet l'aliénation des immeubles dotaux à charge de
remploi met toujours une condition à la validité
même de l'aliénation ; dès lors, elle est opposable
aux tiers et spécialement au tiers acquéreur.

Mais cette clause de remploi, opposable aux tiers,
est, à plus forte raison, opposable au mari lui-même.
Lorsque la femme, avec son autorisation, a vendu
l'immeuble dotal, comme c'est lui qui, en vertu de
l'art. 1549, touche le prix, c'est pour lui que cette
clause est surtout obligatoire, et lorsqu'il ne s'y conforme pas, non seulement il reste débiteur du prix
envers la femme, mais il peut être condamné envers
elle à des dommages-intérêts, si le défaut de remploi lui a causé du préjudice (2). De plus, si elle s'a-
perçoit ainsi que le mari n'exécute pas le remploi de
bonne volonté, elle peut, même sans être séparée
de biens, demander qu'il soit condamné à l'effectuer
dans un délai déterminé par le juge, et ensuite, ce
délai passé sans exécution, demander à toucher
elle-même le prix pour faire le remploi (3). Sans

1. Cass., 19 juillet 1865, S. 65, 1, 372.
2. Aubry et Rau, V, § 537, p. 578. — Cass., 27 mai 1861, S. 62,
1, 199.
3. Cass., 20 décembre 1852, S. 53, 1, 151.

doute, tant qu'elle n'est pas séparée de biens, elle n'a pas l'administration de sa dot; mais « en demandant que le remploi soit fait, elle agit en vertu de la clause du contrat de mariage qui oblige au remploi, et qui lui donne virtuellement le droit d'y veiller, à l'époque où le remploi peut être fait, c'est-à dire au cours du mariage » (1).

D'un autre côté, nous avons dit que si le remploi n'a pas été fait, ou, ayant été fait, ne l'a pas été de la manière indiquée au contrat de mariage, l'aliénation n'est pas valable, ce qui revient à dire qu'on pourra exiger de l'acquéreur la restitution de l'immeuble dotal qui lui a été vendu, quoiqu'il en ait déjà payé le prix. Reste à savoir si le mari peut lui-même demander la nullité de l'aliénation au cours du mariage, ou seulement la femme ou ses héritiers après la dissolution du mariage ou la séparation de biens ? La question est très controversée. MM. Aubry et Rau estiment que le mari, tant qu'il est à la tête des biens dotaux, ne peut invoquer cette nullité sous ce prétexte que le prix qui a été versé n'a pas reçu l'emploi prescrit par le contrat de mariage et se trouve actuellement perdu (2), car c'est bien par sa propre faute qu'un pareil résultat est arrivé. Telle semble être aussi l'opinion de la juris-

1. Guillouard, IV, n° 1976.
2. Aubry et Rau, V, § 537, p. 582.

prudence (1). Seule, la femme pourrait agir contre l'acquéreur en nullité de l'aliénation ; et, naturellement, elle ne le peut qu'après la séparation de biens ou la dissolution du mariage. M. Labbé, avec raison, nous semble-t-il, repousse cette opinion et les motifs qu'il donne sont irréfutables : « La femme a, dans notre hypothèse, droit à la nullité de l'aliénation : ce droit, elle peut l'exercer après la dissolution du mariage ou la séparation de biens ; mais avant cette époque, ce droit existe déjà, seulement l'exercice en appartient au mari. — La jurisprudence s'appuie sur ce que le mari est en faute de n'avoir pas effectué le remploi, et, par conséquent, est responsable envers le tiers ; qu'il ne peut donc évincer celui qu'il doit garantir. Ce raisonnement renferme une confusion. Le mari est en faute, oui ; il est responsable envers le tiers, mais, en tous cas, en son nom personnel : or, c'est au nom de sa femme qu'il demande la nullité, et la femme n'est aucunement responsable de la validité ou invalidité des actes auxquels même elle a concouru, car elle est incapable de compromettre sa dot » (2).

D'ailleurs, cette hypothèse d'une action intentée contre l'acquéreur pour le forcer à restituer l'immeuble dotal, quoiqu'il en ait déjà payé le prix, se

1. Cass., 29 janvier 1822, S. 22, 1, 270. — Grenoble, 28 juillet 1865, S. 66, 2, 137.
2. Note Labbé, Sirey, 1866, 2, 137.

présentera fort rarement, car celui-ci, sachant par le contrat de mariage que la clause de remploi lui est opposable, se refusera à payer son prix tant que les époux vendeurs ne lui auront pas justifié d'un remploi régulier et suffisant (1). Si aucun remploi acceptable ne lui était proposé, il pourrait consigner son prix pour arrêter le cours des intérêts à sa charge (2). Seulement cette consignation, même faite en vertu d'un jugement déclarant bonnes et valables ses offres réelles, ne le libérera pas de l'obligation de surveiller le remploi ultérieurement effectué (3).

Enfin, l'acquéreur actionné en nullité de l'aliénation peut, si l'action est exercée au cours du mariage, l'arrêter en offrant de payer une seconde fois son prix, ce qui permettra d'effectuer le remploi tel que le prescrit le contrat de mariage. Si, au contraire, le mariage est dissous, il ne pourra plus arrêter ainsi l'action, puisque le remploi, nous l'avons vu, ne serait plus possible.

Une fois le remploi réalisé, le tiers acquéreur n'est point responsable de son utilité ; il suffit qu'il se soit conformé aux prescriptions du contrat de mariage. Notamment il ne sera pas garant de la dépréciation

1. Cass., 25 avril 1842, S. 42, 1, 651. — Bordeaux, 1er décembre 1847, S. 48, 2, 384.
2. Limoges, 21 août 1852, S. 52, 2, 592.
3. Aubry et Rau, V, § 537, p. 583.

que, postérieurement à son acquisition, le bien acquis en remploi pourrait subir par une cause quelconque. Toutefois, il serait responsable au cas particulier d'éviction, soit que l'immeuble acquis en remploi ne fût pas la propriété pleine et entière de celui qui l'a vendu, soit qu'il fût grevé d'une hypothèque légale tacite. En effet, d'une part, quand il y a simple dépréciation du bien nouvellement acquis, on ne peut cependant nier qu'il n'y ait eu remploi du prix de l'immeuble aliéné, tandis qu'en cas de menace d'éviction, il n'y a plus remploi à proprement parler, puisque la femme peut à tout instant être privée de l'immeuble nouveau par une revendication ; et, d'autre part, on ne saurait à aucun titre rendre l'acquéreur de l'immeuble dotal responsable des dépréciations du remploi, tandis que s'il s'agit d'éviction, il est véritablement en faute : il n'avait, avant de payer son prix, qu'à se faire représenter les titres de propriété de l'immeuble acquis en remploi, ou à faire faire la purge des hypothèques grevant cet immeuble.

L'acquéreur serait encore responsable si l'immeuble acheté en remploi est insuffisant, c'est-à-dire n'est point de valeur égale, au moment de l'achat, à la valeur de l'immeuble dotal aliéné. « En effet, un remploi insuffisant n'est pas conforme à la lettre ni à l'esprit du contrat de mariage, dans lequel les futurs époux ont manifesté la volonté que l'aliéna-

tion du bien dotal n'amenât pas de diminution dans
la dot, mais que l'immeuble nouveau prît exactement la place de l'ancien, le remplaçât (1). »

Remarquons, en terminant, que cette obligation
de surveiller le remploi, ainsi que la nullité résultant d'un remploi irrégulier ou insuffisant, ne s'a-
dressent qu'au tiers acquéreur de l'immenble dotal,
et jamais au tiers vendeur de l'immeuble acquis en
remploi. La vente consentie par ce dernier n'est jamais atteinte par la nullité du remploi que la femme
avait l'intention d'effectuer en achetant. En effet,
ici, la dotalité n'est plus intéressée à l'annulation
de l'opération. Ce qui importe, pour la sauvegarde
de l'inaliénabilité de la dot, c'est que la femme, si
l'aliénation a été exceptionnellement permise à
charge de remploi et qu'ensuite le remploi n'ait
point eu lieu conformément au contrat de mariage,
puisse reprendre l'immeuble dotal aliéné ; mais il
n'est nullement nécessaire qu'elle puisse, par contre
coup, rendre l'immeuble nouveau en réclamant son
prix. Elle a fait un contrat valable, car elle est parfaitement capable d'acquérir : donc le vendeur est à
l'abri (2).

1. Guillouard, IV, n° 1983.
2. Cass., 24 juillet 1884, S. 1885-1-156.

SECTION II. — Exceptions résultant du Code civil.

§ 1. — *Exceptions que le Code admet sans autorisation préalable de justice.*

Ces exceptions sont admises par le Code dans les cas où il s'agit, pour la femme, de disposer des immeubles dotaux pour l'établissement de ses enfants. Elles sont réglées par les art. 1555 et 1556 qui distinguent 2 cas, et y appliquent des règles différentes.

I. — *Il s'agit d'enfants nés d'un autre lit.*

En ce cas, l'art. 1555 permet à la femme de donner ses biens dotaux pour leur établissement, avec l'autorisation de son mari, et, si le mari refuse cette autorisation, il lui permet de demander celle du tribunal. Le Code a craint, en effet, que le mari ne se refuse injustement à ce que les biens dotaux soient aliénés pour établir des enfants qui ne sont pas les siens.

Lorsque la femme n'est ainsi autorisée que par le tribunal, la jouissance de ceux des immeubles dotaux qui sont donnés pour l'établissement des enfants, doit être réservée au mari.

II. — *Il s'agit d'enfants communs.*

Alors la femme ne peut donner ses immeubles dotaux, pour les établir, qu'avec l'autorisation de son mari, elle ne peut plus y suppléer par l'autorisation du tribunal (1). Cela ressort de l'art. 1556 qui, statuant dans notre hypothèse, est muet sur l'autorisation du tribunal, au contraire de l'art. 1555. La raison de cette différence se comprend, au surplus : comme il s'agit ici des propres enfants du mari, la loi a pensé que son affection pour eux est une garantie suffisante, et que s'il refuse d'autoriser l'aliénation des biens dotaux pour les établir, son refus ne sera jamais injuste.

Toutefois, même dans ce second cas, il faut faire une réserve : si le mari est absent ou interdit, la femme pourra recourir au tribunal pour se faire autoriser à donner ses immeubles dotaux pour établir un enfant commun aussi bien qu'un enfant d'un autre lit, car, la loi n'ayant pas prévu le cas d'absence ou d'interdiction du mari, on reste à cet égard soumis à la règle générale, d'après laquelle le consentement de ce dernier peut être remplacé par l'autorisation du tribunal (2). Lorsque l'autorisation vient ainsi du tribunal, il faut, par analogie, répéter ce

1. Limoges, 2 septembre 1835, S. 35-2-513.
2. Aubry et Rau, V, § 537, note 101.

que nous avons dit plus haut : la femme ne peut
plus donner que la nue-propriété des immeubles
en question, car l'usufruit, qui appartient au
mari, ne peut être aliéné sans son consentement. La
jouissance, ici encore, doit donc être réservée. Ce
pendant, dans le cas spécial d'interdiction du mari,
le conseil de famille de l'interdit peut, par application de l'art. 511, renoncer à son droit d'usufruit
sur les biens dotaux (1).

Quel est le motif général de cette première classe
d'exceptions prévue par le Code : établissement des
enfants de la femme ? C'est que l'inaliénabilité ayant
pour but de réserver un patrimoine qui doit être
affecté à la famille et principalement aux enfants,
lorsque les immeubles dotaux sont employés à les
établir, ils ne sont point détournés de leur fonc-
tion (2).

Quant au mot « établissement », il désigne non
seulement l'établissement par mariage, mais tout
autre établissement (arg. art. 204). Il comprend,
en somme, toute dépense qui assure à l'enfant un
état, un emploi, une condition stable et indépen-
dante (3). Ce qu'il faut, pour que les dispositions de
nos articles s'appliquent, c'est que l'avantage fait à
l'enfant ait pour but de l'établir, de lui permettre

1. Aubry et Rau, V, § 537, note 103.
2. Fenet, XIII, p. 682.
3. Guillouard, IV, n° 1995.

de se suffire à lui-même. Les biens dotaux pourraient donc être donnés pour établir l'enfant comme industriel, commerçant, etc.

Enfin nos deux articles emploient seulement l'expression « donner les biens dotaux. » On est généralement d'accord pour admettre qu'au lieu de les donner à l'enfant, la femme peut être autorisée à les vendre, pour fournir à l'enfant la somme nécessaire à son établissement. Cependant certains adversaires de cette extension objectent que les immeubles dotaux sont inaliénables en principe, que les exceptions à ce principe sont strictement limitatives, et que le Code, dans les hypothèses dont il s'agit, n'autorise que la donation. Mais on peut sans difficulté supposer que le mot donation a été pris ici dans son sens le plus large : donation indirecte par l'aliénation, aussi bien que donation directe, car les travaux préparatoires montrent que les rapporteurs ont parlé d'une façon générale de la faculté d'aliéner les immeubles dotaux pour l'établissement des enfants. Sans doute ces immeubles vont ainsi être « convertis en deniers périssables » (1) ; mais comme il s'agit d'une exception à l'inaliénabilité admise dans un but déterminé : l'établissement des enfants, on peut décider que la validité de l'aliénation sera subordonnée à l'emploi

1. Pau, 2 mars 1874, S. 75-2-147.

du prix à cet établissement, et que l'acquéreur devra veiller à ce que cet emploi soit effectué.

Admettrons-nous de même que cette autorisation de donner ses biens dotaux comprend, pour la femme, l'autorisation d'emprunter la somme nécessaire à l'établissement de ses enfants, avec hypothèque sur ces biens? — Oui, quoique nous ayons admis à la section précédente (paragraphe 1), que la faculté, formellement réservée dans le contrat de mariage, d'aliéner l'immeuble dotal, conformément à l'art. 1557, ne comprend pas celle de l'hypothéquer (1). « En effet, dans l'hypothèse de l'article 1557, l'autorisation d'aliéner la dot diminue les garanties du régime dotal, et, à cause de cela, on doit l'interpréter restrictivement ; tandis que l'aliénation de la dot pour l'établissement des enfants ne détourne pas la dot de sa destination, et on peut interpréter les clauses qui l'établissent d'une manière extensive » (2).

Cette disposition des immeubles dotaux pour l'établissement des enfants doit être déclarée valable, alors même que la femme posséderait des biens paraphernaux, car les art. 1555 et 1556 lui donnent le droit de les aliéner pour cet usage, d'une manière absolue et non d'une manière subsidiaire.

1. Cass., 1er avril 1845, S. 45-!-256. — Nîmes, 7 juillet 1860, S. 60-2-341.

2. Guillouard, IV, no 2000.

§ 2. — *Exceptions que le Code n'admet qu'avec une autorisation préalable de justice.*

Ce sont les divers cas d'exception prévus par l'art. 1558, et qui sont motivés par la nécessité. Voilà pourquoi le Code exige, dans ces cas, une autorisation spéciale et préalable de la justice : les immeubles dotaux, à la différence de ce qui se passe dans le cas de l'art. 1557, restent inaliénables, en principe; seulement le Code, dans ces hypothèses exceptionnelles, autorise l'aliénation d'un immeuble parce que, sans cette aliénation, les immeubles dotaux seraient saisis, par exemple, ou parce que la famille ne pourrait plus trouver sa subsistance. Le rôle de la justice, ici, est précisément de vérifier si l'on se trouve dans un des cas où la loi autorise exceptionnellement l'aliénation.

A ces cas il faut joindre le cas de l'échange de l'immeuble dotal, prévu par l'art. 1559. Ici la justice n'a plus pour mission de constater la nécessité de l'opération, mais simplement d'en apprécier l'utilité, l'opportunité.

I. — *Aliénation pour tirer de prison le mari ou la femme.*

Ce premier cas a perdu presque tout son intérêt pratique, depuis que la contrainte par corps a été abolie, par la loi du 22 juillet 1867, en matière ci-vile, commerciale, et contre les étrangers. Toutefois, il s'appliquera encore si l'un des époux se trouve soumis à la contrainte par corps pour une dette née d'un délit.

La demande d'autorisation à la justice, pour aliéner l'immeuble dotal, doit, avant tout, émaner de la femme; car c'est elle qui en est seule propriétaire, et nul ne peut la forcer à aliéner malgré elle. Donc, lors même que le mari serait en prison, l'immeuble ne peut être aliéné sans le consentement de sa femme pour l'en tirer. Il ne pourrait donc, au refus de celle-ci, solliciter lui-même l'autorisation d'aliéner l'immeuble dotal (1).

D'autre part, si c'est la femme qui est en prison, et que le mari refuse de consentir à l'aliénation, la femme pourra bien, malgré ce refus, demander l'autorisation d'aliéner la nue-propriété; mais si elle a ainsi obtenu l'autorisation de justice après un refus du mari, elle ne pourra aliéner la jouissance, car celle-ci appartient au mari.

II. — *Aliénation pour fournir des aliments à la famille, dans les cas prévus par les art. 203, 205 et 206, au titre du Mariage.*

La dot étant, aux termes de l'art. 1540, le bien que la femme apporte au mari pour supporter les

―――

1. Guillouard, IV, nᵒ 2007.

charges du mariage, ce sont ses revenus, en principe,
qui doivent servir aux dépenses quotidiennes ; mais
s'il se trouve que ces revenus sont insuffisants pour
faire vivre la famille, on comprend que la justice
permette d'aliéner le capital lui-même. « En sauvant
la famille de la détresse où elle était, la dot remplit
encore sa destination. »

L'art. 1558, 2°, ne renvoyant qu'aux articles 203,
205 et 206, semble ne viser que le cas où des aliments sont nécessaires aux enfants ou ascendants.
Mais on est d'accord pour admettre que l'aliénation
de la dot pourrait aussi être autorisée pour procurer
des aliments aux époux eux-mêmes, car ils rentrent
bien dans l'expression : *famille,* qu'emploie l'art.
1558, 2° (1). Au contraire la dette alimentaire dont
parle l'art. 1558, 2°, ne comprend pas celle dont la
femme est tenue envers ses enfants d'un premier lit,
ou envers un enfant naturel reconnu avant le mariage. « Dans les cas prévus par les art. 203, 205
et 206, disent à ce sujet MM. Aubry et Rau (2), il
s'agit d'obligations qui, nées du mariage même, sont
communes aux deux époux, et dont l'acquittement
rentre dans la destination de la dot : tandis que la
dette alimentaire de la femme envers ses enfants
d'un premier lit, ou envers un enfant naturel, est

1. Rouen, 21 août 1820, S. 22. 2. 225.
2. Aubry et Rau, V, § 537, note 118.

complètement étrangère au mari et à la destination
de la dot. Cette dette constitue une obligation antérieure au mariage, et suit le sort des obligations de
cette nature ».Ce n'est donc pas à dire que la dette
de la femme dotale envers les enfants dont il s'agit
ne soit point exécutable sur la dot. Au contraire,
comme c'est là, nous venons de le voir, une obligation antérieure au mariage,ces enfants auront action
sur la pleine propriété de la dot, et celle-ci pourra
être aliénée pour leur fournir des aliments, mais ce
sera en vertu de l'alinéa 3, et non en vertu de l'a-
linéa 2, de l'art. 1558.

Par ce mot: *aliments* qu'emploie l'art. 1558, 2°,il
ne faut point entendre seulement la nourriture et
même le vêtement, mais aussi l'éducation des enfants. En effet, notre alinéa renvoie, notamment, à
l'art. 203, qui, parmi les devoirs incombant aux
époux,mentionne expressément l'obligation d'élever
leurs enfants. Les frais d'éducation peuvent donc être
une cause d'aliénation de la dot, à titre d'aliments
à fournir à la famille (1). Plus généralement, « il faut
faire rentrer parmi les causes d'aliénation de la dot
pour aliments, les dépenses faites en vue de conserver à la famille une situation qui lui est nécessaire,
tandis qu'il faut en rejeter les dépenses ayant pour

1. Cass., 3 mai 1842, S. 42.1.693.— Nîmes, 26 juillet 1853, S. 53.
2. 683.

but de conserver ou de développer un commerce ou une industrie dont la famille pourrait se passer » (1)

III. — *Aliénation pour payer les dettes de la femme ou de ceux qui ont constitué la dot, lorsque ces dettes ont une date certaine antérieure au contrat de mariage.*

Pour comprendre la portée de cette disposition, il faut nous rappeler que si l'art. 1558 autorise l'aliénation de l'immeuble dotal, dans les cas exceptionnels qu'il prévoit, c'est parce qu'il y a, à cette aliénation, une véritable nécessité. Ici, notamment, il ne permet à la justice d'autoriser l'aliénation de la dot, que parce qu'elle serait saisie, si elle n'était aliénée volontairement. On peut donc poser ce principe général : la justice ne peut autoriser l'aliénation de l'immeuble dotal pour le paiement d'une dette soit de la femme soit du constituant, qu'autant que le créancier, à raison de cette dette, a action sur cet immeuble et pourrait le saisir. Pour ce qui concerne la femme elle-même, nous avons vu (chapitre II, section II, paragraphe 2) que, même au cours du mariage, non seulement ses créanciers hypothécaires, mais aussi ses créanciers chirographaires dont le titre a date certaine antérieure au contrat de mariage, conservent leurs droits sur les

1. Guillouard, IV, n° 2027.

immeubles que la femme s'est elle-même constitués
en dot. Par conséquent,comme ils ne manqueraient
pas de saisir l'immeuble dotal,s'ils ne peuvent obtenir leur paiement à l'amiable, le tribunal est en
droit d'autoriser l'aliénation volontaire de cet immeuble, qui se fera à de moindres frais et probablement à des conditions plus avantageuses.Le prix
sera ensuite employé au paiement de ces créanciers :
on rentre dans les termes de l'art. 1558, 3°.

Si la dot a été constituée par un tiers, il faut en
dire autant, lorsque les créanciers du constituant
ont action sur l'immeuble dotal, — par exemple
s'il s'agit de créanciers hypothécaires inscrits sur
l'immeuble dotal antérieurement à la date du contrat de mariage. — Mais que décider, au contraire,
s'il s'agit de dettes du constituant qui ont date certaine antérieure au contrat de mariage, mais dont
la femme n'est tenue ni personnellement, ni hypothécairement? On pourrait soutenir (1) que le tribunal est néanmoins en droit d'autoriser l'aliénation
de l'immeuble dotal pour le paiement de ces dettes,
car on est dans la lettre de l'art. 1558, 3°, qui ne
contient aucune restriction : il s'agit bien de dettes
du constituant, — et elles ont date certaine antérieure au contrat de mariage. Mais, si on s'en rapporte au motif général de la disposition, que nous

1. Marcadé, VI, sur l'art. 1558, n° 3. — Colmet de Santerre,
VI, n° 230 *bis*, **IV**.

avons rapporté en commençant, on voit que cette
solution doit être rejetée ; car pourquoi ferait-on
fléchir, ici, le principe de l'inaliénabilité ? Y a-t-il,
au point de vue de la dot elle-même ou de sa destination, la moindre nécessité à cette aliénation ? —
D'une part, la femme n'étant tenue ni personnellement, ni hypothécairement de la dette, les créanciers ne pourront pas saisir ces biens dotaux ; —
d'autre part les ressources de la famille, auxquelles
la dot est destinée, sont suffisantes, nous le supposons : dès lors pourquoi la justice autoriserait-elle
l'aliénation de l'immeuble dotal ? Pour un simple
intérêt d'honneur, afin que la famille qui a été dotée
ne laisse point impayées les dettes du constituant
alors qu'elle profite cependant des biens constitués ?
Mais c'est insuffisant, car le but du régime dotal est
de conserver la dot avec une rigueur qui va parfois
jusqu'à l'injustice (1). Pour faire fléchir cette rigueur,
l'art. 1558 veut, nous l'avons dit, une véritable nécessité ; or, ici, cette nécessité n'existe point (2).

L'art. 1558, 3° exige, pour que l'aliénation puisse
être autorisée, que les dettes qu'il s'agit de payer
aient une date certaine antérieure au contrat de
mariage. On s'est demandé s'il faut s'en tenir strictement au texte, ou bien admettre la même solution
pour les dettes qui ont simplement date certaine

1. Guillouard, IV, n° 2031.
2. Aubry et Rau, V, § 537, note 119.

antérieure à la célébration du mariage ? — Nous
avons déjà étudié cette question au chapitre II,
(section II, paragraphe 2) lorsque nous avons
recherché à quelle époque le titre des créanciers
de la femme doit avoir date certaine, pour que
ces créanciers conservent, au cours du mariage, leurs
droits sur les immeubles dotaux, et nous avons vu
que beaucoup d'auteurs ainsi que la jurisprudence
estiment qu'il faut s'en tenir étroitement au texte
de l'art. 1558, al. 3. Naturellement ils donnent la
même solution (1) lorsqu'il s'agit de savoir quelles
sont les dettes à raison desquelles la justice peut
autoriser l'aliénation de l'immeuble dotal. Elle ne
peut pas, dit-on, l'autoriser pour les dettes contractées entre le contrat et le mariage lui-même, et c'est
logique : sans cela, la femme aurait pu, en contractant des dettes dans cet intervalle, grever les immeubles qu'elle s'est constitués en dot par le contrat, et modifier ainsi les conventions matrimoniales.
— Toutefois on est d'accord pour admettre que les
dettes résultant du contrat de mariage lui-même
suffisent à permettre l'aliénation, comme les dettes
antérieures au contrat (2), car on ne peut plus dire,
pour celles-ci, qu'il y a dérogation aux conventions
matrimoniales, puisque ces dettes ont été contrac-

---

1. Aubry et Rau, V, § 537, p. 589, note 120. — Montpellier, 7
janvier 1830, S. 30. 2. 69.
2. Cass., 20 août 1861 ; S. 62. 1. 17.

tées en même temps que ces conventions étaient conclues.

IV. — *Aliénation pour faire de grosses réparations indispensables à la conservation des immeubles dotaux.*

La justice peut, en vertu de l'hypothèse prévue ainsi par l'art. 1558, 4°, autoriser soit l'aliénation d'un immeuble dotal pour pourvoir aux frais de grosses réparations indispensables à la conservation d'un autre immeuble dotal, — soit l'aliénation d'une partie d'un immeuble dotal pour pourvoir aux réparations nécessaires à la conservation de l'autre partie.

Cette quatrième exception apportée par l'art. 1558 à l'inaliénabilité est fondée sur cette règle de raison et de justice que les frais faits pour la conservation d'une chose doivent, au besoin, être supportés par cette chose (1) : le mari est tenu, sans doute, en sa qualité d'administrateur, de faire les grosses réparations indispensables à la conservation des immeubles dotaux. Mais ce n'est pas à lui à supporter ces dépenses, puisqu'il n'a que la jouissance : et il n'est même pas tenu d'en faire l'avance. C'est donc la dot elle-même qui doit y subvenir.

L'art. 1558, 4°, ne parle que de grosses répara-

1. Aubry et Rau, V, § 537, p. 591.

tions ; mais ce qui vient d'être dit montre qu'il faut
l'étendre à tous les frais nécessaires à la conservation de la dot : toutes les fois que la conservation
de la dot est en jeu, l'aliénation d'un immeuble dotal peut être autorisée. Ainsi, l'autorisation d'aliéner l'immeuble peut être donnée pour payer les
droits de mutation dûs par la femme qui, pour obtenir le paiement de ses reprises, a dû se rendre
adjudicataire d'un immeuble dont l'expropriation
forcée est poursuivie contre le mari (1) : c'est bien
une dépense nécessaire à la conservation de la dot,
puisque, sans cette acquisition, la femme n'aurait
pu recouvrer ses valeurs dotales. De même, l'autorisation peut être donnée pour payer les frais de la
séparation de biens obtenue par la femme, si le
mari est insolvable, et si la séparation de biens
était indispensable à la conservation de la dot (2).

Mais il faut, en tous cas, qu'il s'agisse de dépenses
indispensables pour la conservation de l'immeuble
dotal. La justice ne pourrait donc autoriser l'aliénation pour de simples dépenses d'amélioration ou pour
des reconstructions (3).

—Dans les quatre cas, vus jusqu'ici, où l'art. 1558
permet exceptionnellement l'aliénation de l'immeu-

1. Guillouard, IV, n° 2039. Nîmes, 1er mai 1861, S. 61-2-417.
2. Cass., 7 mars 1843, S. 45-2-585.
3. Cass., 7 juillet 1851, S. 51-1-472. — Bordeaux, 21 juillet 1862,
S. 63-2-11.

meuble dotal, l'autorisation de justice doit être demandée au tribunal du domicile des époux. Cette autorisation doit être donnée préalablement à l'aliénation (art. 997, al. 2, C. procédure) ; si elle n'est donnée qu'après, elle ne pourra la valider, sauf peut-être lorsqu'il s'agit d'une vente nécessaire pour l'exécution de travaux indispensables à la conservation de la dot, et lorsque ces travaux sont tellement urgents que le temps d'examiner la requête en autorisation pourrait préjudicier à cette conservation : en ce cas, la force des choses veut qu'on puisse commencer immédiatement les travaux, sauf à demander ensuite l'autorisation du tribunal (1).

La vente, une fois autorisée, doit, à peine de nullité, être faite aux enchères et après affiches dans les formes prescrites par l'art. 997, C. procédure. L'excédent du prix de la vente sur les besoins reconnus par le juge reste dotal, et il doit en être fait emploi comme tel au profit de la femme (art. 1558, *in fine*).

Dans ces différents cas où les tribunaux peuvent, pour cause de nécessité, autoriser l'aliénation de l'immeuble dotal, pourraient-ils autoriser aussi bien la femme à contracter un emprunt avec constitution d'hypothèque sur cet immeuble ? Dans le cas de l'art. 1557, nous avons, sur cette question, adopté

1. Guillouard, IV, n° 2042.

la négative ; dans les cas des art. 1555 et 1556 nous avons, au contraire, adopté l'affirmative. Or, dans les cas de l'art. 1558, c'est encore l'affirmative, croyons-nous, qui doit prévaloir : la justice peut autoriser aussi bien un emprunt avec hypothèque sur l'immeuble dotal que l'aliénation de l'immeuble dotal, et quoique l'art. 1558 ne prévoie que l'aliénation. Telle est également la solution de la jurisprudence (1). Si, sous l'art. 1557, nous refusions de comprendre la faculté d'hypothéquer dans la faculté d'aliéner stipulée au contrat de mariage, ce n'était que dans la pensée de soustraire la femme à un entraînement ruineux. Mais l'intervention de la justice éloigne un tel danger, et d'autre part, un emprunt sera souvent le seul moyen de conserver le bien dotal, dans le cas, par exemple, de réparations à faire. —On objecte que, si la femme est libre de consentir une hypothèque, le créancier sera le maître de choisir le moment où il fera vendre l'immeuble hypothéqué à défaut de paiement, et il pourra prendre le moment le plus désastreux, tandis que la vente volontaire ne sera autorisée par les tribunaux qu'à une époque favorable (2). — Mais, répond très bien M. Guillouard (3), nous contestons formellement ce

1. Cass., 7 juillet 1857, S. 57-1-734. — Caen, 9 mai 1876, S. 76-2-197.

2. Colmet de Santerre, VI, n° 230 *bis*, XIII.

3. Guillouard, IV, n° 2009, *in fine*.

point. Il s'agit en effet, dans l'art. 1558, de causes nécessaires d'aliénation ; et le tribunal, par conséquent, ne sera pas maître de différer le moment de la réalisation de l'immeuble : il s'agit de tirer le mari de prison, ou la maison dotale menace ruine, ou bien la famille est dans la misère, ce qui se produira souvent à une époque de crise, où les immeubles sont à vil prix ; une vente serait désastreuse, et cependant, si on n'admet pas notre solution, il va falloir que le tribunal l'ordonne, tandis qu'un emprunt avec constitution d'hypothèque permettrait d'attendre une époque plus favorable pour vendre.— Tels sont les motifs qui nous déterminent à penser que, dans les quatre premiers cas de l'art. 1558, la justice peut autoriser la constitution d'une hypothèque sur l'immeuble dotal : seulement, il faut que la permission d'hypothéquer soit accordée par le tribunal en termes bien exprès ; car, dans tous ces cas, l'autorisation de justice doit être spéspéciale.

Notons enfin, en terminant ces considérations générales, communes aux 4 premiers cas de l'art. 1558, que lorsque l'immeuble dotal est aliéné comme il y est dit, la validité de l'aliénation est subordonnée à la condition que le prix de l'immeuble servira à obvier aux nécessités qui ont fait admettre l'aliénation. L'adjudicataire de l'immeuble ainsi vendu doit donc avoir bien soin de ne payer son prix qu'aux personnes désignées pour le recevoir par le jugement qui a permis la vente, c'est-à-dire aux créanciers pour le remboursement desquels elle a été autorisée, et non aux époux eux-mêmes. S'il payait aux époux eux-mêmes, et si ceux-ci n'employaient point les fonds à leur destination, il ne serait point libéré (1). Toutefois, ce que nous venons de dire ne peut, naturellement, s'appliquer au cas où les époux ont été autorisés à vendre un immeuble dotal pour procurer des aliments à la famille, ou pour permettre aux époux, à titre d'aliments, l'achat d'objets mobiliers qui se paient au comptant (2). En ce cas, il est évidemment impossible à l'adjudicataire de s'assurer par lui-même si le prix qu'il paye est bien employé à sa véritable destination : il sera donc libéré par le simple paiement aux époux (3).— S'il s'agit de l'emploi de l'excédent du prix de vente sur les besoins pour lesquels l'aliénation a été permise, il doit être également surveillé par l'adjudicataire qui, s'il n'était pas exécuté, serait tenu de payer une seconde fois son prix, ou tout au moins la portion qui aurait dû étré employée. Mais cette inexécution n'entraînera point la nullité de l'aliénation de l'immeuble dotal, à la différence de ce qui se passe, nous l'avons vu,

1. Aix, 10 février 1832, S. 32-2-640.
2. Aubry et Rau, V, § 537, note 130.
3. Cass., 5 novembre 1855, S. 56-1-204.

lorsque l'aliénation de cet immeuble a été permise
par le contrat de mariage à charge de remploi. « En
effet l'emploi de l'excédent du prix sur les besoins
pour lesquels l'aliénation a été permise par le juge
ne constitue pas, comme le remploi à la charge duquel l'aliénation a été autorisée par le contrat de
mariage, une condition de la faculté même d'aliéner, mais une simple obligation qui résulte acci-
dentellement d'une aliénation régulièrement consommée, et dont l'inexécution ne peut dès lors réa-
gir sur la validité de cette aliénation » (1).

V. — *Aliénation par licitation d'immeubles dotaux indivis et reconnus impartageables.*

C'est le dernier cas d'aliénation de l'immeuble
dotal exceptionnellement permis, avec l'autorisation
de justice, par l'art. 1558 ; et on peut dire que,
dans ce cas comme dans les quatre autres, le motif
qui justifie l'aliénation est bien un motif de nécessité.—Nous avons vu au Chapitre II (Section II, paragraphe I) que l'inaliénabilité n'empêche point la
femme dotale, autorisée de son mari, de procéder à
l'amiable au partage d'un bien indivis entre elle et
des tiers, et compris pour sa part dans la constitution de dot ; mais ici il s'agit d'un immeuble impartageable, ou qui ne peut être partagé sans perte

1. Aubry et Rau, V, § 537, note 133.

pour les parties intéressées ; il va donc falloir recourir à la licitation. Or nul n'est tenu de rester dans l'indivision : les co-propriétaires peuvent exiger qu'elle ait lieu, et la femme elle-même a ce droit; en un mot, la licitation est nécessaire. Voilà pourquoi l'art. 1558, 5°, permet à la justice d'autoriser la femme à procéder à la licitation volontaire de cet immeuble, suivant les formes prescrites par l'art. 997, C. Pr. Si, en effet, l'accord des parties rend possible cette licitation amiable, pourquoi les forcer de recourir à la licitation judiciaire, qui entraînera de plus grands frais? Le seul but de l'intervention du tribunal, ici, sera donc de constater si l'immeuble est réellement impartageable en nature, ou du moins impartageable à moins d'un grave détriment : alors il autorisera la licitation volontaire.

Mais remarquons que, pour que cette hypothèse se réalise, il faut que les tiers co-propriétaires avec la femme et la femme elle-même, soient tous d'accord pour aliéner l'immeuble reconnu impartageable. S'ils ne sont pas d'accord, et que l'un d'eux forme une action en partage et demande la licitation de l'immeuble indivis, la femme n'a plus besoin d'une autorisation spéciale, puisque la justice ne pourrait pas la refuser. Seulement, alors, on est forcé d'engager une instance judiciaire, au lieu d'obtenir du tribunal, par la voie gracieuse, la permission de faire procéder à la licitation, et la procédure que permet d'employer l'art. 1558, 5°, a justement pour but d'éviter une action en partage.

Quelle est la raison qui permet d'admettre une différence entre le partage en nature et la licitation, et de décider que la femme peut procéder au premier avec la seule autorisation de son mari, tandis que l'art. 1553, 5°, exige formellement, pour la seconde, l'autorisation préalable de la justice ? C'est que le partage laisse à la femme, en nature, sa part dotale dans l'immeuble, tandis que, par la licitation, son droit peut se trouver dénaturé, puisque, à son droit indivis sur l'immeuble, peut se trouver substituée une créance du prix de la licitation.

La licitation ayant été autorisée par justice conformément à l'art. 1558, quels en sont les résultats? Il faut distinguer 3 cas:

Premier cas.—L'immeuble a été adjugé à la femme. — Alors, on a soutenu que, la femme étant censée, en vertu de l'art. 883, avoir toujours été propriétaire de l'immeuble entier, cet immeuble est dotal pour le tout (arg. art. 1408). C'est une erreur : l'immeuble, au contraire, en principe n'est dotal que jusqu'à concurrence de la portion qui était propre à la femme avant la licitation ; pour le surplus il est simplement paraphernal.—Deux arguments vont nous permettre de le démontrer.

1. — L'art. 1408, que l'opinion adverse invoque comme argument d'analogie, ne s'explique nulle-

ment par l'art. 883, mais par une considération
d'utilité pratique, qui n'a plus rien à voir lorsqu'il
s'agit de régime dotal.—Nous disons d'abord que l'art.
1408 qui décide, sous le régime de communauté,
que l'acquisition par licitation d'un immeuble dont
l'un des époux était co-propriétaire par indivis forme
un propre, ne s'explique point par l'art. 883. En effet
l'article 883 est purement relatif aux rapports du
co-partageant avec ses co-partageants et les ayants-
cause de ceux-ci ; mais il ne s'applique plus lorsqu'il
s'agit des rapports d'un co-partageant avec ses propres
ayants-cause, au nombre desquels il faut ranger la
communauté. En réalité, ce qui explique notre disposition de l'art. 1408, c'est cette considération que
le partage a pour but de faire cesser l'indivision, et
que cependant, si la portion acquise par licitation
par la femme, par exemple, formait un conquêt,
l'indivision subsisterait entre la femme et la communauté. —Or, avons-nous dit en second lieu, cette
considération n'a plus rien à voir lorsqu'il s'agit de
régime dotal, car, ici, peu importe qu'on décide que
l'immeuble soit tout entier dotal, ou pour partie
paraphernal : comme, de toute façon, il est certainement tout entier la propriété de la femme, il n'y a
pas indivision.

2.— Il s'agit donc simplement ici de savoir quelle
est, au point de vue du régime matrimonial, la condition du bien licité. Or, alors même qu'on voudrait

considérer la disposition de l'art. 1408 comme une conséquence de l'art. 883, il faudrait absolument écarter cet article au point de vue qui nous occupe, car son effet déclaratif, tendant à rendre l'immeuble dotal pour le tout, viendrait se heurter à la règle fondamentale du régime dotal : la règle de l'art. 1543, que la dot ne peut être augmentée pendant le mariage.

Donc, nous pouvons conclure que si la femme s'est spécialement constitué en dot sa part dans un immeuble indivis, cette part restera dotale, même si l'immeuble entier lui est adjugé dans la licitation : le surplus sera nécessairement paraphernal, en vertu de l'art. 1543.

Ce n'est que si la femme s'est constitué en dot tous ses biens présents et à venir que l'immeuble sera dotal pour le tout, car alors l'art. 883 peut s'appliquer: comme la femme s'est constitué en dot tout ce qui lui appartient, on peut dire qu'elle s'est constitué en dot tout l'immeuble, car elle avait, au moment de la constitution de dot, un droit éventuel à la totalité de cet immeuble (1).

Deuxième cas. — L'immeuble a été adjugé au mari. — Que le mari ait ainsi acheté l'immeuble en son nom, ou même pour le compte de sa femme, mais sans mandat de celle-ci, il y a lieu d'appliquer les

1. Guillouard, IV, n° 1760.

règles du retrait d'indivision écrites dans l'art. 1408,
2ᵉ alinéa, au chapitre de la Communauté (1). Sans
doute, ce texte n'a point été écrit pour le régime
dotal ; mais « sa disposition, étant fondée sur l'état
de dépendance où se trouve la femme, est, par cela
même, applicable à tous les régimes matrimoniaux » (2). Le législateur n'a pas voulu que le
mari, administrateur de la fortune de la femme,
pût acheter pour son propre compte un immeuble
indivis avec elle : or les pouvoirs du mari, administrateur de la dot sous le régime dotal, sont de même
nature que ceux qui lui appartiennent sur les biens
de la femme mariée en communauté, et on doit donner à la femme la même protection. — La femme a
donc le droit de prendre l'opération pour son propre compte, et de retirer à elle l'immeuble adjugé à
son mari. En ce cas, la part qui lui appartenait dans
l'immeuble, et qu'elle s'était constituée en dot, sera
certainement dotale ; mais quelle sera la condition
des portions qui ont été acquises des autres co-propriétaires? Elle est la même que dans l'hypothèse
où la femme s'est personnellement rendue adjudicataire : donc, en principe, ces parts sont parapher-
nales ; elles ne sont dotales que si la femme s'était
constitué en dot tous ses biens présents et à venir.

1. Lyon-Caen, note, S. 1886, 1, 161.
2. Aubry et Rau, V, § 537, note 140.

— Quant à l'autre terme de l'option accordée à la femme dans le retrait d'indivision, c'est-à-dire l'abandon de l'immeuble adjugé au mari, la Cour de cassation décide que la femme dotale n'aura le droit d'opter pour lui qu'après la dissolution du mariage (1), car la dot est inaliénable tant qu'il dure, et ce serait, de la part de cette femme, aliéner sa part dans l'immeuble que de renoncer à exercer le retrait d'indivision.

Troisième cas.— *L'immeuble a été adjugé à un tiers.* — La femme, en ce cas, est créancière d'une portion du prix, et comme cette portion est représentative de sa part dotale dans l'immeuble, elle est dotale elle-même, et emploi doit en être fait comme le prescrit la fin de l'art. 1558. L'adjudicataire peut donc refuser le payement de cette portion tant qu'il ne lui est pas justifié d'un remploi régulier, et s'il la paye sans exiger de remploi, il peut être forcé de la payer une seconde fois.

—Après avoir étudié les cinq cas dans lesquels l'art. 1558 permet exceptionnellement d'aliéner l'immeuble dotal avec une autorisation préalable de justice, il reste une dernière question à examiner : quelle est la valeur précise de cette autorisation ? Assure-t-elle, dans tous les cas, la validité de l'aliénation ; ou bien la femme peut-elle ensuite venir prouver que celle-ci, malgré le jugement, est nulle, l'auto-

1. Cass., 26 janvier 1887, Dalloz, 1887, 1, 275.

risation de justice n'ayant pas été donnée à bon droit ? La solution n'est pas absolue : il faut distinguer 2 hypothèses.

Si la femme se prévaut d'une erreur de droit du tribunal, c'est-à-dire prétend qu'il a accordé l'autorisation dans un cas ne rentrant pas dans l'énumération de la loi, elle sera admise à le prouver, car aucune aliénation de la dot ne peut être valable en dehors des textes qui l'autorisent spécialement (1). Dès lors, l'erreur de droit prouvée, l'acquéreur verra annuler son acquisition. Il en serait ainsi, par exemple, si le tribunal avait autorisé l'aliénation d'un immeuble dotal, pour subvenir à de simples améliorations à effectuer sur d'autres immeubles dotaux.

Au contraire, la femme ne peut arguer de nullité si elle n'invoque qu'une erreur de fait (2), dans laquelle le tribunal serait tombé en accordant l'autorisation d'aliéner à raison d'une cause légale qu'il croyait exister et qui n'existait pas en réalité, par exemple s'il a accordé l'autorisation pour de grosses réparations à faire à un immeuble dotal qui, en réalité, n'avait pas besoin d'être réparé. En ce cas, le tiers acquéreur de l'immeuble dotal est à l'abri de toute nullité, car, s'il pouvait s'assurer, par la seule lecture du jugement, que le tribunal avait bien

1. Cass., 27 novembre 1883. S. 84, 1, 161.
2. Cass., 20 juin 1877. S. 80, 1, 19.

prévu un des cas légaux, il lui était, au contraire,
impossible de procéder à la révision de l'examen
que le tribunal a fait de la demande qui lui était
soumise.

VI. — *Echange de l'immeuble dotal.*

Aux cas énumérés par l'art. 1558, dans lesquels
l'aliénation de l'immeuble dotal est permise avec
autorisation de justice, nous avons dit qu'il faut
joindre le cas de l'échange, prévu par l'art. 1559.
C'est, qu'en effet, si cette forme spéciale d'aliénation
est également permise, nous allons voir que l'autorisation de justice en est une des conditions. Celles-
ci sont au nombre de trois.

1. — Le consentement de la femme. Ce consentement est absolument nécessaire, puisque la femme
est propriétaire de l'immeuble. L'art. 1559, qui ne
parle que du consentement de la femme, suppose
évidemment que l'échange est proposé par le mari :
l'adhésion de celui-ci est donc indispensable également ; et si la femme voulait l'échange, la justice ne
pourrait, sur le refus du mari, permettre à la
femme de le conclure, même en réservant l'usufruit
du mari, car ce serait contraire aux principes de
l'administration de la dot (1).

2. — Une valeur minima de l'immeuble acquis en
échange, comparativement à la valeur de l'immeu-

1. Aubry et Rau, V, § 537, note 146.

ble échangé. Il faut, aux termes de l'art. 1559, que cette valeur soit au moins des 4/5 de la valeur de l'immeuble échangé. Cette valeur comparative doit être établie par une estimation d'experts nommés d'office par le tribunal. C'est un des cas exceptionnels où l'expertise est obligatoire.

3. — L'autorisation de justice. Le tribunal à qui les époux devront la demander est, non pas le tribunal dans l'arrondissement duquel se trouve l'immeuble à échanger, mais le tribunal de leur domicile, sauf à celui-ci à faire désigner les experts par le tribunal de la situation des immeubles. En effet, c'est le tribunal du domicile des époux qui est naturellement indiqué pour veiller aux intérêts de la dot (1). La justice, dans le cas d'échange, accordera son autorisation, l'art. 1559 le dit lui-même, pour de simples motifs d'utilité.

Une fois ces conditions réunies, l'immeuble reçu en échange devient de plein droit dotal pour le tout s'il est exactement de même valeur que l'immeuble dotal échangé ; jusqu'à concurrence de cette valeur seulement s'il est lui-même de valeur supérieure, en sorte qu'une soulte doive être payée par la femme dotale. Si enfin il est, dans les limites permises, de moindre valeur que l'immeuble dotal échangé, et qu'une soulte doive, en conséquence, être payée à

1. Guillouard, IV, n° 2052.

la femme dotale par le co-échangiste, l'immeuble acquis en échange sera naturellement dotal pour le tout, et, en outre, cette soulte, cet excédent du prix, comme l'appelle l'art. 1559, sera lui-même dotal, et il devra en être fait emploi comme tel au profit de la femme.

SECTION III. — Exceptions résultant d'autres lois que le Code civil.

Aux termes des art. 13 et 25 de la loi du 3 mai 1841, relative à l'expropriation pour cause d'utilité publique, les époux peuvent, après autorisation du tribunal donnée sur simple requête, en la chambre du conseil. le ministère public entendu, consentir amiablement à l'aliénation des immeubles dotaux pour cause d'utilité publique, et accepter à l'amiable également les offres d'indemnités qui leur sont faites par l'expropriant. « Pourquoi, a dit M. Dufaure, rapporteur de la loi, dès que l'aliénation est forcée, ne pas permettre aux époux d'y souscrire par un acte volontaire, sauf les précautions propres à garantir la dot ? »

Cette autorisation d'aliéner amiablement les immeubles dotaux pour prévenir l'expropriation doit être demandée à la justice à la fois par la femme et par le mari : par la femme puisqu'il s'agit de la vente d'un bien dont elle est propriétaire, par le mari, puisque la jouissance lui en appartient.

L'autorisation de justice serait inutile s'il s'agis-sait d'immeubles dotaux dont l'aliénation est per-mise par le contrat de mariage : en ce cas, l'autori-sation du mari serait suffisante pour que la femme puisse consentir l'aliénation.

Le tribunal auquel l'autorisation doit être deman-dée n'est plus, croyons-nous, le tribunal du domi-cile des époux, mais le tribunal de la situation de l'immeuble qu'il s'agit d'aliéner. En effet, ce tribu-nal seul est bien placé pour apprécier, d'une part, si l'aliénation est vraiment nécessaire, si, par con-séquent, faute de cession à l'amiable, on devra cer-tainement en passer par l'expropriation forcée, et d'autre part si l'indemnité est suffisante.

Le tribunal doit, lorsqu'il autorise l'acceptation, par les époux, des offres d'indemnité, ordonner les mesures de conservation ou de remploi qu'il juge nécessaires. C'est ce que décide expressément l'art. 13 de la loi. Au cas où il aurait ainsi ordonné un remploi, l'expropriant serait tenu, sous sa respon-sabilité, d'en surveiller l'exécution, et, si le remploi n'avait pas lieu, il pourrait être contraint de payer l'indemnité une seconde fois.

— A part le cas d'expropriation pour cause d'utilité publique, il n'y a point d'autre texte établissant ex-pressément des exceptions à l'inaliénabilité des im-meubles dotaux, en dehors des art. 1555 à 1559 du Code civil. Il existe pourtant au moins une autre exception, qui a quelque analogie avec l'expropriation, en ce sens que l'aliénation n'y a point pour cause la volonté des époux, mais leur est imposée par une volonté supérieure : c'est le cas d'acquisition de la mitoyenneté d'un mur. Il est certain que la circonstance qu'un fonds est dotal ne prive pas le voisin de la faculté d'acquérir la mitoyenneté du mur, conformément à l'art. 661 du C. civ., il y a bien là une aliénation partielle de l'immeuble, mais aliénation qui est imposée aux époux ; c'est, en réalité, une expropriation partielle. MM. Rodière et Pont (1) en ont conclu que le tribunal devra intervenir, comme dans le cas d'expropriation totale, et régler au besoin les mesures de conservation ou de remploi de l'indemnité, qu'il juge nécessaires.

SECTION IV. — Exceptions non expressément établies.

Nous avons dit, au début de notre chapitre IV, que si, en principe, les exceptions apportées par un texte de loi à l'inaliénabilité des immeubles dotaux, sont limitatives, ce principe, cependant, doit fléchir dans les cas où l'ordre public est intéressé. Ainsi, bien qu'aucun texte ne le décide formellement, nous avons vu (chapitre II, section II, paragraphe 2),

____

1. Rodière et Pont, t. II, n° 550.

qu'aujourd'hui tout le monde admet que la femme engage sa dot par ses délits et quasi-délits, et que les immeubles dotaux pourront être valablement vendus, au besoin pour payer les dommages-intérêts qui pourront en résulter (1). En effet, lorsque la loi dit que la dot est inaliénable, cela signifie qu'elle ne peut être aliénée par la volonté des époux, mais non que la femme, en se mariant sous le régime dotal, met ses biens à l'abri des conséquences de ses délits ou quasi-délits (2). Le motif de cette exception, qui n'est point expressément établie, est bien un motif d'ordre public : c'est que nul ne peut, par des conventions privées, soustraire son patrimoine aux conséquences des faits coupables qu'il commet.

Au contraire la femme dotale n'engagerait point sa dot par ses quasi-contrats. Elle ne peut pas plus aliéner sa dot par l'effet d'un quasi-contrat que par l'effet d'un contrat ; car, ici, nous n'avons plus aucun motif d'ordre public qui justifie l'aliénation, et l'inaliénabilité s'oppose à ce que l'immeuble dotal puisse être aliéné par aucun acte volontaire de la femme. Par exemple la femme dotale, avec l'autorisation de son mari, ou, à défaut, avec l'autorisation de justice, a accepté purement et simplement

1. Cass., 27 fév. 1883, S. 84, 1, 185.
2. Guillouard. IV, n° 1937.

une succession obérée. Sans doute, par l'effet de
l'acceptation, elle s'oblige personnellement aux dettes de cette succession, mais les créanciers héréditaires ne pourront exercer leurs droits que sur les
biens paraphernaux de la femme et non pas sur ses
biens dotaux (1), car elle ne peut pas les engager ni
directement ni indirectement.

1. Cass., 28 fév. 1834, S, 34, 1, 208.

CHAPITRE V

Quand l'immeuble dotal a été vendu hors les cas
d'exception étudiés au chapitre IV, l'article 1560
décide que l'aliénation pourra être révoquée. — La
sanction de l'inaliénabilité est donc la nullité de l'a-
liénation indûment faite. Mais ce n'est pas par la revendication que la restitution de l'immeuble peut
être exigée : c'est par la voie de l'action en nullité.
On est en effet en présence d'une aliénation qui a
une existence légale, et qui doit être respectée tant
qu'elle n'a pas été annulée.

SECTION I. — Des personnes à qui appartient l'action en nullité.

Si on admettait que l'inaliénabilité des immeubles
dotaux est fondée sur une véritable indisponibilité,
il faudrait décider que la nullité de leur aliénation
est une nullité absolue, et que l'action appartient à
tous les intéressés. — Mais nous avons vu au cha-

pitre I (section II) que l'inaliénabilité constitue simplement une incapacité pour la femme ; c'est une
mesure de protection pour elle ; dès lors la nullité
est relative, comme toute nullité créée au profit d'incapables. Seuls la femme ou ses héritiers peuvent
s'en prévaloir, puisque c'est dans leur intérêt que
l'inaliénabilité a été établie.

L'action en nullité ne peut donc être intentée par
l'acquéreur de l'immeuble dotal aliéné (1), — même
si la dotatité n'a pas été déclarée par les époux, —
même si les époux, en vendant, ont déclaré l'immeuble paraphernal. Sans doute, dans ce dernier
cas, il y a mensonge de la part des époux vendeurs (2) ; mais ce mensonge ne suffit pas pour autoriser l'acquéreur à provoquer la nullité de la vente
et à demander la répétition du prix qu'il a payé. Car
une simple déclaration, même mensongère, ne saurait être assimilée à une manœuvre frauduleuse (3),
(arg. article 1307). L'acquéreur devait, pour s'assu-
rer complètement, demander la production du contrat de mariage afin de vérifier la qualité de l'immeuble : il y a donc une certaine négligence de sa
part et en conséquence il ne peut invoquer la nullité. Mais s'il a été victime, non seulement d'un men-

1. Cass., 11 décembre 1815, S., 16, 1, 161. — Cass., 25 avril 1831,
S. 32, 1, 623.
2. Rodière et Pont, III, n° 1883.
3. Aubry et Rau, V, § 537. note 22.

songe, mais de véritables manœuvres frauduleuses
des époux, dans le but de le tromper sur la nature
de l'immeuble, par exemple si on lui a présenté un
faux contrat de mariage, alors il n'a aucune faute
à se reprocher et il peut demander la nullité de la
vente, non pas en raison de l'inaliénabilité du bien
vendu, mais en vertu de l'art. 1116. Nous verrons,
de plus, à la section II, que l'acquéreur peut encore
demander lui-même la nullité de la vente du bien
dotal, si le mari a vendu seul l'immeuble, comme lui
appartenant : car il ne s'agit plus, alors, de critiquer
l'aliénation du bien dotal, mais de demander la nullité de la vente comme vente de la chose d'autrui, ce
que l'art. 1599 permet à l'acheteur. — D'ailleurs,
même dans les autres cas, l'acquéreur, s'il ne peut
invoquer la nullité, n'est cependant pas forcé d'exécuter immédiatement la vente en payant son prix.
Il a en effet juste sujet de redouter une éviction :
par conséquent, s'il découvre à temps la qualité dotale du bien qu'il vient d'acheter, il peut se prévaloir de l'art. 1653 pour suspendre le paiement du
prix.

Du caractère purement relatif de l'action en nullité de l'aliénation de l'immeuble dotal, il résulte
encore que cette action ne peut être intentée ni par
les créanciers du mari, ni par les créanciers chirographaires de la femme dont la créance est postérieure au mariage, puisqu'ils n'auraient, en aucun

cas, action sur l'immeuble dotal, et que la nullité n'a
été créée qu'en faveur de ceux auxquels la dot doit
servir. — Mais peut-elle être intentée par les créanciers chirographaires de la femme dont les créances
ont date certaine antérieure au contrat de mariage ?

MM. Aubry et Rau leur refusent ce droit, à eux
aussi. — Sans doute, disent-ils, ces créanciers auraient action sur l'immeuble dotal, s'il rentrait dans
le patrimoine de leur débitrice; et, d'autre part, l'action tendant à la nullité constitue, pour la femme,
un droit pécuniaire faisant partie intégrante de son
patrimoine. « Mais elle ne lui est, cependant, concédée qu'en sa qualité de femme mariée sous le régime dotal, qualité qui lui est toute personnelle, et
dont l'art. 1166 ne peut, par conséquent, permettre
à ses créanciers de se prévaloir. Il serait d'ailleurs
peu juridique que les créanciers antérieurs à la passation du contrat de mariage, qui avaient conservé
le droit de poursuivre les biens dotaux malgré leur
inaliénabilité, pussent trouver dans cette inaliénabilité même le moyen de se créer un droit de suite
sur ces biens » (1).

Cette opinion, qui tend à prévaloir en jurisprudence, ne nous paraît pas très exacte. — D'une part,
elle soutient que l'action en nullité n'est concédée

____

1. Aubry et Rau, V, §537, note 25.

à la femme qu'en sa qualité de femme dotale, et par
conséquent est exclusivement attachée à sa personne. Non, car son but n'a rien de moral; il est
purement matériel, puisqu'il consiste à faire rentrer dans le patrimoine un immeuble qui en est
sorti; par conséquent on peut bien soutenir que
c'est un droit pécuniaire rentrant dans la règle générale de l'art. 1166 : l'inaliénabilité dotale a été
établie, il est vrai, dans le seul intérêt de la femme,
mais l'action qui en résulte ne peut être considérée
comme exclusivement attachée à la personne, en
tant qu'il s'agit des créanciers auxquels cette inaliénabilité n'est pas opposable (1). — D'autre part,
l'opinion opposée soutient que permettre à ces créanciers d'exercer l'action en nullité, c'est leur donner un droit de suite auquel ils ne peuvent prétendre, puisqu'ils sont simplement chirographaires.
Non; ils exercent simplement l'action en nullité qui
appartient à leur débitrice, ils agissent en vertu du
droit de celle-ci, et non en vertu d'un droit de suite.

Il est donc préférable de décider que les créanciers chirographaires de la femme qui auraient exceptionnellement le droit de saisir l'immeuble dotal s'il
n'avait pas été aliéné, — c'est-à-dire les créanciers
ayant date certaine antérieure au contrat de mariage, et les créanciers postérieurs à la dissolution
du mariage, — peuvent intenter de son chef l'action

---

1. Demolombe, *Cours de Code civil*, XXV, n° 87·

en révocation de l'aliénation. Seulement, comme ils l'intentent du chef de leur débitrice, et ne peuvent par conséquent avoir plus de droits qu'elle, ils ne pourront agir qu'après la séparation de biens ou la dissolution du mariage, car nous allons voir tout de suite que c'est à ce moment là seulement que la femme peut intenter l'action.

Quant aux créanciers hypothécaires de la femme, ceux du moins qui avaient acquis une hypothèque valable sur l'immeuble qui a été aliéné, ils peuvent certainement intenter l'action en nullité de cette aliénation; — en effet ils ont un droit réel sur l'immeuble en question : ils peuvent donc le suivre en quelques mains qu'il passe, et, s'il est indûment sorti du patrimoine de leur débitrice, l'y faire rentrer en intentant l'action (1).

Si, en principe, la femme est seule propriétaire de l'action en nullité de l'aliénation de l'immeuble dotal, ce n'est pas à dire qu'elle ait toujours le droit de l'exercer elle-même. Pendant toute la durée du mariage, en effet, du moins tant que la séparation de biens n'a pas été prononcée, le mari, aux termes de l'art. 1549, a seul l'exercice des actions dotales, et par conséquent de l'action en révocation de l'aliénation. — Le mari a donc seul le droit de l'exercer pendant le mariage : à la dissolution du mariage

1. Cass., 27 mai 1851, S. 51. 1. 385. — Cass., 18 juillet 1859, S. 60. 1. 432.

ou après la séparation de biens, ce droit appartient à la femme, à ses créanciers hypothécaires, et à ses créanciers chirographaires, dont la créance est antérieure au mariage ; — enfin, à la mort de la femme, il passe à ses héritiers ou à ses successeurs universels.

Lorsque l'aliénation a été faite par le mari seul ou par le mari avec le concours de sa femme, celle-ci n'a pas seulement une action en révocation contre le tiers acquéreur ; elle a encore une action en indemnité contre son mari ou les héritiers du mari, pour la valeur de l'immeuble aliéné. Ce dernier recours est-il simplement subsidiaire ; ne peut-il être exercé qu'au cas où la restitution intégrale de l'immeuble n'est plus possible, par exemple au cas où cet immeuble a subi des dégradations par le fait de l'acquéreur, devenu insolvable ? — On l'a soutenu (1), en disant que l'art. 1560 ne donne d'autre droit à la femme que celui de faire révoquer l'aliénation, et qu'en effet, le but de l'inaliénabilité étant d'assurer à la femme la conservation du fonds dotal, la femme, si l'immeuble existe encore et qu'elle puisse le revendiquer, est tenue de le faire avant tout, afin de reconstituer la dot telle qu'elle était au moment du mariage. — Mais, aujourd'hui, la jurisprudence (2),

.1. Grenoble, 12 janvier 1835, S. 35. 2. 321. — Caen, 5 décembre 1836, S. 37. 2. 161.

2. Cass., 2 mai 1855, S. 55. 1. 420. — Cass., 3 décembre 1861, S. 62. 1. 405.

avec raison, repousse cette solution, et reconnaît à
la femme une option entre l'action en révocation
contre le tiers acquéreur, et l'action en indemnité
contre son mari. Elle doit demeurer juge, en effet,
de la convenance qu'il peut y avoir pour elle à ne
point user de son action en nullité et à se contenter
d'une indemnité (1). Quant à l'argument tiré des
termes de l'art. 1560, il ne peut être invoqué ici,
car cet article règle simplement l'exercice du droit
de révocation; mais rien ne permet d'en conclure
que le législateur ait voulu refuser à la femme ou
à ses héritiers, la faculté de répéter contre le mari,
s'ils le préfèrent, le prix d'aliénation qu'il a touché.
Et d'ailleurs si l'article 1560 n'accorde à la femme
qu'une action en révocation, l'art. 2135 lui reconnaît le droit à une indemnité contre son mari « pour
le remploi de ses propres aliénés, » et fixe au jour
de la vente la date de l'hypothèque légale qui garantit cette créance en indemnité.

De cette solution, M. Guillouard conclut que « si
les immeubles du mari sont aliénés au cours du
mariage, et par conséquent avant que la femme ait
pu opter entre l'action révocatoire et l'action en indemnité, elle pourra obtenir sur les immeubles de
son mari une collocation provisoire pour la valeur de
son immeuble aliéné, sauf à n'en toucher le mon-

1. Aubry et Rau, V, § 537, note 27.

tant qu'au jour où elle aura définitivement opté pour l'indemnité » (1).

Au point de vue de l'action en nullité de l'aliénation, observons en terminant que le mari peut l'intenter non seulement si l'aliénation a été faite par la femme sans son concours, mais même s'il a donné son autorisation ou s'il a vendu lui-même ; car c'est comme mari, comme administrateur des biens dotaux, qu'il invoque cette nullité, afin de faire rentrer la dot dans le patrimoine de la femme, pour subvenir aux charges du ménage, — et non point en son propre nom : c'est même là ce qui explique que cette action ne puisse être exercée par les créanciers du mari, agissant de son chef.— De son côté, la femme est admise à revenir contre les aliénations qu'elle a faites ou auxquelles elle a concouru, car, étant incapable d'aliéner, son concours à l'acte d'aliénation ne peut valider celle-ci : sa coopération ne l'empêchera donc point d'intenter l'action en nullité après la dissolution du mariage ou la séparation de biens.

SECTION II. — De l'époque à laquelle doit être intentée cette action, par ceux à qui elle appartient.

L'action naît dès l'instant même de l'aliénation ; elle peut donc être intentée immédiatement, et

1. Guillouard, IV, n° 1891, *in fine.*

comme le mari, tant que dure le mariage, a seul l'exercice des actions dotales, c'est lui qui peut exercer l'action aussitôt après l'aliénation. C'est ce que dit l'art. 1560 : « Le mari lui-même pourra faire révoquer l'aliénation pendant le mariage.... » Toutefois cette expression est trop absolue, car il n'a plus qualité pour exercer l'action après la séparation de biens : la femme, à ce moment, reprenant l'exercice des actions dotales, la même raison qui lui fait alors accorder l'action en nullité, doit aussi la faire refuser au mari (1).

En somme, le droit du mari prend fin au moment où celui de la femme commence. Celle-ci acquiert le droit d'intenter l'action en nullité aussitôt après la séparation de biens, à la condition de se faire autoriser conformément au droit commun, et bien que le mariage dure encore, et, dans tous les cas, à la dissolution du mariage. Avant ces deux événements, c'est le mari seul qui peut intenter l'action. On a bien soutenu que la femme le peut aussi, même pendant le mariage et dès avant la séparation de biens (2), sous prétexte que l'art. 1560, en disant : « la femme aura le même droit après la séparation de biens », ne signifie nullement qu'elle ne puisse agir qu'à ce moment, mais qu'à ce moment elle pourra agir sans avoir à redouter aucune prescrip-

1. Aubry et Rau, V, § 537, note 29.
2. Toullier, XIV, p. 228. — Rouen, 3 août 1833, S. 41. 2. 70.

tion pendant la durée du mariage. Cette opinion ne nous semble pas devoir être admise : « l'art. 1560 a pour but d'indiquer à quel moment les époux pourront demander la nullité de l'aliénation, et il déclare que la femme pourra agir après la dissolution du mariage ou après la séparation de biens ; il faut en conclure qu'elle ne pourra exercer l'action en nullité auparavant » (1). Et c'est la solution que commande aussi le principe posé dans le second alinéa de l'art. 1549 : puisque le mari a seul le droit de poursuivre les détenteurs des biens dotaux pendant le mariage, et tant que la femme n'a pas repris l'administration de sa dot par la séparation de biens, celle-ci, jusque-là, n'a pas qualité pour intenter l'action en nullité.

Telle est l'époque à partir de laquelle l'action en nullité peut être intentée. - -Mais jusqu'à quand peut-elle être exercée ? Le mari, nous venons de le dire, n'a plus le droit de la mettre en mouvement aussi-tôt la dissolution du mariage survenue ou la sépara-tion de biens prononcée : si, trente, quarante, cin-quante ans s'écoulaient entre l'aliénation et la dis-solution du mariage, aucune prescription ne met-trait cependant obstacle à l'exercice de l'action en nullité ; en somme, tant que le mariage subsiste, cette action ne peut pas se prescrire, (sauf, nous le verrons tantôt, une grave controverse en cas de sé-

1. Guillouard, IV, n° 1894.

paration de biens). Cela ressort de l'art. 1560 : tant que l'action en nullité de l'aliénation est entre les mains du mari, c'est-à-dire tant qu'il n'y a pas eu dissolution du mariage ou séparation de biens,cette action ne peut s'éteindre par le laps de temps.—Mais la femme ou ses héritiers, quand le droit d'intenter l'action en nullité est passé en leur personne, peuvent-ils, indéfiniment, eux aussi, user de ce droit ? Non ; l'art. 1560 dit : « la femme ou ses héritiers pourront faire révoquer l'aliénation après la dissolution du mariage, sans qu'on puisse leur opposer aucune prescription pendant sa durée,…. » c'est donc qu'aussitôt que le mariage ne dure plus, l'action commence à se prescrire. Quelle est la durée de cette prescription qui rendra la femme ou ses héritiers non recevables à invoquer la nullité de l'aliénation de l'immeuble dotal ? C'est non pas la prescription de 30 ans, mais celle de 10 ans, conformément à l'art. 1304. « La vente du bien dotal étant nulle à cause de l'incapacité et de la faiblesse présumées de la femme dotale,… lorsque la dissolution du mariage a rendu à la femme survivante sa pleine capacité, ou donné à ses héritiers, dont rien ne diminue la capacité, la propriété du fonds jadis dotal, la nullité de la vente peut être ratifié expressément, et si la femme ou ses héritiers laissent passer 10 ans sans demander cette nullité, elle est couverte par la prescription, qui n'est ici qu'une espèce de ratification tacite » (1).

Ainsi donc, en principe, la femme ou ses héritiers, au bout de 10 ans, ne pourront plus intenter l'action en nullité. — Mais à partir de quand commence à courir cette prescription de 10 ans ? A partir de la dissolution du mariage et à partir de cette date seulement. Cela résulte d'abord du texte de l'art. 1560, qui dit expressément « qu'on ne pourra opposer aucune prescription pendant la durée du mariage, à la femme ou à ses héritiers intentant l'action révocatoire après sa dissolution » ; cela résulte également ment des principes : puisque cette prescription de l'action en nullité constitue en somme une espèce de ratification tacite, elle ne peut commencer à courir qu'au moment où la femme a recouvré sa capacité, c'est-à-dire à la dissolution du mariage.

Cependant on a contesté cette solution, au cas de séparation de biens : la prescription, a-t-on dit (2), commence alors à courir aussitôt la séparation prononcée, et bien que le mariage dure encore. Sans doute le texte de l'art. 1560 est très formel ; il décide qu'aucune prescription ne peut être opposée à la femme pendant la durée du mariage : or le mariage dure encore après la séparation de biens. Mais l'art.

1. Guillouard, IV, n° 1910. — Cass., 31 mars 1841. S. 41. 1. 397.
2. Valette, *Mélanges,* tome I, p. 19 et suiv.

2255 du même Code, qui décide également que « la prescription ne court point, pendant le mariage, à l'égard de l'aliénation d'un fonds constitué selon le régime dotal », ajoute que cette suspension a lieu conformément à l'art. 1561 : or ce dernier dit que que les immeubles dotaux sont imprescriptibles pendant le mariage, mais qu'ils deviennent prescriptibles après la séparation de biens. Donc le renvoi fait à l'art. 1561 ne peut s'expliquer que parce que le législateur a voulu faire subir au principe, que la prescription de l'action en révocation ne court pas pendant le mariage (art. 1560), une restriction résultant de l'art. 1561, al. 2, et consistant en ce que cette prescription commencera cependant à courir après la séparation de biens.

Cette théorie n'est guère admissible. Il faut s'en tenir au principe absolu : la prescription de l'action en nullité de l'aliénation de l'immeuble dotal ne commence jamais qu'à la dissolution du mariage, et non après la séparation de biens (1). D'une part l'art. 1560 est bien significatif : après avoir dit que la femme ou ses héritiers pourront faire révoquer l'aliénation après la dissolution du mariage, sans qu'on puisse leur opposer aucune prescription pendant sa durée, il ajoute : « la femme aura le même droit après la séparation de biens » ; donc la loi prévoit la séparation de biens, mais uniquement pour

1. Cass., 4 juillet 1849, S. 50-1-283.

donner à la femme le droit d'exercer l'action en
nullité, et non pour faire courir la prescription contre
cette action. D'autre part, l'art. 1561 sur lequel on
s'appuie sous prétexte que l'art. 2255 y renvoie, n'a
rien à voir, en réalité, dans la présente discussion,
car il résulte des travaux préparatoires qu'il y a là
une simple erreur matérielle, et que cet article entendait se référer précisément à l'art. 1560 et non à
celui qui est devenu l'art. 1561 (1). Dès lors l'art. 2255,
loin de combattre notre principe, le confirme au contraire, puisque l'art. 1560 ne parle de prescription de
l'action en nullité de l'aliénation, qu'après la dissolution du mariage. La disposition de l'art. 1561, qui
déclare les immeubles dotaux prescriptibles après la
séparation de biens, ne concerne que la prescription acquisitive de l'immeuble dotal, la prescription
de l'action en revendication que la femme pourrait
exercer contre un tiers détenteur, c'est-à-dire contre
un tiers qui détiendrait l'immeuble dotal par suite
d'une usurpation, par exemple, ou d'une aliénation
faite par un autre que les époux : la femme, par la
séparation de biens, recouvrant l'exercice des actions
pétitoires, et par conséquent de cette action en revendication, il est tout naturel que la prescription de
cette action commence dès le jour de la séparation de
biens ; — au contraire la disposition de l'art. 1561 est

______

1. V. Guillouard, *Du contrat de mariage* IV, n° 1933.

inapplicable à la prescription libératoire de l'action en
nullité qui serait intentée contre l'aliénation de l'immeuble dotal : cette prescription, simple prescription
décennale, implique confirmation de l'aliénation, or
la confirmation tacite ne peut avoir lieu qu'à un
moment où pourrait avoir lieu la confirmation expresse, c'est-à-dire après la dissolution du mariage,
car la ratification tacite comme expresse d'une aliénation du fonds dotal entachée de nullité, équivaut à
l'aliénation de ce fonds, et ne peut donc utilement
survenir qu'à une époque où l'inaliénabilité de l'immeuble a cessé.

Ce que nous venons de dire de la prescription de
l'action en nullité s'applique au cas où la femme a
concouru à l'aliénation de l'immeuble dotal. — Mais
faut-il en dire autant dans le cas où cette aliénation
a été consentie par le mari ? La nullité de la vente,
alors, est-elle toujours fondée sur l'inaliénabilité
créée par l'art. 1554, ou est-elle fondée sur l'art.
1599, comme s'appliquant à la vente de la chose
d'autrui ? La question offre un intérêt considérable,
car, d'une part, si la nullité reste fondée sur l'art.
1554, c'est toujours une nullité relative, qui n'existe
qu'au profit de la femme et ne sera prononcée que
sur une demande faite par elle ou en son nom, tandis que si elle est fondée sur l'art. 1599, c'est une
nullité absolue, qui peut être invoquée par l'acquéreur aussi bien que par la femme ; — d'autre part, si

la nullité est fondée sur l'art. 1599, la femme ou ses héritiers intentent contre l'acquéreur, non plus l'action révocatoire dont nous avons parlé jusqu'ici, mais l'action en revendication, contre laquelle l'acquéreur ne peut pas invoquer la prescription décennale de l'art. 1304, mais seulement la prescription de 30 ans ou de 10 à 20 ans en cas de bonne foi, prescription qui commence à courir aussitôt après la séparation de biens : en un mot, c'est l'art. 1561 et non plus l'art. 1560 qui s'applique à cette prescription.

Il nous semble que si le mari a vendu seul l'immeuble dotal, c'est bien une vente de la chose d'autrui, avec les conséquences que nous venons de développer. Il en est ainsi s'il a vendu l'immeuble dotal comme sien et même s'il l'a vendu sans dissimuler sa qualité. Cette solution est très contestée (1). On objecte que l'art. 1560, après avoir prévu notre hypothèse comme les autres, donne une solution unique, dit qu'il y a lieu de « faire révoquer l'aliénation » : or si l'article désigne par là une action en nullité dans les autres cas, comment désignerait-il une action en revendication, lorsque l'aliénation émane du mari ? Soit : admettons que l'article, après avoir prévu les diverses hypothèses, a oublié d'indiquer la sanction pour l'une d'entre elles. « On convient en général que ce texte ne s'applique pas au

1. Guillouard, IV, nos 1911, 1912.

cas où le mari a vendu l'immeuble dotal comme sien; faisons un pas de plus, et reconnaissons qu'il ne s'applique pas non plus au cas où le mari a aliéné, sans le concours de sa femme, le fonds comme dotal (1)». On objecte encore que le mari a, sur les biens dotaux, des pouvoirs tels que la femme ne peut pas être regardée comme étant restée complètement étrangère à une vente que le mari a passée en sa qualité de gérant de ces biens (2) : il ne peut pas y avoir là vente de la chose d'autrui, car le mari l'a faite pour ainsi dire comme mandataire de la femme. Cette seconde objection est purement et simplement une erreur, erreur inspirée par un souvenir malencontreux du droit romain, où le mari était propriétaire de la dot, de telle façon qu'il avait fallu un texte spécial pour lui défendre l'aliénation des immeubles dotaux. Aujourd'hui, au contraire, il n'est plus qu'un administrateur des biens dotaux, avec des pouvoirs particulièrement étendus c'est vrai, mais qui sont déterminés par l'art. 1549, et qui ne comprennent point l'aliénation : il devient un tiers s'il dépasse son mandat, aux termes de l'art. 1998, et il le dépasse lorsqu'il aliène le fonds dotal qu'il est chargé d'administrer. — On peut donc vraiment dire que le mari vend la propriété d'autrui lorsqu'il vend

---

1. Baudry Lacantinerie, *Précis du droit civil*, III, n° 407, p. 253.
2. Aubry et Rau, V, §537, note 39.

seul le fonds dotal, et dès lors c'est l'art. 1599 qu'il
faut appliquer.

SECTION III. — De l'exercice de l'action en nullité, et de ses effets.

Si les personnes à qui appartient l'action en nullité de l'aliénation de l'immeuble dotal exercent cette
action dans le délai prescrit, peuvent-elles se voir
opposer des fins de non recevoir?

D'abord le mari, même s'il a concouru à l'acte de
vente de l'immeuble, ou si, ayant vendu seul, il a
promis de faire ratifier l'aliénation par la femme
après la dissolution du mariage, ne peut se voir opposer, nous l'avons dit à la fin de la section I, l'exception : « *quem de evictione tenet actio, eumdem agen-
tem repellit exceptio,* » car c'est comme administrateur
des biens dotaux qu'il intente l'action en nullité :
on ne peut donc repousser cette action au moyen
d'une exception tirée d'un engagement qui lui est
personnel (1). Cette exception ne pourrait non plus
être opposée à la femme si c'est elle qui demande la
nullité de l'aliénation, alors même qu'elle se serait
formellement portée garante sur ses paraphernaux:
en effet « la protection dont la loi entoure la dot,
sous le régime dotal, est irrévocablement acquise à

1. Aubry et Rau, V, § 537, note 31.

la femme mariée sous ce régime, et celle-ci ne peut la faire disparaître par l'effet de ses engagements » (1).

Mais ce n'est pas à dire que l'exception de garantie ne puisse jamais être opposée à l'action en nullité : supposons, en effet, que le mari, tenu de l'obligation de garantie, vienne à mourir, et que la femme décède à son tour : ils laissent pour héritier un enfant commun qui accepte purement et simplement les deux successions ; si cet enfant veut, ensuite, évincer l'acquéreur de l'immeuble dotal comme héritier de la femme, cet acquéreur lui opposera l'obligation de garantie dont il est tenu personnellement comme héritier du mari. Il en serait de même si la femme, devenant héritière du mari, acceptait purement et simplement sa succession. En effet, par cette acceptation, la femme s'oblige sur ses propres biens à l'exécution des obligations du mari, et comme l'acceptation de la succession n'intervient qu'après la dissolution du mariage, à un moment par conséquent où il n'y a plus de biens dotaux, l'obligation qui en naît porte sur tous ses biens indistinctement, même sur les anciens biens dotaux : dès lors elle ne peut plus échapper à l'exception de garantie (2).

1. Guillouard, IV, n° 1896. — Rouen, 5 décembre 1840, S. 41-2-71.
2. Cass., 27 juillet 1829, S. 29-1-370. — Cass., 22 mai 1855, S. 55-1-410.

Une autre fin de non recevoir contre l'action en nullité peut être tirée de la confirmation, par la femme, de l'aliénation de l'immeuble dotal. Cette confirmation, naturellement, ne peut jamais émaner du mari, car, n'étant pas propriétaire du bien aliéné, il n'a pas qualité pour ratifier une aliénation qu'il n'avait pas le droit de faire. Au contraire, la femme peut confirmer, car la nullité, nous l'avons vu, est purement relative, elle est donc, conformément au droit commun, susceptible de se couvrir par la confirmation de la personne en faveur de laquelle elle a été créée. Seulement, comme cette ratification équivaut à une aliénation, puisqu'elle prive la femme du droit de recouvrer son immeuble dotal, elle ne peut utilement intervenir qu'à une époque où la femme aurait le droit d'aliéner l'immeuble. Aucune ratification n'est donc possible tant que le mariage dure, pas même après la séparation de biens, puisque l'inaliénabilité ne cesse point par le fait de la séparation de biens : elle ne peut être faite qu'après la dissolution du mariage ou par testament.

— Comme toute confirmation, celle-ci peut être expresse ou tacite (art. 1338); ainsi nous avons vu à la section I que la femme a l'option entre l'action en nullité et l'action en indemnité contre son mari, pour la valeur de l'immeuble aliéné : eh bien si elle prend ce dernier parti, si, une fois le mariage dissous, au lieu d'attaquer l'aliénation, elle se contente de poursuivre le mari ou ses héritiers qui, de ce chef, sont ses débiteurs, il y a ratification de l'aliénation, qui est désormais inattaquable. Toutefois l'exception de confirmation contre l'action en nullité, ne devra être admise qu'autant que les faits sur lesquels elle se fonde sont de nature à ne s'expliquer que par la volonté bien arrêtée de la part de la femme de renoncer à cette action (1). Par exemple, il ne faudrait pas voir une ratification dans le fait, par la femme, de demander à être colloquée sur le prix des immeubles de son mari pour le montant de l'aliénation du fonds dotal, si, ensuite, elle ne vient pas en ordre utile dans cette collocation ; car ce n'est là qu'une tentative qu'elle fait pour s'indemniser du préjudice que la vente lui a causé, mais cet essai était conditionnel, et comme, en fait, elle n'a pas été indemnisée, elle conserve son action en nullité (2).

Supposons maintenant que l'action ayant été intentée par une des personnes qui ont qualité à cet effet, et dans les délais voulus, aucune fin de non-recevoir n'ait pu lui être opposée. Quels vont être les résultats de l'action ?

L'immeuble dotal doit être restitué par l'acquéreur, et avec l'immeuble, les fruits qu'il a produits. Seulement, conformément au droit commun, cet ac-

1. Aubry et Rau, V, § 537, p. 567.
2. Cass., 12 mai 1840, S. 40-1-668. — Guillouard, IV, n° 1908.

quéreur ne doit les fruits que du jour de la demande
s'il a été de bonne foi jusque-là (art. 549) ; mais si,
au jour de son acquisition, ou même postérieurement, il a su que l'immeuble qui était entre ses
mains était un immeuble dotal, il devra restituer
les fruits du jour où sa mauvaise foi a commencé,
sous la déduction toutefois des intérêts de son prix.
Remarquons que si la vente d'un immeuble dotal
est ainsi annulée, « l'acquéreur est tenu de le dé-
laisser immédiatement et ne jouit d'aucun droit de
rétention, soit pour la restitution du prix, soit pour
le remboursement des sommes qu'il serait autorisé
à réclamer à raison d'impenses par lui faites, ou à
tout autre titre. En effet, l'exercice du droit de rétention serait inconciliable avec la destination spéciale de la dot (1). »

De son côté, l'acquéreur a certains droits : il ne
peut se voir ainsi dépouillé purement et simplement.
Mais ces droits ne sont pas toujours les mêmes, et il
y a lieu de distinguer suivant qu'il agit contre le
mari ou contre la femme.— Dans le premier cas, le
mari, soit qu'il ait vendu lui-même l'immeuble, soit
même qu'il n'ait fait qu'intervenir au contrat pour
autoriser sa femme, doit garantie à l'acquéreur
évincé, à moins qu'il ne lui ait formellement déclaré, en vendant, la dotalité de l'immeuble. Si donc

---

1. Aubry et Rau, V, § 537, note 44.

l'acquéreur est, par exception, exposé à une action en nullité du contrat émanant de son propre vendeur, il a, en revanche, une facilité plus grande à se faire indemniser de son éviction que dans la vente de droit commun. Non seulement le mari doit restituer à l'acquéreur le prix qu'il a payé, mais, tandis que l'art. 1599 laisse au vendeur ordinaire tous les moyens de preuve pour établir que l'acheteur avait connaissance de son défaut de propriété, l'art. 1560 rend le mari responsable des dommages-intérêts de l'acquéreur, si la preuve de la dotalité ne résulte pas d'une déclaration formelle du mari dans le contrat même d'aliénation. Si donc le mari n'a pas déclaré que l'immeuble qu'il vendait était dotal, il est tenu à des dommages-intérêts envers l'acquéreur. Nous ne croyons pas que l'acquéreur se trouverait non recevable à demander ces dommages-intérêts par cela seul qu'en fait il aurait connu la dotalité au moment du contrat ; en effet, ces mots qui terminent l'art. 1560 : « s'il (le mari) n'a pas déclaré dans le contrat que le bien vendu était dotal » ont été substitués, sur la demande du Tribunat, à la rédaction primitive, qui portait : « pourvu que celui-ci (l'acheteur) ait ignoré le vice de l'achat (1). » En opérant ce changement, il semble bien que les législateurs aient voulu trancher toute difficulté de fait sur le

1. Locré, Leg. XIII, p. 259, n° 16.

point de savoir si l'acheteur a connu ou non, lors de
la vente, la dotalité de l'immeuble (1). Indépendamment de la garantie qui est ainsi imposée par
la loi au mari dans le cas où il s'est rendu cou-
pable de réticence, celui-ci peute ncore, en vendant l'immeuble, s'obliger par une stipulation formelle de garantie. En vertu de cette obligation de
garantie expressément contractée, il est alors tenu
des dommages-intérêts envers l'acheteur, même s'il
a déclaré dans l'acte la dotalité. En effet, il s'agit
ici de la garantie de fait, déterminée par la volonté
des parties (art. 1627), et cette circonstance que le
mari a ou n'a pas déclaré la dotalité n'influe plus
sur l'obligation aux dommages-intérêts, mais sur
l'étendue des dommages-intérêts (2).—Enfin, outre
son prix et les dommages-intérêts dans les cas que
nous venons de déterminer, l'acquéreur peut encore
réclamer du mari le remboursement des frais et
loyaux coûts de son contrat d'acquisition : c'est encore une conséquence normale de la garantie. Quant
au remboursement des impenses faites par lui sur
l'immeuble qu'il doit restituer, l'acquéreur est traité,
dans ses rapports avec le mari vendeur, comme un
acquéreur évincé ordinaire; il aura donc le droit
d'en être indemnisé intégralement, s'il est de bonne
foi.

1. Baudry-Lacantinerie, *précis de droit civil*, III, n° 409.—*Contrà* :
Aubry et Rau, IV, § 537, note 47.
2. Guillouard, IV, n° 1920.

Si, au contraire, il s'agit de la femme, venderesse unique ou co-venderesse, avec son mari, de l'immeuble dotal, elle n'est point, en principe, tenue à garantie, malgré qu'elle ait laissé ignorer à l'acquéreur la dotalité de l'immeuble. D'abord nous savons qu'elle ne peut être obligée sur ses biens dotaux, en raison de cette vente, s'il n'y a pas eu, de sa part, un délit ou un quasi-délit ; mais, même sur ses paraphernaux, elle n'est point en principe tenue de l'obligation de garantie. En ce qui concerne les dommages-intérêts il est certain, nous venons de le dire, qu'à la différence de son mari elle n'en est point tenue envers l'acheteur par cela seul qu'elle n'aurait pas déclaré dans le contrat de vente que le bien vendu était dotal. Cela résulte de l'argument *a contrario* du second alinéa de l'art. 1560 combiné avec l'alinéa 1er du même article (1) : il est évident que la loi entend faire ici à la femme une situation différente de celle qui est faite au mari, et ne pas la rendre responsable des dommages-intérêts, à raison d'une simple réticence. D'autre part elle n'est même point tenue, lorsqu'elle poursuit la nullité de l'aliénation, de rembourser à l'acquéreur le prix payé par lui, à moins qu'il ne prouve que ce prix a tourné au profit personnel de la femme : cela résulte du principe général de l'art. 1312. Et encore,

1. Aubry et Rau, V, § 537, note 49.

cette preuve faite, la femme ne sera-t-elle obligée à la restitution du prix, dans la mesure où elle en a profité, que sur ses biens paraphernaux, mais point sur ses biens dotaux, car il faut avant tout que la dot se retrouve, sinon l'inaliénabilité ne remplirait point son but : si l'acquéreur évincé est devenu créancier de la femme en vertu de cette règle que nul ne peut s'enrichir aux dépens d'autrui, il en est devenu créancier comme on est créancier d'une femme dotale, c'est-à-dire avec une action limitée aux seuls biens paraphernaux de sa débitrice.

Ainsi donc, en principe, la femme dotale qui évince le tiers acquéreur de son immeuble dotal aliéné, après la dissolution du mariage ou la séparation de biens, n'est point tenue à garantie, eût-elle vendu elle-même l'immeuble en question. Mais que décider si elle a contracté expressément envers l'acquéreur l'obligation de garantie? C'est l'importante question de savoir si la femme dotale peut cautionner la vente qu'elle fait du bien dotal. Des auteurs considérables admettent qu'elle le peut, et la jurisprudence s'est prononcée également en ce sens (1). Cette opinion est tout-à-fait conforme à la distinction très nette qui doit être faite entre les biens dotaux et paraphernaux. « La femme dotale n'est incapable que par rapport aux premiers, mais

1. Cass., 20 juin 1853, S. 54-1-5. — Montpellier, 2 mai 1854, S. 54-2-687.

en dehors d'eux, elle est parfaitement capable de
s'obliger, et comme ses biens paraphernaux sont de
libre disposition entre ses mains, qu'ils peuvent être
aliénés par elle directement ou indirectement par
l'effet de ses engagements, rien ne s'oppose à ce
que la garantie qu'elle a donnée soit exécutée sur
ses paraphernaux » (1). Si on objecte que la vente
du bien dotal, étant nulle, ne peut pas valablement
être cautionnée, en vertu de l'art. 2012, nous ré-
pondrons que cet article apporte précisément une
exception au cas où il s'agit d'une obligation qui ne
peut être annulée que par une exception purement
personnelle à l'obligé ; or c'est le cas de la vente
du bien dotal qui est nulle, nous le savons, à
raison de l'incapacité personnelle de la femme.
Peu importe enfin que l'art. 1560 n'ait pas soumis
de plein droit la femme à des dommages-intérêts
quand elle fait révoquer la vente du bien dotal
qu'elle a consentie ; ce n'est pas une raison pour
qu'elle ne puisse s'y soumettre par une clause formelle de garantie : si le législateur n'a pas cru devoir, à raison de l'état de dépendance où se trouve
la femme, la soumettre, comme le mari, à des dommages-intérêts envers l'acheteur pour la simple réticence de la dotalité de l'immeuble vendu, ce n'est
pas un motif pour en conclure qu'il ait entendu lui
interdire la faculté de se porter garante de la vente

1. Guillouard, IV, nᵒ 1903.

par un engagement spécial (1). Tout ce que la loi défend, c'est la disposition de l'immeuble dotal lui-même, mais rien n'empêche que la femme, capable de s'obliger, ne puisse contracter valablement l'obligation de relever l'acquéreur du dommage que l'éviction peut lui faire éprouver. En résumé, la femme pourra être tenue de dommages-intérêts envers l'acquéreur, si elle a expressément garanti la vente qu'elle faisait du bien dotal; mais cette garantie sera exécutoire seulement sur ses biens paraphernaux et sur les biens qui lui adviendront après la dissolution du mariage.

1. Aubry et Rau, V, § 537, note 51.

APPENDICE

DE L'INALIÉNABILITÉ SOUS LES RÉGIMES AUTRES QUE LE
RÉGIME DOTAL PUR.

Après avoir étudié l'inaliénabilité telle que la loi
l'a organisée, nous allons, en terminant, dire quelques mots de la question de savoir si cette inaliénabilité peut être établie, par le contrat de mariage,
en dehors des termes mêmes du Code.

Nous avons, pour point de départ, un principe
certain : c'est que l'aliénabilité des biens est une
matière d'ordre public, comme l'état et la capacité
des personnes. En l'absence de dispositions expresses du Code, et malgré la latitude que l'art. 1387
laisse aux conventions matrimoniales, les conjoints
n'auraient donc pu établir l'inaliénabilité. Seulement cette inaliénabilité ayant été créée et réglée
par les art. 1554 et suiv. pour le régime dotal, il
s'agit de rechercher si elle ne peut exister que dans
les conditions exactes de ce régime. Cette question
peut elle-même se décomposer en trois :

I. — *Peut-on, en adoptant un régime autre que le régime dotal, mettre à part certains biens pour stipuler qu'ils seront dotaux et inaliénables ?*

A cette question, nous pouvons sans hésiter répondre oui. Les conjoints peuvent combiner le régime dotal avec un autre régime, adopter en un mot une dotalité partielle : l'art. 1581 permet expressément de le combiner avec la communauté d'acquêts, et alors tout le monde s'accorde à reconnaître que les règles de l'inaliénabilité restent les mêmes que sous le régime dotal pur et simple (1). Or, cette combinaison doit être généralisée : en adoptant le régime de la communauté légale, les conjoints peuvent aussi mettre à part certains biens de la femme et stipuler qu'ils seront dotaux et inaliénables ; et alors, à ces biens, il faudra appliquer toutes les règles du régime dotal.

Mais cette solution n'est pourtant pas absolue : « Si on peut stipuler l'inaliénabilité en dehors du régime dotal, il faut, pour cela, qu'entre elle et les biens auxquels cette inaliénabilité est appliquée, il n'y ait pas incompatibilité. — Or, cette incompatibilité existe entre l'inaliénabilité et tous les biens autres que ceux que le mari administre et dont il a la jouissance. L'inaliénabilité, en effet, est liée inti-

---

1. Aubry et Rau, V, § 541 *bis*, note 2. — Guillouard, IV, n° 2203

mement à la dotalité : jamais les biens paraphernaux de la femme n'ont été inaliénables sous le régime dotal, et jamais, ni en droit romain, ni dans le
droit écrit, ils n'ont pu être stipulés tels » (1).

Le critérium est donc celui-ci : on ne peut emprunter au régime dotal la règle de l'inaliénabilité,
pour la transporter dans un autre régime, qu'autant que dans ce régime le mari a l'administration
et la jouissance des biens qu'il s'agit de déclarer
inaliénables. Ceci revient à dire que la dotalité et
l'inaliénabilité peuvent être stipulées, pour certains
biens, soit dans le régime de la communauté, soit
dans le régime sans communauté, — mais point dans
le régime de la séparation de biens. Dans le régime
de la communauté, en effet, cette stipulation s'appliquera aux propres de la femme, c'est-à-dire à des
biens qui sont déjà dotaux, en ce sens que le mari
en a la jouissance et l'administration ; de même,
dans le régime sans communauté, le mari est administrateur et usufruitier de tous les biens de la
femme (Art. 1530 et 1531). Au contraire, sous le
régime de la séparation de biens, on peut dire que
tous les biens de la femme sont paraphernaux : il
en résulte que les biens d'une femme séparée de
biens ne peuvent être stipulés dotaux et inaliénables par contrat de mariage.

1. Lyon-Caen, note Sirey, 1876, 2, 65.

II. — *Peut-on, sans soumettre un bien au régime dotal,
déclarer que ce bien sera inaliénable ?*

Il s'agit ici de savoir si, en adoptant le régime de
la communauté, par exemple, les époux peuvent
stipuler que les biens propres de la femme, tout en
restant propres de communauté, seront inaliénables : ainsi, d'une part, ces biens, à la différence de
ce qui se passait tout à l'heure, ne seront plus dotaux, ils continueront à être des propres de communauté, de telle sorte qu'au point de vue des pouvoirs du mari sur eux, de leur administration, de
leur restitution, ce seront les règles du régime de
communauté; — seulement, d'autre part, ces biens
seront inaliénables. En un mot, les époux peuvent-ils,
non plus comme tantôt appliquer toutes les règles
du régime dotal à certains biens, au milieu d'un autre régime, mais une seule règle du régime dotal
à ces biens qui, pour tout le reste, demeurent soumis aux règles du régime général adopté par le
contrat?

Il faut encore admettre qu'ils le peuvent. Si, en
adoptant le régime de communauté, ils déclarent
inaliénables les immeubles propres de la femme,
cette clause sera efficace à l'égard des tiers indépendamment de toute déclaration expresse de soumis·

sion, même partielle, au régime dotal. A cette solution, on a fait (1) deux objections :

1. — La femme qui se marie sous le régime de la
communauté, restant capable d'aliéner ses immeubles avec le consentement du mari ne peut, a-t-on
dit, s'imposer des entraves de nature à supprimer
ou à diminuer sa capacité.

« Mais, répondent avec grande raison MM. Aubry
et Rau (2), le régime dotal n'a, dans l'esprit du
Code, aucun caractère statutaire ; quand les époux
s'y soumettent, c'est par un acte de volonté tout
spontané qu'ils le font. Les entraves ou restrictions
qui en résultent pour la femme, sont le produit
d'une détermination libre de sa part ; c'est elle qui
se les impose par avance ; et si elle peut le faire, en
choisissant le régime dotal, pourquoi ne le pourrait-elle pas en adoptant le régime de la communauté ? »

2. — En second lieu, on a objecté que l'indisponibilité des biens, étant contraire à l'intérêt général, ne
peut être créée par les conventions particulières en
dehors des cas où la loi permet de la créer, c'est-à-
dire en dehors du régime dotal. Voici ce que dit Marcadé (3) à cet égard : « C'est chose d'intérêt général et d'ordre public, que l'aliénabilité des biens et

1. Marcadé, sur l'art. 1497, n° 3. — Troplong, I, p. 79 et suiv.
2. Aubry et Rau, V, § 504, note 7.
3. Marcadé, sur l'art. 1497, n° 3.

leur maintien dans la libre circulation; et on ne peut
dès lors y déroger que dans les cas et sous les conditions fixées par la loi. Or la loi n'admettant l'inaliénabilité que sous le régime dotal, on ne peut jamais la stipuler efficacement pour les biens de la
femme, qu'en se soumettant à la dotalité. »

Cette seconde objection nous semble ne pas porter plus que la première. Nous reconnaissons, et
nous l'avons déjà déclaré au début, que l'aliénabilité des biens étant une matière d'ordre public, les
conjoints, en l'absence de dispositions expresses du
Code, n'auraient pas pu stipuler l'inaliénabilité des
biens de la femme. Mais, l'inaliénabilité ayant été
créée par les art. 1554 et suiv., il est faux de prétendre qu'un bien ne puisse être inaliénable que s'il
est dotal, sous prétexte que l'inaliénabilité n'a été
exceptionnellement permise qu'en cas de dotalité.
En effet, le principe étant la liberté des conventions,
dans le contrat de mariage comme dans tous les
autres contrats, et même plus qu'en aucun autre, en
raison de l'art. 1387, on peut bien admettre que
l'inaliénabilité, qui a été réglée par le Code, n'est
plus, en ces matières, contraire à l'ordre public. Dès
lors elle peut être transportée même dans des régimes autres que le régime dotal (1). Mais, comme

1. Rennes, 3 mai 1855, arrêt rapporté sous celui de la Cour cass.
du 8 juin 1858, S. 58-1-418.

elle reste toujours une matière exceptionnelle, elle ne peut y être transportée qu'avec la destination même que lui ont donnée les art. 1554 et suiv. : c'est là simplement l'idée que nous voulions exprimer quand nous disions plus haut que l'inaliénabilité est liée intimement à la dotalité. L'inaliénabilité a été introduite en garantie de la dot : partout où il y a une dot, elle doit être permise. Or, sous le régime de la communauté, il y a bien une dot, *lato sensu*. Seulement il faut une déclaration claire, précise, qui ne permette pas que les tiers qui traiteront avec les époux soient trompés; mais c'est là une question de fait, et si les époux conviennent expressément d'ajouter au régime de la communauté la garantie de l'inaliénabilité pour les immeubles de la femme, cette clause doit être efficace à l'égard des tiers, indépendamment de toute déclaration de soumission au régime dotal.

III. — *Peut-on admettre l'inaliénabilité dans d'autres conditions que celles qui sont déterminées par le Code?*

Notre étude de l'inaliénabilité des immeubles dotaux sous le régime dotal nous a permis de constater qu'elle rend la femme incapable de disposer des biens dotaux, de s'obliger sur ces biens : en un mot elle constitue, pour la femme, une incapacité réelle, restreinte à certains biens déterminés. Pourrait-on y substituer une incapacité personnelle, en vertu de laquelle la femme, abstraction faite de tous ses biens, serait incapable de s'obliger même avec l'autorisation de son mari ou de justice ?

La cour de Paris, par deux arrêts du 17 novembre 1875 (1) et du 6 décembre 1877 (2), avait admis que la femme pouvait ainsi être déclarée d'une façon générale incapable de s'obliger. Le premier de ces arrêts admettait la validité d'une clause par laquelle la femme était déclarée incapable de cautionner son mari, le second admettait la validité d'une clause par laquelle elle était purement et simplement déclarée incapable de s'obliger. Le motif qui avait guidé la cour de Paris dans cette voie, c'est que, puisque la femme, en adoptant le régime dotal, peut se rendre incapable, il faut en conclure qu'en matière de contrat de mariage, la capacité cesse d'être une question d'ordre public et tombe dans le domaine des conventions privées. « Dans les contrats de mariage, lisons-nous dans les conclusions du rapporteur de l'arrêt de 1877 (3), la capacité des époux varie suivant le régime qu'ils adoptent ; en d'autres termes, par l'effet de leurs conventions matrimoniales, ils étendent ou restreignent leur capacité ; ils

1. Sirey, 1876-2-65.
2. Sirey, 1878-2-161.
3. Rapport de l'av. gén. Chevrier, S. 78-2-164.

peuvent se créer à eux-mêmes une véritable incapacité contractuelle. »

C'est là un motif erronné. « Il est faux de considérer la femme dotale comme frappée d'une incapacité personnelle : elle ne l'est que d'une incapacité réelle. La femme dotale n'est pas incapable de s'obliger avec autorisation, mais, ce qui est bien différent, elle est incapable de s'obliger sur ses biens dotaux non stipulés aliénables. Ainsi les tribunaux ne peuvent pas, sans violer manifestement la loi, annuler l'obligation d'une femme dotale » (1).

Mais le rapport de l'arrêt de 1877 va encore plus loin : cette clause par laquelle la femme est purement et simplement déclarée incapable de s'obliger n'a, en somme, suivant le rapporteur, pas plus d'effets que si la femme s'était constitué en dot tous ses biens présents et à venir, conformément à l'art. 1542. La femme, dès lors, n'a plus que des biens dotaux, donc elle est incapable de s'obliger : pourquoi ne pas admettre qu'elle se déclare, de même, incapable de s'obliger, indépendamment de toute dotalité? « Ainsi, dit le rapport, nous regardons la clause litigieuse comme l'introduction d'une stipulation analogue à celle de l'art. 1542 dans le régime de la communauté. »

C'est encore une erreur : même quand une

____

1. Lyon-Caen, note S. 1878-2-161.

femme stipule la dotalité pour tous ses biens
présents et à venir, il est inexact qu'elle soit, pour
cela, frappée d'une incapacité personnelle ; car,
même avec cette stipulation, elle peut avoir des biens
non dotaux qui seront saisissables par les créanciers
envers lesquels elle s'est obligée avec l'autorisation
de son mari ou de justice : par exemple les biens
qu'elle acquiert après la dissolution du mariage ou
qui lui sont donnés au cours du mariage sous la condition qu'ils ne seront pas dotaux.

Aussi la Cour de cassation, le 22 décembre 1879 (1),
rejetant le système de la cour de Paris, décida que
la femme ne pourrait, même par contrat de mariage,
stipuler qu'elle serait incapable de s'obliger.

— Résumons-nous : sous tous les régimes matrimoniaux autres que celui de la séparation de biens, les
époux peuvent, non seulement appliquer aux immeubles de la femme une dotalité partielle, mais
déclarer ces immeubles inaliénables sans même les
soumettre au régime dotal. Seulement cette inaliénabilité ne peut jamais qu'être restreinte à certains
biens déterminés : elle ne permet point de frapper
la femme d'une incapacité personnelle.

1. Cass., 22 décembre 1879, S. 80-1-125.

POSITIONS

DROIT ROMAIN

POSITIONS PRISES DANS LA THÈSE

I. — La défense d'hypothéquer les immeubles dotaux ne venait pas de la loi Julia, mais de l'édit
d'Auguste défendant aux femmes de s'obliger pour
leur mari, ou du sénatus-consulte Velléien.

II. — Le mari qui avait aliéné le fonds dotal sans
le consentement de sa femme, pouvait le revendiquer lui-même au cours du mariage.

III. — Le mari, même dans la législation de Justinien, était propriétaire de la dot.

IV. — Dans la constitution de 529, Justinien a
accordé à la femme une hypothèque privilégiée, et
datant du jour du mariage, sur tous les biens apportés en dot.

POSITIONS PRISES EN DEHORS DE LA THÈSE

I. — La règle : *consensus facit nuptias* n'exclut pas
la nécessité de la *deductio mulieris in domum mariti.*

II. — Lorsqu'une éviction dépouille le créancier de la chose reçue en paiement, il peut cumuler l'action de sa créance primitive et l'action *empti utilis*, jusqu'à concurrence de la plus forte des condamnations.

III. — Dans le dernier état du droit classique, le *jussus judicis* tendant à obtenir la restitution d'une chose, pouvait être exécuté *manu militari*.

IV. — Justinien, en parlant aux Institutes (l. 4, t. 6, paragraphe 30) de la compensation qui doit opérer désormais *ipso jure*, n'a point voulu dire qu'elle serait désormais légale, mais simplement qu'une exception ne serait plus nécessaire pour l'opposer.

DROIT FRANÇAIS

POSITIONS PRISES DANS LA THÈSE

I. — Les créanciers avec lesquels la femme dotale a traité après la séparation de biens, et qui, en conséquence, pouvaient saisir l'excédent des revenus des biens dotaux sur les besoins du ménage, tant que le mariage durait encore, perdent ce droit après sa dissolution.

II. — La réserve d'aliéner l'immeuble dotal insérée dans le contrat de mariage, n'emporte pas la faculté de l'hypothéquer.

III. — Lorsque le contrat de mariage a permis l'aliénation de l'immeuble dotal à charge de remploi, le remploi n'est plus possible une fois que le mariage est dissous.

IV. — La femme mariée sous le régime de communauté peut stipuler valablement que ses immeubles propres seront inaliénables.

POSITIONS PRISES EN DEHORS DE LA THÈSE

I. — **Les** héritiers renonçants ne comptent pas pour le calcul de la réserve.

II. — La donation par contrat de mariage tombe sous le coup de l'action paulienne, malgré la bonne foi du donataire et de son conjoint.

III. — Le légataire universel ou à titre universel n'est pas tenu des dettes ni des legs *ultra vires hereditatis*.

IV. — L'action en responsabilité contre l'architecte ou entrepreneur à raison des vices de construction, est irrévocablement éteinte après le laps de dix années écoulées depuis la réception du travail.

DROIT COMMERCIAL

I. — Quand l'assemblée générale d'une société anonyme ou en commandite par actions a, conformément à l'art. 3 de la loi du 24 juillet 1867, permis de donner aux actions la forme de titres au porteur, après qu'elles ont été libérées de moitié, la société, si elle fait un appel de fonds plus de deux ans après cette délibération de l'assemblée générale, n'a même plus le droit de poursuivre pour le versement de la deuxième moitié, le porteur actuel de l'action.

II. — Le porteur de la lettre de change est propriétaire de la provision.

III. — Quand une lettre de change est tirée payable à un délai de vue, la seule signature du tiré avec la date, sur la lettre, ne valent pas acceptation.

IV. — Lorsqu'un vendeur d'immeubles a négligé de faire transcrire l'acte de vente pour conserver son privilège, et que l'acheteur est tombé en faillite, le vendeur, bien qu'il ait perdu son privilége, conserve le droit de demander la résolution de la vente pour non paiement du prix, même après que l'hypothèque de la masse a été inscrite.

Vu par le Président de la thèse,
CH. LYON-CAEN.

Pour le doyen, empêché,
L'assesseur,
C. BUFNOIR.

VU ET PERMIS D'IMPRIMER
Le vice-recteur de l'Académie de Paris,
GRÉARD.

TABLE DES MATIÈRES

———

DROIT ROMAIN

DE L'INALIÉNABILITÉ DE LA DOT EN DROIT ROMAIN

DROIT FRANÇAIS

www.ingramcontent.com/pod-product-compliance
Lightning Source LLC
LaVergne TN
LVHW021927030726
842523LV00001B/72